AF356067

CHANTS & CHANSONS

POPULAIRES

LITTÉRATURE ORALE ET TRADITIONS DU NIVERNAIS

(Morvan, Bazois, Amognes, Puisaye, Vaux d'Yonne, de Loire et d'Allier, etc.)

Chants & Chansons

RECUEILLIS ET CLASSÉS

PAR

ACHILLE MILLIEN

Avec les airs notés par J.-G. PÉNAVAIRE

Tome premier

COMPLAINTES

CHANTS HISTORIQUES

Dessin de MATISSE-AUGUSTE

PARIS

ERNEST LEROUX, ÉDITEUR,

Rue Bonaparte, 28

1906

INTRODUCTION

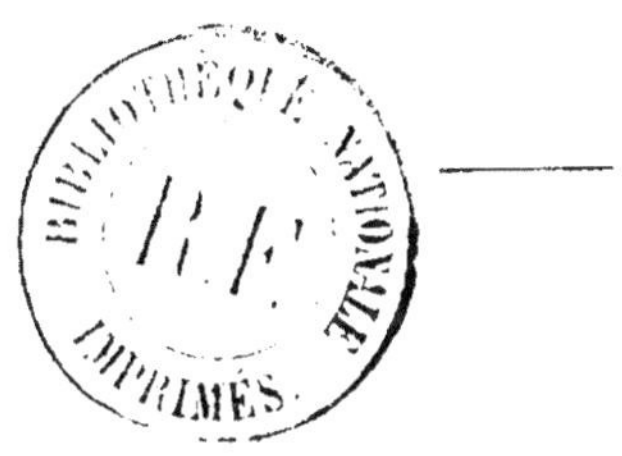

———

M. Anatole France écrivait, il y a quinze ans, les lignes suivantes :

« Les pieux antiquaires qui vont par les campagnes, recueillant sur les lèvres des bergers et des vieilles filandières les secrets de la Muse rustique, ont transcrit et noté plus d'un petit poème exquis, plus d'une suave mélodie qui s'allaient perdre sans écho dans les bois et les champs, car la chanson populaire est près de s'éteindre. C'est grand dommage !... »

Aujourd'hui, c'en est fait. Pour composer à cette heure le présent recueil de chansons, il faudrait ressusciter les braves gens qui me les chantèrent et qu'elles ont suivis dans la tombe. Quelque rare refrain, inepte ou haineux, a remplacé les jolies cantilènes qui animaient chaque heure de notre vie provinciale, tantôt mélopées plaintives aux lèvres des fileuses (il n'y a plus guère de fileuses), tantôt joyeux accents rythmant, au coucher du soleil, les rondes des jeunes filles, ou chansons plaisantes, jetant leur gaité saine à la table des réunions de famille. Elles avaient bercé mon enfance et j'en gardais la vive impression. J'étais à peine adolescent que déjà je m'appliquais à fixer par écrit ces chansons de mes voisins, les paysans. Quand, les vacances venues, je quittais le collège, je me réjouissais de retrouver chez mon père un domestique réputé pour l'abondance de son répertoire et, chaque jour, sous sa dictée, je noircissais les pages d'un cahier qui, à mon gré, ne se garnissait pas assez vite. Un peu plus tard, une réaction se fit en moi. C'était à l'époque où commençaient à pénétrer en France, sous forme d'élégantes traductions, les poésies populaires des peuples étrangers. Saturé de rhétorique, tout frais émoulu du baccalauréat, je gardais bien la même ferveur pour la Muse populaire, mais je la voyais si gracieusement attifée chez les peuples voisins, et si pauvrement vêtue chez nous que je me sentais péni‑ blement choqué devant la rusticité grande de notre humble Cendrillon nivernaise. Je compris bientôt que les chansons étrangères étaient, dans la traduction qui nous les présentait, dépouillées des rudes incorrections qu'elles devaient, comme les nôtres, à leur origine, et la Belle reparut à mes yeux dans sa fraîcheur native, malgré les souillures de son manteau.

Je me mis à récolter avec plus d'ardeur les chansons, les contes, les légendes, toute la littérature orale ; à relater les usages, les croyances, toute la somme des traditions populaires encore survivantes sur le territoire de l'ancienne province du Nivernais que je voulus explorer village par village. Une bonne part des chansons de cette collection ont donc été recueillies à une date où bien peu de chercheurs avaient porté leur attention vers ce genre d'études : les travaux de Tarbé, Puymaigre, Bujeaud, n'avaient pas encore vu le jour.

C'est que la France qui, sachons le reconnaître, n'est pas douée de l'esprit d'initiative, s'était laissée devancer dans une voie où les peuples voisins marchaient à grands pas. L'Angleterre, l'Allemagne, les pays Slaves, les Scandinaves, les Pays-Bas avaient, de longue date, publié des recueils de leurs chants populaires, édités par les soins d'écrivains éminents, tels que Walter Scott, Percy, Uhland, etc. Chez nous, sans doute, quelques érudits, Fauriel, Xavier Marmier se faisaient les introducteurs des Muses populaires du Nord et de la Grèce ; La Villemarqué nous donnait ses Chants bretons ; mais notre littérature officielle ne s'occupait en rien de notre propre poésie paysanne, comparable pour elle à ces « magots » que Louis XIV voyait avec horreur dans les tableaux de Téniers. Au temps jadis, Montaigne avait rendu à la Muse rustique un bel hommage, dont on a souvent cité les termes ; Molière n'avait pas dédaigné de la fréquenter. Plus récemment, des précurseurs comme Gérard de Nerval avaient tenté de la mettre en honneur. On sentait son influence chez Brizeux, Georges Sand, Pierre Dupont. Enfin, l'heure sonna. En 1852, le ministre de l'instruction publique, M. Fortoul, provoquait un décret ordonnant la publication des chants populaires de France ; Champfleury et Weckerlin préparaient leur recueil, qu'allaient suivre de nombreux travaux, sous l'impulsion donnée successivement jusqu'à nos jours par MM. Gaston Paris, Eug. Rolland, H. Gaidoz, Ed. Schuré, Paul Sébillot, Julien Tiersol, etc.

Le paysan ne laisse pas facilement pénétrer ses secrets. Il se garde du « monsieur » qui l'interroge. Il ne s'explique pas qu'on vienne de loin lui parler de choses qui ne peuvent intéresser que des ignorants comme lui. Il y a là un motif caché. Que lui veut-on ? Se gausser de lui ? Lui tendre un piège, le compromettre ? Que de fois, lorsqu'il s'agissait de récits où le fantastique et la sorcellerie étaient en jeu, le conteur m'a dit : « C'est arrivé cheuz nous, j' vous dirés bin à qui, mais j' vourés pas qu' vous l' répétins, ça pourré des foués me m'ner en justice ». Quant aux chansons, dans quel but les lui demander et surtout les « mettre en écrit » ? Soupçons, défiance, mutisme. « Qui donc qu' v'a dit que j' savés des chansons ? J'en sé point du tout ! » Dans la région que j'habite, tout allait pour le mieux ; j'étais connu, on avait confiance, je n'avais qu'un signe à faire, et même on s'offrait. Mais à vingt lieues de là, en plein Morvan, c'était autre chose. Je devais me recommander de quelqu'un du pays, fermier, châtelain, notaire, instituteur ou curé ; mieux encore, de quelque paysan connu de moi : sous ses auspices, je voyais bientôt s'ouvrir les portes et se délier les lèvres. J'ai *ainsi trouvé, dans plusieurs curés, les introducteurs les plus obligeants et les mieux écoutés.*

Quelquefois, au hasard, je m'en allais tout seul vers un hameau perdu à travers bois. J'arrivais : quel froid accueil ! J'insistais, parlementais ; un vieillard, une bonne femme me donnaient la réplique ; je les voyais d'abord hésitants, puis flattés de ma démarche : « C'est donc qu'on vous a parlé de moi ? Ah ! des chansons, j'en sais « enne pleine maison ! » *La glace était rompue, le flux des chansons coulait, coulait et c'est moi qui demandais grâce.*

Avec le texte, je tenais essentiellement à publier l'air de la chanson, qui ne présente un intérêt sérieux qu'ainsi complétée. J'avais, dès l'origine de mes recherches, trouvé l'auxiliaire qui devait suppléer à mon insuffisance pour la notation des mélodies. C'était un de mes camarades de collège, Gustave Ruiz, connu par un succès à l'Académie des beaux-arts, et une importante composition musicale entendue à la Scala. Au moment où, ayant déjà recueilli une assez grande somme de textes, j'allais le convier et l'appeler devant mes chanteurs, le pauvre Ruiz fut enlevé par la mort en pleine jeunesse, et je dus chercher un autre collaborateur. J'étais en relations amicales avec J.-G. Pénavaire, dont le double talent de compositeur et de violoniste s'affirmait de jour en jour ; il faisait alors partie de l'orchestre du Théâtre italien et des Concerts Pasdeloup. Je lui proposai la tâche, qu'il accepta avec empressement. C'était en 1877. Il vint se mettre à l'œuvre et, depuis lors, pendant une bonne douzaine d'années, il consacra une part de ses vacances annuelles à la notation de nos airs populaires. Nous parcourûmes ensemble tout le Nivernais, excursions laborieuses et charmantes à travers les régions si variées du Bazois et du Morvan, des Amognes et de la Puisaye. Dans le cours de l'année, j'explorais quatre ou cinq cantons de notre province, écrivant les textes, puis, les vacances venues, je repartais avec Pénavaire, retrouvais mes chanteurs, et l'habile musicien pouvait, en quelques jours, noter tous les airs des chansons dont j'avais, au préalable, et au prix de longues semaines, recueilli les paroles. Quelquefois, dans l'intervalle qui séparait ma seconde visite de la première, un de mes vieux chanteurs avait disparu, emportant avec lui des airs dont il était resté seul dépositaire : voilà comment plusieurs chansons paraîtront dans ce recueil sans la notation musicale.

Ainsi s'est formée cette collection, plus abondante qu'aucune de celles qui l'ont précédée : deux mille six cents mélodies notées (y compris les variantes et auss les formulettes des enfants et des pâtres) ; des versions du texte à l'infini, toutes, recueillies directement de la bouche d'environ six cents paysans. Il est bien difficile d'avoir confiance en un seul chanteur, son texte a besoin d'être contrôlé. Telle de nos chansons m'a été dite cinquante fois, sur les divers points du territoire. J'ai choisi, dans le nombre, la version qui m'a paru la meilleure, et j'ai eu soin d'extraire des autres toutes les variantes. J'ai procédé de même pour les contes, dont la publication, avec les légendes, les dictons, croyances, coutumes, etc. suivra, si Dieu me prête vie, celle des chansons.

Ce serait une grave erreur d'attribuer à ces productions du génie populaire une origine purement nivernaise. Il existe un fonds commun entre toutes nos provinces. Bon nombre de chansons sont ou étaient répandues dans la France entière. D'autres se localisaient. Qui en connaîtra jamais les auteurs ? Ils sont restés anonymes, ainsi que les artistes primitifs qui collaborèrent à la décoration de nos cathédrales. Une fois revêtue, par le poète, d'une mélodie inspirée sans doute par les belles hymnes qu'il entendait aux offices de sa paroisse ou du moûtier voisin, une fois envolée — chose légère et charmante comme l'oiseau — des lèvres de son auteur, la chanson s'en allait par le monde, accompagnant de ville en village le colporteur, le compagnon, le soldat, le marinier, le pèlerin, surtout le chanteur ambulant, héritier des trouvères et des jongleurs. Éclose en Velay, on la retrouve à Nantes ; elle a descendu la Loire. Créée en Provence, elle a échoué en Bourgogne, en remontant le cours du Rhône et de la Saône. Et c'était l'âme simple et ingénue du peuple qui chantait ainsi à travers le pays, dans ces mélodies nées du terroir de France.

Deux érudits de valeur, MM. Georges Doncieux et Anatole Loquin, morts l'un et l'autre en pleine fièvre de travail, avaient entrepris de rechercher l'origine de nos principales chansons. Il reste de Doncieux un fort intéressant volume consacré à une cinquantaine de ces chants, dont il restitue le texte primitif, établit l'origine et suit la migration : hypothèse très ingénieuse et conclusion vraisemblable. Toutefois, si le thème de la chanson se retrouve sur des points très divers, ne croyez pas que la version nivernaise ressemble à celle du Limousin. Chaque province apporte sa marque, y met l'accent, le goût du terroir. Le héros d'une de nos plus belles chansons, Jean Renaud, qui est un roi partout ailleurs, est souvent, chez nous, pays de forêts giboyeuses, un chasseur de sangliers. Du joli Tambour, si crânement insolent envers la fille du roi, nous avons fait un fendeur en notre Nivernais, où l'ouvrier des bois prédomine. On citerait ainsi de nombreux exemples de localisation.

Notre chanson populaire est bien la sœur de nos fières chansons de geste, une sœur cadette et d'humble condition. Son art est simple, dénué de subtilités. Pas de rime : l'assonance dont se contentaient les trouvères. Ses sujets : tout ce qui frappe l'esprit et impressionne le cœur, les événements miraculeux, merveilleux, historiques, anecdotiques. tous les faits de la vie courante, qu'elle soumettra à son badinage, à sa raillerie souvent sans pitié : l'ironie est un des traits de notre caractère national. Étant l'interprète de mœurs assez rudes, elle ne nous offre pas ces raffinements de sentiment, ces mignardes délicatesses qui abondent dans les chansons des Méridionaux. Elle nous choquera quelquefois par sa rusticité, par sa gaillardise parfois brutale. Mais comme elle est vivante et humaine ! Quelle sincérité, quelle fraîcheur, quel parfum de nature ! Et quand, oubliant la réalité ambiante, elle nous ouvre un monde de haute et délicieuse fantaisie, elle nous donne l'impression d'une de ces œuvres d'art des Primitifs où la plus pure émotion se dégage d'une adorable gaucherie.

Le chanteur populaire va vers son but sans se soucier des transitions. Il dispose de quelques images fort simples. Il se plaît aux verts prés, à la claire fontaine. à la main blanche. au cheval gris. au bois joli. Son imagination

s'exalte, amplifie, embellit, transforme ; il aime à parler du château de son père.
*Il voit de l'argent, de l'or partout ; la robe de l'amoureuse est en or comme le
plat de la Barbière, comme le « dard » du faucheur, la fourche de la faneuse.
Il fréquente le roi d'Espagne, le roi d'Angleterre. L'hyperbole lui est familière :
les larmes des amants font grossir les ruisseaux et virer les moulins.*

*J'ai été à même de remarquer que le paysan nivernais (je vise surtout le Mor-
vandeau) qui parle patois, s'applique à chanter presque toujours en français. Dans
le parler de son village, il me dira les contes, les légendes. Faut-il chanter ? Plus
de patois, sauf pour quelques chansons absolument facétieuses ou ironiques. Le
même fait a été constaté par tous les collecteurs. Je ne parle pas ici de certaines
chansons devenues populaires, mais composées par des lettrés ou des demi-lettrés :
les* adieux du soldat morvandiau, la lettre du soldat, *etc.*

*Il est superflu de dire que tout n'est pas d'égale valeur dans le répertoire de
nos chansons populaires. A côté de vrais petits chefs-d'œuvre, créations de poètes
de premier ordre, que de plates et triviales imitations, ajoutant à leurs imperfections originelles des souillures d'interpolation qui les rendent souvent peu
intelligibles ! Remarquons, en effet, que, si telle chanson nous semble aujour-
d'hui presque incohérente, il en faut accuser sans doute la mémoire défaillante
des chanteurs qui se la sont transmise oralement, et qui nous la livrent incomplète et décousue. Il n'appartient pas au collecteur, qui accomplit œuvre docu-
mentaire, de faire un choix dans cette masse, et de procéder par exclusion.
Vienne plus tard le vanneur, il saura trier le meilleur grain.*

*Ce n'est pas une vaine étude de curiosité que celle de la poésie populaire.
L'ethnographie, la philologie l'histoire locale, la musique savent y puiser avec
profit. La poésie savante peut tenter de s'y renover. M. Edouard Schuré, un des
patrons du folk-lore, faisait naguère remarquer que « nos poètes récents se sont
inspirés des beautés secrètes de nos chansons populaires. Si ce mouvement n'a
pas eu la même importance que de l'autre côté du Rhin, il offre cependant de
beaux résultats et des promesses pour l'avenir ». Aux noms de MM. André
Theuriet, Jean Aicard, Le Goffic, Le Braz, Lucien Paté et divers autres qu'il
citait en exemple, M. Schuré voulait bien joindre celui de l'auteur de ce recueil,
et il rappelait aussi le bon poète Gabriel Vicaire, un amateur passionné de nos
chansons nivernaises, un de ceux qui surent le mieux s'inspirer et parler de la
Muse populaire, de « ces complaintes si naïvement expressives, cantilènes faites
de rien, légères comme un souffle que le vent emporte, qui n'appartiennent à
aucun art, et qui font pleurer ».*

*C'est dans leur milieu qu'il faut entendre les chansons populaires. Lancées en
plein air par le laboureur ou la bergère, elles s'harmonisent si bien avec les voix
de la nature ! Le soir, devant l'âtre, le ronflement discret du rouet les accom-
pagne merveilleusement. Transportées à la ville, elles perdent une grande partie
de leur charme, comme ces liqueurs dont le parfum s'évapore si on les transvase.
Le classement n'en est pas facile à établir. Telle chanson de métier se grouperait
avec les satiriques ; telle complainte tragique se danse sur un air de ronde. La*

plupart (chansons de bergères, chansons anecdotiques) pourraient être englobées dans le cycle des chansons d'amour.

Ce premier volume s'ouvre par un beau dessin de notre compatriote, M. Malisse-Auguste, qui a interprété, avec son talent si personnel et distingué, une de nos plus curieuses chansons « miraculeuses ». Sauf quelques pages occupées par une petite série de chansons historiques, il est tout entier consacré aux complaintes. Là se trouvent les chefs-d'œuvre de notre poésie populaire, petites compositions exquises devant lesquelles la critique s'incline : il n'y a qu'à admirer.

*
* *

Modeste poésie qui nourris, berças, consolas tant de générations ; ô vieille chanson de nos pères, toi qui, durant les longues veillées sous le chaume ébranlé par le vent de neige, emportais vers un peu d'idéal l'esprit des pauvres travailleurs de chez nous ; toi qui, t'envolant, comme l'alouette, des lèvres de la bergère, à l'aube d'avril, répandais d'échos en échos l'allégresse du printemps retrouvé, on ne te connaît plus ! Compagne assidue des humbles, confidente de leur foi, interprète de leurs sentiments, charmeuse de leurs misères, tu les suivais dans toutes les manifestations de leur existence. D'autres mœurs ont prévalu et tu restes dédaignée. Nous sommes tes dévôts survivants et tes derniers fidèles. Combien peu, dans la génération qui monte, auront un souvenir pour toi, vieille chanson de France, triviale souvent, mais si naïve ; brutale quelquefois, mais si franche ; gracieuse presque toujours, délicate même et rayonnante de ce charme naturel qui ne doit rien à l'artifice et qui se refuse à l'analyse ! Plus tard, dans le silence des bibliothèques, où tu dormiras ton lourd sommeil, nos petits-neveux, issus d'une race à son déclin, tels les vieillards qui se sentent attirés vers l'enfance, viendront te demander par quel secret tu sus enchanter l'âme du peuple à l'âge de sa vigueur passée. Mais tu ne verras jamais venir, comme la Belle-au-Bois dormant, le Prince-Charmant pour t'éveiller, chanson des ancêtres, et te rendre la vie.

ACHILLE MILLIEN.

Beaumont-la-Ferrière, avril 1906.

Je donne la chanson sans commentaires et sans références. J'ai cru préférable d'établir à la fin de la publication un répertoire où se résument les comparaisons avec les similaires. Chaque chanson est suivie du nom, du lieu d'origine et de l'âge du chanteur.

PRÉFACETTE MUSICALE

Depuis que *je suis dans les chansons*, comme disent les bonnes gens, j'ai toujours eu le désir et je garde l'intention d'écrire quelques petits aperçus sur cette intéressante question. Aujourd'hui, en commençant la publication de ce recueil *sincère*, — car je ne me suis permis aucune retouche à tout ce que nous avons entendu chanter, Achille Millien et moi, — je me contenterai du simple rôle de collecteur, et donnerai seulement quelques indications utiles.

Les chansons qui composent cette collection peuvent se diviser, comme tonalité, en quatre ou cinq groupes. Beaucoup de ces mélodies (les plus récentes) se présentent avec notre tonalité moderne et notre gamme d'*ut* majeur ; d'autres, très fréquentes, sont en *la* mineur, avec sixte mineure et sans note sensible (mode Hypo-Dorien) ou en *la* mineur avec *fa* dièse et *sol* dièse ; quelques-unes sont dans la tonalité du 1ᵉʳ mode du plain-chant : gamme de *ré* mineur sans accidents (mode Dorien). On en trouve qui font partie de la gamme de *fa* avec *si* naturel (mode Lydien) ; *elles sont fort rares* et peut-être ne faut-il voir là qu'une altération provenant de la fantaisie du chanteur. D'autres chansons n'ont pas de tonalité bien définie ; on peut se donner libre carrière à leur sujet et les englober dans tous les vieux modes qu'il plaira ; mais, à mon humble avis, il ne faut voir là aussi, et le plus souvent, que des imperfections de chanteur. C'est moins curieux, mais plus vrai. Disons encore qu'un petit nombre de chansons ont leur première moitié dans un ton et la seconde moitié dans un autre ton — Quelques-unes se terminent sur la dominante, d'autres sur des notes anti-tonales. Enfin, la même chanson se présente quelquefois en mode majeur et, d'autres fois, en mode mineur. Elle est chantée à $\frac{6}{8}$ (rythme ternaire) ou à $\frac{2}{4}$ (rythme binaire), toujours par le caprice du chanteur, car le peuple non musicien dénature, hélas ! toutes les mélodies, aussi bien les refrains villageois que la romance parisienne ou l'air d'opéra.

Il n'est pas toujours commode de noter avec soin ces vieilles et souvent charmantes mélodies populaires, et de les ramener à l'exacte mesure. J'ai essayé de le faire de la façon la plus simple. Quelques récolteurs, voulant rendre de leur mieux *les fautes* du chanteur, écrivent avec plusieurs changements exagérés de mesure ; des $\frac{7}{4}$ et des $\frac{5}{4}$ succèdent à des $\frac{2}{4}$ ou à des $\frac{6}{8}$; d'autres n'écrivent que des valeurs de notes non mesurées, *tempo rubato*, forme plain-chant ; cette recherche d'écriture, lorsqu'elle n'est pas obligatoire, paraît un peu prétentieuse pour une pauvre petite chanson.

S'il n'est pas toujours commode de noter la mélodie populaire, il est bien plus difficile de noter la façon de dire, la couleur, le timbre, *la manière* de quelques rares vieux chanteurs campagnards. C'est un mélange de petites notes, de *gruppetti* plus ou moins rapides, de ports de voix avec *crescendo* ou *diminuendo*, de sons tremblés, de longs points d'orgue, etc , etc. Peu de musiciens ont essayé de noter toutes ces difficultés, d'autres n'en ont pas tenu compte Ce dernier parti est peut-être le plus sage, car comment rendre et saisir cette impression fugitive et pourtant si caractéristique ?

Le bon et vieux chanteur dont je viens de parler est malheureusement une exception En général, et *à moins d'une intention spéciale,* le chanteur populaire campagnard ne fait pas de nuances musicales intermédiaires. Il débite toute sa chanson sur le même ton : *piano, mezzo forte* ou *forte,* selon ses moyens vocaux et selon qu'il a *plus ou moins de vent.* Les nuances indiquées dans la plupart des recueils sont donc toujours un peu de l'invention des collecteurs (*mea culpa !*). Elles sont là pour donner plus d'intérêt et de relief. Quant au mouvement métronomique de la chanson, il est subordonné aussi aux poumons du chanteur ; la même cantilène se produit en *andante* ou en *allegro,* ce qui rend bien aléatoire une forme définitive d'écriture.

Je crois inutile de trop insister sur ce fait, déjà signalé, que les mêmes chansons se retrouvent, *avec altérations,* dans diverses provinces, sur des points très opposés, et qu'il serait bien audacieux de leur assigner un vrai pays, car les chansons dites *locales* étant établies, le plus souvent, sur un vieil air, déjà connu, n'ont de local que les paroles. D'ailleurs, les migrations, les transformations et *surtout* l'origine des chansons populaires, seront toujours matière à discussion et à controverse.

24 août 1904.   J.-G. PÉNAVAIRE.

Les notes *musicales* du bas des pages sont de J.-G. Pénavaire.

ERRATA

Page 7. — 1re ligne de musique, écrire $\frac{2}{4}$ au lieu de $\frac{4}{2}$.

— 23. — Ligne 13, écrire *1844*, au lieu de 1851.

— 24. — Avant la 1re ligne de musique, écrire *A.*

— 26. — Avant la 1re ligne de musique, écrire *B.*

— 26. — *Le riche damné :* sous la 1re ligne de musique, écrire *femm'* au lieu de *femme*, et faire la même correction au premier couplet du texte.

— 49. — A la suite de la note 1 ajouter : et l'*air donné page 154* (Le capitaine tué par le déserteur).

— 53. — 16e ligne, mettre une virgule après *plorez-vous.*

— 53. — 18e ligne, mettre une virgule après *plor'.*

— 89. — 9e vers, écrire *Ell'* au lieu de *Elle.*

— 113. — *Le flambeau d'amour*, écrire ainsi la 8e mesure :

— 129. — 1re ligne de musique, écrire *B* au lieu de *A.*

— 139. — Rectifier les chiffres de renvoi. La seconde note est indiquée (*1*) au lieu de (*2*).

— 152. — Le titre de la chanson doit être : *La fille du prince qui s'est faite huguenote.*

— 159. — Ecrire ainsi le début des deux premiers vers : *Voilà six ans...* — *Sans espérer...*

— 159. — A la dernière ligne, ajouter : *1830*, après *Mèves.*

— 183. — 14e ligne, au lieu de : Sensible claire, écrire : sensible Claire.

— 201. — Version *D.* Ecrire ainsi la 6e mesure :

Page 209. — *Germaine.* Écrire ainsi le début :

— 265. — 1ᵉʳ vers : écrire *grand'ville* au lieu de *grande ville*.

COMPLAINTES

Complaintes

A l'époque où je recueillais les chants populaires, les complaintes étaient déjà presque oubliées et ce n'est qu'après de longues recherches que je trouvais une version sans lacunes, sinon sans altérations. Souvent je n'obtenais qu'un fragment, obscur comme texte et insaisissable comme musique. Je donnerai ici ces divers fragments qu'une heureuse occasion peut permettre de compléter quelque jour.

I

SUJETS RELIGIEUX. — LES MIRACLES. — LE MERVEILLEUX

Le Voyage à Béthléem

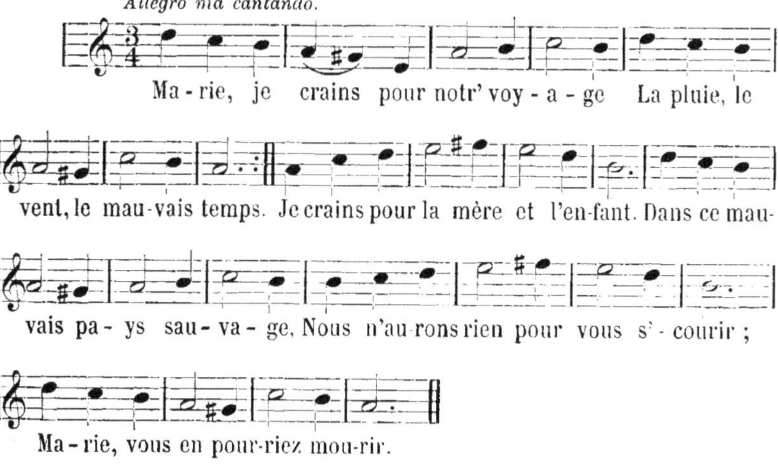

> Marie, je crains pour not' voyage
> La pluie, le vent, le mauvais temps.
> Je crains pour la mère et l'enfant.
> Dans ce mauvais pays sauvage,
> Nous n'aurons rien pour vous s'courir ;
> Marie, vous en pourriez mourir.

— Que craignez-vous, mon cher fidèle ?
Dieu n'est-il pas avecque nous ?
C'est lui qui rend les airs si doux,
Les ang' qui nous font sentinelle.
C'est lui qui veill'ra sur l'enfant ;
Dieu nous bénit à tout moment.

O saint Joseph, l'heure s'approche,
Voici le temps de m'accoucher.
Il nous faut donc aller chercher
Dans le village le plus proche,
Si nous trouvons quelque log'ment
Pour enfanter Dieu tout puissant.

— Voisin, voisine, ouvrez vos portes ;
Mes chers amis, réveillez-vous.
Mes chers amis, réveillez-vous,
Voici une Vierge qui porte
Dedans son sein un très beau fils,
Dieu, la beauté du Paradis.

Chacun se plaint, chacun murmure,
Chacun ne parle qu'en courroux.
— Retirons nous, mon cher époux,
Là-bas, dans cette vieill' masure.
Cherchons-y refuge aujourd'hui
Contre le brouillard de la nuit (1).

— Marie, dans cett' mauvaise étable,
Je ne vois que deux animaux.
Leur haleine nous tiendra chaud.
Je coucherai desur la paille,
Et vous, Marie, desur le foin
En vous couvrant de mon pourpoint.

Desur le foin je suis contente
. . . .

Mon cher ami, réveillez-vous,
J'entends le coq qui fait ravage,
Je vous en prie, allez-vous-en
M'chercher du feu pour de l'argent.

(Marguerite Nugues, femme Bongars, Dommartin, 1817.)

*Cette complainte de Noël m'a été chantée par plusieurs (à Dun-sur-Grandry,
à Sougy, à Ourour, etc.; mais toujours incomplètement. La chanteuse continuait
par un récit parlé :*

« Saint Joseph allant chercher du feu entrait dans une auberge. Un buveur

---

Variante :
(1) Elle nous tiendra z-à couvert
    Contre la rigueur de l'hiver.

aviné lui disait : « Approchez, ouvrez votre poche », et il y mettait un brandon allumé. Mais le feu ne se communiquait pas et le buveur s'écriait : « Je vois que vous êtes un grand saint et moi un grand pécheur ! » Ainsi saint Joseph emportait dans sa poche, sans en sentir l'ardeur, le tison flambant. (Femme Bongars, à Dun-sur-Grandry).

— *Ce n'était pas dans une auberge qu'il entrait, mais dans la boutique d'un maréchal qui lui versait dans la poche une pelletée de braise, etc.* (Veuve Girard, à Dun-sur-Grandry).

Le Désespoir de la Sainte Vierge

Allegro cantando e pietoso.

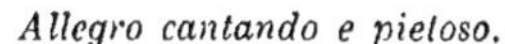

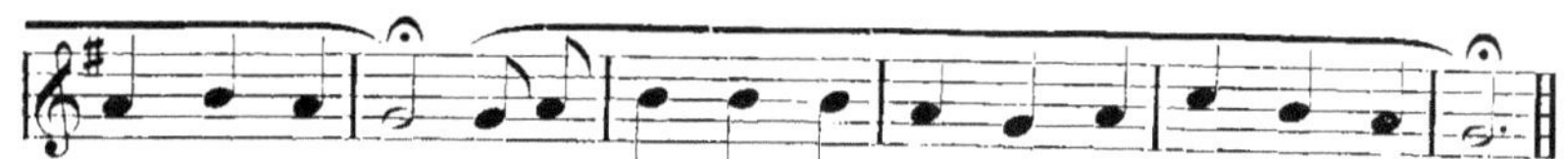

La sainte Vierg', tout en faisant son lit, (*bis*)
La sainte Vierg', elle s'est endormie.
Elle s'est endormie, son enfant l-était pris.

La sainte Vierg', quand ell' s'est réveillée : (*bis*)
Hélas ! mon Dieu, que je suis malheureuse !
Je me suis endormie, mon enfant l-était pris !

Hélas ! mon Dieu, faut qu'jaill' me promener; (*ter*)
Le long de ces verts prés, peut-êt' je l'trouverai.

Dans son chemin a rencontré saint Jean : (*bis*)
— Bonjour, saint Jean, as-tu vu mon enfant ?
Je me suis endormie, mon enfant l-était pris.

— Allons, saint' Vierg', le chercher votre enfant ; (*ter*)
Le long de ces verts prés peut-êt' le trouverons.

Dans son chemin a rencontré saint Pierre : (*bis*)
— Bonjour, saint Pierre, as-tu vu mon enfant ?
Je me suis endormie, mon enfant l-était pris.

— Allons, saint' Vierg', le chercher votre enfant ; (*ter*)
Le long de ces verts prés peut-êt' le trouverons.

Dans son chemin a rencontré l'bourreau : (*bis*)
— Bonjour, bourreau, as-tu vu mon enfant?
Je me suis endormie, mon enfant l'était pris.

— Viens, sainte Vierg', viens le voir ton enfant : (*bis*)
Ensanglanté par derrièr' par devant,
De tout côté, jusque dans l'bout des pieds.

— Hélas ! mon Dieu ! faut qu'j'aill' me promener (*bis*).
Le long de ces verts prés peut-ét' je trouverai
Quelque mauvais' racin' pourra me fair' mourir !

(Rare).   (*Louise Picard, femme Bourdier, Semelay, 1829.*)

La Fuite en Egypte

1°

LA SAINTE VIERGE ET LE LABOUREUR

C'était la bonne sainte Vierge,
Son petit enfant sur ses bras,
En son chemin a fait rencontre
D'un pèr' vieillard semant son blé.

— Bonjour, bonjour, mon père vieillar (e),
Voulez-vous bien me soulager?
— Oh ! oui, oh ! oui, ma belle dame ;
Sitôt qu'j'aurai semé mon blé.

— Allez chercher votr' faucillette, } *bis.*
Tous allez moissonner votr' blé. }

La premièr' main qu'il a coupée,
La belle dam' s'y est cachée,
Ell' n'est pas eu sitôt cachée,
Trois cavaliers v'nont d'arriver.

— Bonjour, bonjour, mon père vieillar (e),
N'avez-vous donc pas vu passer
Une belle dame pèlerine,
Son petit enfant sur ses bras ?

— Oh ! si, oh ! si, la belle dame } *bis*
Ell' passait quand j'semais mon blé. }

— Piquons, piquons à nos cheval (es),
Piquons-les bien de l'éperon !
Depuis un an, la belle dame
A fait du ch'min. Allons-nous-en !

Trois cavaliers fur'nt point passés,
La belle dame s'est levée :
— Je vous r'mercie, mon pèr' vieillar (e),
De m'avoir aussi bien cachée.

— Je vous r'merci, ma belle dame,
D'avoir bien avanci mon blé.
— Au Paradis, mon pèr' vieillar (e),
Au Paradis vous-en irez.

(Marguerite Luas, femme Angilbert, Luzy, 1831.)

Bonn' sainte Vierg', marchant sur terre,
Portant son enfant sur son bras,
Dans son chemin a fait rencontre
D'un bonhomm' qui semait son blé !

Mais le blé ne fut pas en terre
Qu'il était bon à moissonner :
— Allez chercher votre volette,
Vous pouvez moissonner votre blé.

Oh ! dites-moi, vieillard bonhomme,
Voudriez-vous bien me cacher ?
— Oh ! oui, oh ! oui, ma bonne dame,
Sitôt qu'j'aurai semé mon blé.

Sous la première javelette
Bonn' sainte Vierg' s'y est cachée,
Tout à l'instant voici qui passe
La troupe des Juifs cavaliers

—Oh! dites-nous, vieillard bonhomme,   — Oh! oui, oh! oui, je l'ai bien vue
Dit's, avez-vous pas vu passer   Du temps que je semais mon blé. —
Un' belle dame pèlerine   Ils se disaient les uns aux autres :
Portant son enfant sur son bras?   Voilà bientôt un an passé.

Sitôt que fut parti' la troupe
Bonn' sainte Vierge a s'est levée ;
— Merci, merci, vieillard bonhomme,
Dans l'Paradis ta place y est.

(Marguerite Nugues, femme Bongars, Dommartin, 1817).

« Je savais bien une complainte, mais je ne pourrais plus la chanter : C'était la sainte Vierge qui s'en allait en Egypte. Le bon Dieu commanda à saint Joseph de faire ferrer l'âne à l'envers pour tromper le roi Hérode... La sainte Vierge se trouvait près d'un champ que le laboureur ensemençait. Elle lui dit :

Ce matin, tu sèmes ton blé ;
Ce soir, tu le récolteras.

Les soldats d'Hérode sont arrivés, mais ils sont repartis bien vite en disant :
— Elle est loin ;

C'était quand il semait son blé,
Le voilà bon à récolter... »

(Veuve Saulet, Jouet, 1799).

La saint' Vierg' passant dans les champs,   Dis-moi, laboureux, mon ami,
Ell' trouve un laboureux qui sème :   Veux-tu me donner allégeance ?
— Sème ton blé, laboureux, mon ami,   — Oh! oui, oh! oui, je f'rai ce que j'pourrai,
Pour moi je m'en vas du pays.   Sitôt qu'j'aurai semé mon blé.

— Dis-moi, laboureux, mon ami,
Va-t'en vit' quérir ta faucille,
Voilà ton blé qu'est bon à moissonner,
Sous les javell's je m'cacherai.

— Dis-moi, laboureux, mon ami,
N'as-tu pas vu passer un' dame ?   [passer
— Oh ! oui, oh ! oui, je l'ai bien vu'
Du temps que je semais mon blé.

La saint' Vierge avec son enfant
Se cache dessous les javelles.
Tout aussitôt qu'ell' vient de se cacher,
Trois Juifs sont venus à passer.

— C'est l'an passé, la dame est loin,
Comment faire pour la rejoindre ?
Ne tardons pas, marchons vite, mar-
Peut-être nous l'attraperons.   [chons,

Lorsque les Juifs furent passés,
La sainte Vierge se décache :
— Adieu, adieu, laboureux, mon ami,
Tu as ta place au Paradis.

(Jeanne Goux, veuve Brunet, Nolay, 1803)

D)

Un ang' du ciel est descendu (*bis*)
Droit à Marie il a paru : (*bis*)
Marie, Marie, faut vous en aller,
Car le roi Hérod' cherche à vous tuer.

Ell' ne fut pas milieu du bois,
Un rossignol chantait trois fois :
— Chante, chante, p'tit oiseau joli,
C'est pour réjouir mon fils Jésus-Christ.

Marie entre en son cabinet,
De bleu, de blanc s'est habillée,
Et pardessus tous ses beaux habits,
Entre ses bras tenait Jésus-Christ.

En avançant dans le chemin,
Vit laboureur semant son grain :
Semez, semez, laboureur, votre blé,
Car dans peu de temps vous le couperez.

Ell' ne fut pas sitôt passée,
Le roi Hérod' avec son armée :
— Bon laboureur, dis-moi, mon ami,
As-tu vu passer une dame ici ?

— Retournons-nous-en, mes amis,
C'que nous cherchons n'est pas ici.
Tous les enfants que nous trouverons,
Dans leurs berceaux nous les tuerons.

— Oui, le roi Hérod', je l'ai vue passer,
Oui, le roi Hérod', je l'ai vue passer ;
C'était pendant que je s'mais mon blé
Et maintenant le voilà coupé.

Le roi Hérode retourne au château,
Fit tuer les enfants au berceau.
Il fit tuer jusqu'à son propre fils,
Pensant que c'était Jésus-Christ.

(Marie Jardé, veuve Girard, Dun-sur-Grandry, 1819).

Un ang' du ciel est descendu, } *bis.*
De vers Marie il a paru :
— Marie, Marie, il faudra vous cacher,
Car le roi Hérod' cherche à vous tuer.

(Marie Vailleu, femme Mercier, Dompierre-sur-Nièvre, 1854).

Sur cet air plus moderne s'appliquent les paroles de la version précédente.

2°

LE POMMIER MIRACULEUX

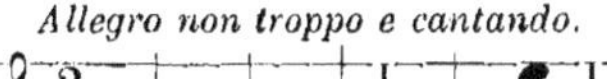

José, pernez-la par la main,
Menez Marie par le chemin.

Dans leur chemin ont rencontré,
Ont rencontré un doux pommier.

Vierg' Marie dit à José :
Dounez-moi donc de ce fruit-lai.

— Celui qui vous en doun' l'envie,
Qu'il vous en doune, un de ces fruits.

Vierge Marie leva la main,
Le doux pommier baissa le rein.

A deux genoux José s'est mis :
Vierge Marie, j'vous crie merci !

(Rare.)

« C'est depuis ce moment que, par privilège, les pommes doux-noir *sont rouges d'un côté, me disait la bonne mère Bongars qui me chantait ce vieux chant en 1887, à Dun-sur-Grandry, et sa voisine, la veuve Girard, la cadette, ajoutait : « Il y a une suite, mais je ne m'en souviens pas bien et je ne pourrais pas la chanter. — Au moment où saint Joseph est à genoux, une voix du ciel se fait entendre :*

  » Joseph, va, pour pénitence, te faire écorcher :
    » Dépose ta peau sur un buisson
    » Et tu recevras ton pardon.
  » En repassant par le chemin, tu la reprendras, et t'en revêtiras... »

Je n'ai pu trouver, nulle part, cette suite dans sa forme chantée.

La Douleur de Jésus

A)

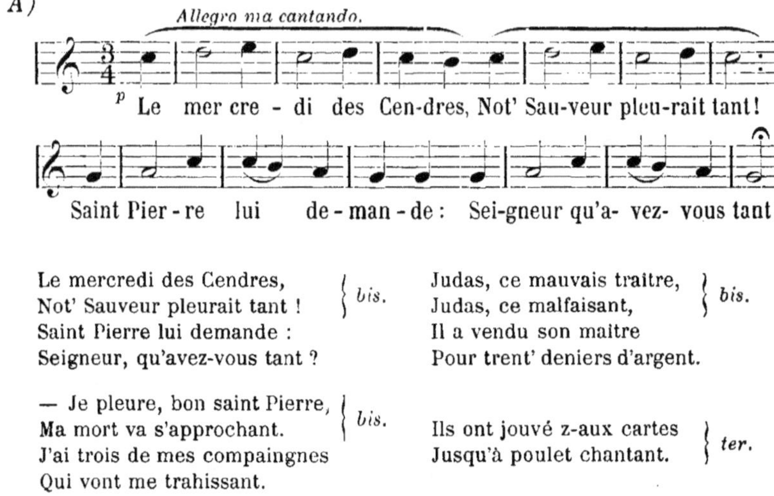

Le mercredi des Cendres,
Not' Sauveur pleurait tant ! } bis.
Saint Pierre lui demande :
Seigneur, qu'avez-vous tant ?

— Je pleure, bon saint Pierre, } bis.
Ma mort va s'approchant.
J'ai trois de mes compaingnes
Qui vont me trahissant.

Y a le mauvais juge,
Y a le Barabbas, } bis.
Je ne sais lequel autre,
Je crois que c'est Judas.

Judas, ce mauvais traitre, } bis.
Judas, ce malfaisant,
Il a vendu son maitre
Pour trent' deniers d'argent.

Ils ont jouvé z-aux cartes } ter.
Jusqu'à poulet chantant.

Sitôt que l'poulet chante, } bis.
Not' Seigneur bien dolent,
Il a d'mandé z-à boire
Dans son gob'let d'argent.

Ils y ont fait un breuvage } bis.
De soufre et de serpent.
Quand not' Sauveur eut bu,
Perdit le parlement.

Ce chant de la Passion se récitait pour obtenir la délivrance des femmes enceintes. On ajoutait alors ceci, à partir de :

Ils ont jouvé z-aux cartes
Jusqu'à poulet chantant :

Mais quand le coq il chante,
Le jour il devient grand.

Par la bonn' sainte Vierge,
Mère du bon saint Jean,
Que toute femme enceinte
Soit délivrée d'enfant !

(*Marie Jardé, veuve Girard, Dun-sur-Grandry, 1819*).

Le mercredi des Cendres,
Avant minuit sonnant,
Not' Seigneur dans sa chambre
Qui pleure en grand torment.

Bon saint Pierr' li demande :
Seigneur, qu'avez-vous tant ?
— Je pleure, bon saint Pierre,
Ma mort vient z-à présent.

N'en a trois dans la bande
Qui vont me trahissant.
Bon saint Pierr' li demande :
Seigneur, qui sont-ils tant ?

— Un qui s'appell' Pilate
Et l'autre Barabbas,
Et l'autre qu'est le pire,
Et l'autre, c'est Judas.

Je ne savais que l'autre
Etait si malfaisant.
Il a vendu son maître
Pour trent' deniers d'argent.

(Jeanne Goux, veuve Brunet, Nolay, 18..)

———

Le jour de Pàqu's fleuries,
Grand Dieu ! la dign' journée !
Toute épine blanche et noire
A sa fleur amenée.

Notr' Seigneur si tormente ;
Le monde est si méchant.
Saint Pierre li demande :
— Que plorez-vous donc tant ?

— Je plore, bon saint Pierre,
Ma mort est survenant.
Trois dans la compagnie
Que vont mi trahissant.

Que Judas est donc traître !
Bien traître et bien méchant !
A vendu Notr' Seigneur (e)
Pour trent' deniers d'argent.

Lavont jouvé z-aux cartes ⎱ *bis*.
Jusqu'à pouillot chantant. ⎰

Y ont fait un breuvage ⎱ *bis*.
D'lessiv' de venderdi (1). ⎰

Jésus demande à boire,
Quand survient la minuit,
Y y avont fait son verre
D'une peau de crapaud.

Sitoût qu'il en eût bu,
Jésus s'est renversé.
Les pierr's se sont fendues,
Le ciel s'est abaissé.

(Madeleine Bouziat, femme Lebas, Crux-la-Ville, 1812).

D) Le mecuerdi das Cenres,
Jesus qu'a pieure tant !
Li dit le bon saingn' Piarre :
Jésus, oh ! qu'ais-tu donc ?

— Ni pieure pas, mon mâtre ;
Dessos y p'chot de temps,
Las fonn's que sont pieinottes
S'ront délivré d'enfangn !

— I pieure, bon saingn' Piarre,
Mai mort eppeurche temps ;
Y ai dux de mas compaingnes
S'en vont mi tahirsant.

Le peurtu de l'Enfar
N'ot qu'y peurtu tout rond ;
Tous cess qui y entront
Jaimas n'en ressortont.

Tu payrés chiar, Pilate,
Ton grandissim' délit ;
L'ai pus grande chaudière
Vait èt' ton Pairaidis.

(François Fourré, Planchez, 1801.)

---

(1) « Aussi ne faut-il pas faire la *buie* (la lessive) le vendredi, non plus que cuire le pain », ajoutait la chanteuse qui terminait par ce couplet :

Maudit', maudit' la femme
Qui fait buie l'venderdi !
Bénie, bénie la femme
Qui cuit le samedi !

La Passion du Doux Jésus

La Passion du doux Jésus,
   Bien triste et bien dolente (1),   } *bis.*
Ecoutez-la, petits et grands,
   S'il vous plaît de l'entendre ! (2)   } *bis.*

Il a jeûné quarante jours,
   Quarante nuits ensemble ;   } *bis.*
Il n'a jamais voulu manger (3)
   Qu'une pomme d'orange.   } *bis.*

Il entra dans Jérusalem,
   En grande révérence.   } *bis.*
Mais dit not' Seigneur à saint Jean :
   La trahison est grande !   } *bis.*

'Vant qu'il soit vendredi minuit,
   Vous verrez des exemples,   } *bis.*
Vous me verrez là-haut monter
   Desur une croix blanche.   } *bis.*

Variantes :

(1) Vous plaît-il de l'entendre ?

(2) Et prenez-y exemple.

(3) Jusqu'au jour de Pâques-fleuri :
   Grand Dieu ! le beau dimanche !

Vous verrez mon front couronner
   De dure épine blanche ;   } *bis.*
Vous verrez mes deux pieds clouer
   Et mes deux bras étendre.   } *bis.*

Vous verrez mon côté percer
   Du fer(e) d'une lance ;   } *bis.*
Vous verrez mon sang rigoler
   Tout le long de mes membres. } *bis.*

Vous verrez mon sang ramasser
   Par quatre petits anges ;   } *bis.*
Vous verrez ma mère à mes pieds
   Bien triste et bien dolente.   } *bis.*

Vous verrez la terre trembler
   Et les pierres se fendre ;   } *bis.*
Vous verrez la lune et l'soleil
   Qui combattront ensemble.   } *bis.*

(Marguerite Ferlet, femme Guillelat, Beaumont-la-Ferrière, 1850).

Plusieurs chanteurs ajoutent ce couplet final :

La Passion du doux Jésus,
   Qu'elle est triste et dolente ! } *bis.*
Le doux Jésus, qu'il est petit !
   Que sa puissance est grande !} *bis.*

(Marguerite Petit, veuve Rolland, Saint-Aubin-les-Forges 1815).

———

B)

Saint Pierre qui porte la croix,
   Saint Jean qui l'a bénie,
S'en sont allés en d'ça Sion
   Le long d'ces grand's charrières.

Dans leur chemin ont rencontré
   Quantité d'Juifs ensemble,
De beaux chapeaux, de beaux rameaux
   Faisant grand' révérence.

Saint Pierre dit à Not' Seigneur :
   J'crois qu'ils sont de nos gens (*es*)
— Oh ! répondit le doux Jésus :
   C'est trahison bien grande.

Avant qu'il soit vendredi nuit,
   Vous en verrez l'exemple.
Vous verrez mon corps étendu
   Sur une grand' croix blanche.

Vous verrez ma têt' couronner
   Par des épines blanches ;
Vous verrez mes deux pieds clouer
   Et mes deux bras étendre.

Vous verrez mes côtés percer
   Tout de fers et de lances ; (1)
Vous verrez mon sang rigoler (2)
   Tout le long de mes membres.

Vous verrez ma chèr' mèr' venir
   Bien triste et bien dolente,
Un mouchoir blanc dedans sa main
   Pour essuyer mes membres.

Vous verrez la lune glisser (3)
   Et le soleil descendre ;
Vous verrez la terre trembler
   Et les pierres se fendre.

   Vous verrez la mer (*e*) sans eau
   Et les arbres sans branches,
   Et les petits oiseaux du bois
   Qui crieront Dieu vengeance !

      (*Toussaint Montaron, Semelay, 1812*).

Ce dernier couplet est ajouté par plusieurs et remplacé quelquefois par le suivant :

   Vous verrez la mer (*e*) flammer,
   Les poissons tout en cendre,
   Et les petits oiseaux du ciel
   Crier vers Dieu vengeance.

      (*Louise Goux, veuve Sourdeau, Nolay, 1810*).

Comme la plupart des complaintes religieuses, la Passion *a servi et sert encore (rarement) de chant de quête pour les mendiants et aussi pour les enfants de chœur qui vont, le Jeudi-Saint, de maison en maison, porteurs de l'eau bénite et d'un panier destiné à recevoir l'offrande. Aux environs de Château-Chinon, ils terminent la* Passion *par cette requête :*

   Donnez un œuf à ces petits
   Qui vous diront trois mots *De Profundis,*
   Qui vous mèn'ront en Paradis !

      (*Marguerite Nugues, femme Bongars, Dommartin, 1817*).

Variantes :

(1) D'une cruelle lance. (2) Risseler. (3) Vous verrez la lune monter.

Une version de la Passion, copiée dans un manuscrit du XVIIe siècle, m'a été chantée sur l'air précédent A). Elle me semble complète, conforme d'ailleurs (à quelques mots près) à celle qu'à donnée M. Marius Sepet, d'après un manuscrit de la Bibliothèque nationale. La voici :

C) Or, écoutez, grands et petits,
    S'il vous plait de l'entendre,
La passion de Jésus-Christ
    Qui est triste et dolente.

Il a jeuné quarante jours,
    Sans prendre soutenance,
Et le jour de Paque fleuri
    Qui étoit un dimanche,

Il entra dans Jérusalem,
    En sa main une branche,
Rencontra quantité de Juifs
    Lui faisant révérence.

Alors dit saint Pierre a saint Jean :
    Oh ! quelle reconnoissance !
Aussitot leur dit Jésus-Christ :
    C'est trahison bien grande.

Avant qu'il soit vendredi nuit,
    Par eux me verrez prendre,
Vous verrez mon corps dépouillé
    Flagellé tout ensemble.

A grands coups de verge et de fouet,
    Faisant mon sang répandre,
Vous verrez mon chef couronné
    De l'aube-épine blanche.

Et vous me verrez souffleter,
    D'un grand (?) de fer étrange,
Vous me verrez souvent tomber
    Sous une croix pesante.

Vous verrez ma face essuyer,
    D'une charité grande,
Puis vous me verrez attacher
    Sur une croix sanglante.

Vous verrez mes deux pieds clouer
    Et mes deux bras étendre,
Vous verrez mon côté percer
    Du dur fer d'une lance.

Vous verrez mon sang ramasser
    Par quatre de mes anges,
Vous verrez ma mère a mes pieds
    Bien triste et bien dolente.

Vous verrez la terre trembler
    Aussi les pierres se fendre,
Vous verrez la lune, le soleil
    Se combattant ensemble.

Vous verrez mon corps détacher,
    D'une croix le descendre,
Puis vous le verrez embaumer
    Par une pénitente.

Vous le verrez ensevelir,
    Par deux vieillards fort tendres,
Vous le verrez mettre au tombeau
    En grande révérence.

Vous irez pour le visiter,
    Y trouverez deux anges,
Qui vous diront la vérité :
    Tous vous y faudra rendre.

Enfin je ressusciterai
    Le troisième dimanche,
Et puis au ciel je monterai
    Avec tous mes saints anges.

Chrétiens, adorons le Sauveur,
Chantons lui des louanges.

Le mauvais Riche et la Dame charitable

A)

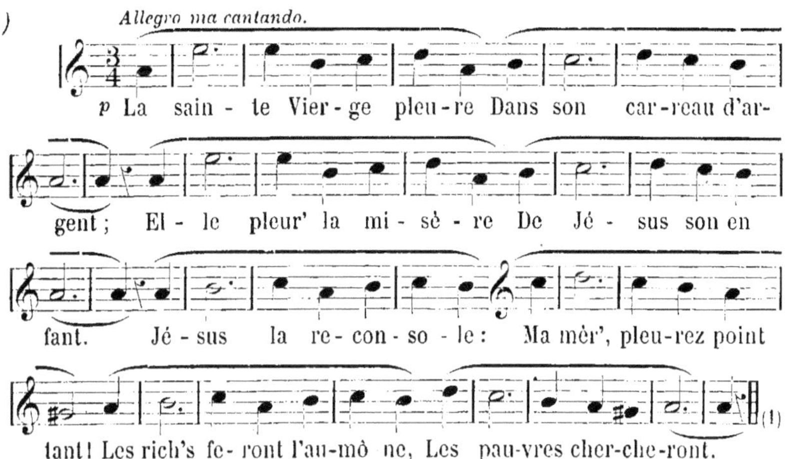

La sainte Vierge pleure
Dans son carreau d'argent ;
Elle y pleur' la misère
De Jésus, son enfant.
Jésus la reconsole :
— Ma mèr', pleurez point tant !
Les rich's feront l'aumône,
Les pauvr's chercheront.

Jésus s'habille en pauvre,
L'aumôn' s'en va chercher.
A la porte d'un riche
Il s'en va demander.
— O le riche, ô le riche,
Faites la charité
Au pauvre misérable
Qui vient la demander (2).

Voilà trois jours ou quatre
Que je n'ai rien mangé !
Y a des croût's sur vot' table (3)
Restant de votr' dîner.
— Les croût's desur ma table,
Alles sont pour mes chiens ;
Mes chiens me prenn't des lièvres
Et toi tu n'me prends rien.

— Voilà trois jours ou quatre
Que je n'ai rien mangé.
Y a des miett' sur votr' table,
Restant de votr' dîner.
— Les miett's desur ma table,
Alles sont pour mes poul's ;
Mes poul's me font des œuf (es)
Et toi tu n'men fais point.

---

(1) Cet air est une altération du cantique célèbre : *Chantons, je vous en prie.*

(2) Certains chanteurs ajoutent ici ce couplet :

> Avant que je me couche,
> Je penserai z-à vous ;
> Avant que je me couche,
> Je prierai Dieu pour vous.
> Faites-moi donc l'aumône,
> Faites la charité.
> — Va-t'en, va-t'en, le pauvre,
> Y a rien à te donner.

(3) *Var :* Y a des os sous vot' table...

La dam' qu'est en fenêtre, } bis.
Qu'entend ce discours-là :
— Entrez, entrez, le pauvre,
Entrez vous réchauffer,
Y a du pain sur la table,
Un lit pour vous coucher.

Quand fut sur la minuit,
Demande à se coucher,
En entrant dans la chambre,
Se forme un' grand' clarté.
— Dites-moi donc, le pauvre,
Qu'est-c' qui reluit ici :
C'est-i le jour qui donne
Ou bien la lun' qui luit ?

— C'est ni le jour qui donne
Ni la lune qui luit ;
Ce sont vos bonn's aumônes
Qui ouvr'nt le Paradis.
Préparez-vous, madame,
C'est pour bientôt mourir ;
En trois jours ou en quatre,
Vous s'rez au Paradis.

Au bout d'trois jours ou quatre, } bis.
La dam' vint à mourir
Du dret s'en est allée
Devant le Paradis ;
A la port' de saint Pierre
Ell' frappe pour l'ouvrir.

— Dites- moi donc, madame, } bis.
Qu'ez-vous fait dans votr' temps :
Ez-vous chauffé (1) les pauvres ?
Ez-vous vêtu les nus ?
Ez-vous bien fait l'aumône
Au nom du doux Jésus ?

— J'ai bien chauffé les pauvres,
J'ai bien vêtu les nus,
Et j'ai bien fait l'aumône
Au nom du doux Jésus.
— Allez, allez, madame,
Dans le bon Paradis ;
La porte, elle est ouverte
Depuis hier, le midi.

Au bout de quelque temps, } bis.
Le rich' vient à mourir.
Du dret s'en est allé
Devant le Paradis.
A la port' de saint Pierre
Il frappe pour l'ouvrir.

Saint Pierre lui demande : } bis.
— Qu'as-tu fait dans ton temps?
As-tu chauffé les pauvres ?
As-tu vêtu les nus ?
As-tu bien fait l'aumône
Au nom du doux Jésus ?

— J'nai pas chauffé les pauvres,
J'nai pas vêtu les nus ;
Je n'ai pas fait l'aumône
Au nom du doux Jésus.
— Va-t'en, va-t'en, pauvre homme,
Va dans l'enfer bouillir ;
La grand' chaudièr' de fonte
Sera ton Paradis.

— Si jamais j'y retourne } bis.
Au pays qu'j'ai perdu,
Je chaufferai les pauvres,
Je vêtirai les nus,
Je ferai bien l'aumône
Au nom du doux Jésus.

—Oh ! non, jamais, pauvre homme, } bis
Tu n'y retourneras.
Tu es comme cet arbre
Qui n'rapporte aucun fruit.
Tu as perdu ton âme,
Tu t'en vas repentir.

(*Marie Moreau, femme Balet, Prémery, 1817*).

---

(1) *Var :* Nourri.

B)

(1)

Le bon Dieu s'habille en pauvre,
Chez le rich' s'en est allé.
— Allez, allez, ô le pauvre,
On ne peut pas vous donner.
— Y a des os dessous vot' table,
J'en ferais bien mon diner.
— Les os qu'y a sous ma table,
J'ai des chiens pour les manger.

Allez, allez, ô le pauvre,
On ne peut pas vous donner.
— Y a des miett's desur vot' table,
J'en ferais bien mon dîner.
— Les miett's qu'y a sur ma table,
J'ai des poul's pour les manger.
Allez, allez, ô le pauvre,
On ne peut pas vous donner.

— La bonn' dam' qu'est aux fenêtres,
Faites-moi la charité,
La charité de vos croûtes,
Restant de votre dîner.
— Entrez, entrez, ô le pauvre,
Nous vous ferons à souper ;
Quand la soup' sera mangée,
Un blanc lit pour vous coucher.

Quand la soupe fut mangée,
Demande à s'aller coucher.
Tout en entrant dans la chambre
Aperçoit une clarté.
— Oh ! dites-moi donc, le pauvre,
Qu'est-c' que c'est que cett' clarté,
C'est peut-être bien la lune
Qui commence à se lever ?

C'est ni l'soleil ni la lune ;
C'est les port's du Paradis,
Pour la vertu d'vos aumônes,
Qui commencent à s'ouvrir.
Je vous assure, madame,
Faut aller vous confesser,
Car demain vous serez morte,
Dans le ciel vous entrerez.

— Oh ! dites-moi donc, le pauvre,
Quand y mourra mon mari.
— C'est demain, sur les deux heures,
Dans l'enfer ira bouillir.
— Oh ! dites-moi donc, le pauvre,
On pourrait-y le sauver ?
— Toute feuill' qui tombe morte,
Pas moyen d'la ranimer.

(Marie Bernard, femme Martin, La Celle-sur-Nièvre, 1851).

(1) C'est l'air très connu : *Que ne suis-je la fougère*, musique d'Albanèse (1729-1800).

C)

Le bon Dieu s'habille en pauvre, } *bis.*
L'aumône il s'en va chercher,
A la porte d'un gros riche :
— Faites-moi la charité !

— Oh ! retirez-vous, le pauvre, } *bis.*
On ne peut pas vous donner.
— Je vous demand' pas grand' chose,
Que les rest's de vot' dîner.

Y a des os dessous vot' table, } *bis.*
J'en ferais bien mon dîner.
— Les os qu'y a sous ma table,
J'ai des chiens pour les ronger.

Mes chiens mi prendront des lièvres } *bis.*
Et vous ne me prendrez rien.
— Je vous dirai des prières,
Que vos chiens n'en diront point.

Y a des mies dessur vot' table, } *bis.*
J'en ferais bien mon dîner.
— Les mies qu'y a sur ma table,
J'ai des poul's pour les manger.

Mes poul's me feront des œuf(es) } *bis.*
Et vous ne me ferez rien.
— Je vous dirai des prières,
Que vos poul's n'en diront point.

Sa dame qu'est aux fenêtres, } *bis.*
Qu'entendait ce discours-là :
— Oh ! entrez, entrez, le pauvre,
La soupe est bonne à manger.

Ne fut pas sitôt à table } *bis.*
Qu'il demande à se coucher.
— Oh ! soupez, soupez, le pauvre,
J'ons des lits pour vous coucher.

Ell' l'a pris par sa main blanche, } *bis.*
Dans sa chambre ell' l'a mené.
Quand ell' fut su' l'pas d'la porte,
Aperçoit un' grand' clarté.

— Oh! dites-moi donc, le pauvre, } *bis.*
Si la lune, elle est levé' ?
— C'est ni la lun' ni l'soleil (le),
C'est vot' bonne charité.

Oh ! allez, allez, madame, } *bis*
Allez donc vous confesser,
Car demain, sur les deux heures,
Vous s'rez morte et trépassé'.

— Mais dites-moi donc, le pauvre, } *bis.*
Si mon mari s'ra sauvé.
— Toute feuill' qui tombe morte,
Pas aisé d'la raviver.

(Jacques Champeroux, Saint-Aubin-les-Forges, 1818).

Le mauvais Riche et le bon Pauvre

(1)

Dans cette variante de la complainte qui précède, la bonne dame est remplacée par le pauvre charitable. Je donne seulement ici les parties qui diffèrent.

La bonne Vierge pleure
Sur son tambour d'argent.
Son fils Jésus près d'elle
Va la reconsolant.
— N'pleurez point tant, ma mère,
Personn' n'mourra d'la faim ;
Les gueux d'mand'ront l'aumône,
Les rich's ils donneront.

— Bien le bonjour, le riche, } *bis.*
Fait's-moi la charité
Des croût's dedans votre arche.
— Mes croût's sont pour mes chiens ;
Mes chiens me prenn'nt des lièvres,
Toi, tu n'me prendras rien.

. . . .

— Bien le bonjour, le pauvre, } *bis.*
Fait's-moi la charité.
— Comm' veux-tu que j'la fasse
Quand je n'ai rien pour moi ?
J'ai-t-un' mauvaise croûte,
Tiens, en v'là la moitié.

. . . .

Dans n'sais combien d'années, } *bis.*
Le rich' vient à mourir, etc...

. . . .

Dans n'sais combien d'années, } *bis.*
Le pauvr' vient à mourir, etc...

(Marie Lamoureux, veuve Brassière, Langeron, 1814).

---

(1) Altération plus caractérisée et mise en rythme binaire de l'air : *Chantons, je vous en prie.*

Le Pauvre et la mauvaise Dame

C'était le bon Jésus
S'en va d'mander l'aumône ; } bis.
A la porte d'une dame (1)
— Donnez-moi z-un peu de pain ;
Voilà bien trois jours ou quatre
Que je n'ai mangé de pain.

La dame lui répond
D'un' parole si rude : } bis.
— Oh ! allez, allez, le pauvre,
Allez donc chercher ailleurs,
Car je vois à votre mine
Que vous êt' un amuseur.

Le pauvre s'en y va
Du droit z-à l'écurie, } bis.
Dit au valet de la dame : (2)
— Vot' dam' m'a r'fusé du pain ;
Voilà bien trois jours ou quatre
Que je n'ai mangé de pain.

Le valet s'en y va,
S'en va trouver la dame : } bis.
— Vos chevaux sont bien malades (3)
Ils ne veulent pas de foin ;
Mais ils mangeraient peut-être
Un petit morceau de pain.

Variantes :

(1) Hélas ! hélas ! ô madame,
    Je suis évanoui la faim :
    Voulez-vous me fair' l'aumône
    D'un petit morceau de pain ?

(2) Hélas ! hélas ! ô valet,
    Je suis évanoui la faim :
    Voulez-vous me fair' l'aumône
    D'un petit morceau de pain ?

(3) Un de vos ch'vaux est malade ;
    Il ne peut pas manger d'foin ;
    Faudrait lui donner peut-être
    Un peu de pain et de vin.

La dame lui répond
D'un' parole si douce : } *bis.*
— Va-t'en vite à la cuisine,
Prends-y tout ce qu'il te faut (1)
Et rentourne-toi bien vite
Pour bien panser nos chevaux.

Le valet s'en y va
Du droit z-à l'écurie : } *bis.*
Il s'met à crier tout fort (c) (2)
— Madam', vous avez eu tort :
Vous n'avez pas fait l'aumône
Et le pauvre il en est mort !

La dame lui répond
D'un' parole si douce : } *bis.*
Il faut fair' sonner les cloches (3)
Bien vit' le faire enterrer ;
Nous prierons Dieu, la saint' Vierge
Qu'ils veuill' bien nous l'pardonner.

Le lendemain matin (4)
Trouv' son drap z-à la porte, } *bis.*
Ell' trouv' son drap z-à la porte,
Son argent tout bien compté :
C'était l'argent de sa messe
Que l'bon Dieu lui renvoyait.

(Marguerite Ferlet, femme Guilletat, Beaumont-la-Ferrière, 1887).

L'Ame à la porte du Paradis

(Sur l'air noté page 17)

O saint Michel archange,
Bel ang' du Paradis ! } *bis.* (5)
Ecoute voir, mon père,
Ecoute voir ici !
Ecoute voir une âme
Qui vous crie à merci.

— Y a-t-il longtemps, pauvre
Longtemps qu't'es arrivé ? [homme } *bis*
— Oh ! oui, mon divin maître,
Voilà sept ans passés.
— Oh ! non, oh ! non, pauvre homme,
Tu as bien mal parlé.

Variantes :

(1) Il ne faut rien épargner
Et retourne à l'écurie,
Que mon cheval soit sauvé !

(2) Hélas ! hélas ! ô madame,
Nous serons bien tous damnés !
Le pauv' qui d'mandait l'aumône,
Il est mort et trépassé.

(3) — Ne dis rien, mon valet,
Nous lui f'rons faire un cierge. } *bis.*
Nous lui ferons faire un cierge,
Nous le ferons enterrer ;
Nous prierons Dieu pour son âme
Et nous serons bien sauvés.

(4) Le lendemain matin
La dame se réveille. } *bis.*
En regardant sur sa table
D'la manière accoutumée,
Elle a bien trouvé le cierge,
Que Jésus lui renvoyait.

(Marie Briffault, Montigny-aux-Amognes, 18..).

(5) Les trois premiers couplets sont quelquefois remplacés par les deux suivants :

Ouvrez, mon divin maître,
S'il vous plaît de m'ouvrir ! } *bis.*
— Y a-t-il longtemps, pauvre âme,
Que tu attends ici ?
— Oh ! oui, mon divin maître,
Depuis hier, le midi.

— Tu mens, tu mens, pauvre âme,
Tu viens d'y arriver. } *bis.*
Ton corps est sur ta table (*),
Ton glas vient de sonner ;
Ta femme et tes enfants
Qui pleurent tes péchés.

(Marie Briffault, Montigny-aux-Amognes, 18..).

(*) *Var. :* Y a pas un quart d'heure
Que tu es arrivé,
Les cloches sont en branle
Pour ton corps enterrer.

(Femme Bongars, Dommartin, 1847).

N'y a pas vingt-quatre heures, }
Vingt-quatre heures sonné' ;   } bis.
Ton corps est sur ta fosse,
Qui n'est pas enterré ;
Tes enfants sont de contre,
Qui pleurent tes péchés.

Qu'as-tu donc fait, pauvre homme, }
Qu'as-tu fait dans ton temps ?   } bis.
As-tu chauffé les pauvres,
As-tu vêtu les nus ?
As-tu bien fait l'aumône
Au saint nom de Jésus ?

— Oh ! non, mon divin maître,
J'n'y ai jamais pensé.
Oh ! mais si je retourne
Au pays d'où je viens,
Je vêtirai les pauvres,
Je chaufferai les nus,
Je donnerai l'aumône
Au nom du doux Jésus.

— Oh ! non ! Oh ! non, pauvre }
Tu n'y reviendras pas. [homme } bis.
Tu as fait comme l'arbre
Qui a perdu son fruit ;
Tu as damné ton âme,
Tu t'en vas repentir (1).

(Toussaint Montaron, Semelay, 1812).

Les mendiants chantaient ces couplets en demandant l'aumône.

Le Jugement dernier

---

(1) Ce dernier couplet est remplacé quelquefois par les deux suivants :

— Tu te repens, pauvre âme   }
A l'heur' qu'il n'est plus temps. } bis.
C'est ce qu'il fallait faire
Du temps de ton vivant ;
Tu serais comme d'autres,
Oh ! bien joyeusement.

Va-t'en, va-t'en, pauvre âme,
Te voilà bien damné ;
Tu iras dans l'enfer (e),
Ta place y est gardé'.
Y a dedans l'enfer (e),
Y a un grand trou rond :
Tout's les âm's qu'on y verse
Jamais n'en revenont.

(Marie Briffault, Montigny-aux-Amognes, 18..).

Réveillez-vous, gens qui dormez,
Priez Dieu pour les trépassés (1),
Priez Dieu pour parents, amis,
Que Dieu les mette en Paradis !

La cloch' que je tiens en ma main
N'est pas pour sonner votre fin ;
C'est seul'ment pour vous avertir
Que de ce monde il faut partir.

Quand de ce mond' nous partirons (2),
Rien qu'un drap blanc nous emport'rons
Et la terre nous couvrira
Et la vermin' nous mangera.

Quand la trompette sonnera,
L'ange du ciel, il descendra ;
Il criera : Morts, relevez-vous !
Venez au jugement de tous !

Quand vous pass'rez par ces grands bois,
Vous y trouverez une croix,
Sur cette croix y a-t-inscrit
La Passion de Jésus-Christ.

Chrétiens, qu'avez du bien d'autrui,
Tâchez de le rendre aujord'hui ;
Si vous l'fait' pas, v'aurez grand tort,
Peut ét' demain vous serez morts ! (3)

Dans la vallée de Josaphat,
Chacun y sera pour sa part ;
N'y aura ni prince ni baron,
Chacun répondra pour son nom.

(*Edme Ferlet, Lurcy-le-Bourg, 1816*).

Ce Réveil *était chanté la nuit par un homme chargé de ce soin et muni d'une*
sonnette. Les pauvres le disaient aussi aux portes et terminaient quelquefois par ceci :

Un morceau d'pain { pour Jésus-Christ,
                   { tout en est dit (*var.*)
Un verr' de vin tout cramoisi.

Variantes :
(1) Réveillez-vous, tous les chrétiens,
    Réveillez-vous, c'est pour le bien.

(2) Faudra partir quand l'heur' viendra ;
    Dans un tombeau on nous mettra...

(3) Si par malheur vous l'rendez pas,
    La mort viendra, vous surprendra.

Réveille-toi, chrétien qui dors,
Réveille-toi, prie pour les morts.
Chrétien plaisant, prends tes habits,
Pense à la mort de Jésus-Christ.

A la vallée de Josaphat,
Notre-Seigneur y descendra.
Il jugera les bons au ciel
Les mauvais au feu éternel.

(Antoine Foucauld, Mêves, 1815).

Le Riche damné

Quand le riche vient à mourir,
Sa femme va pleurer sur sa fosse,
En priant Dieu, Vierge Marie,
Qu'ils lui fass'nt voir (e) son mari.

Notre-Seigneur est apparu,
C'était pour lui rendre réponse :
— Venez ici sur le minuit,
Vous y verrez votre mari. |

La pauvre femme y a pas manqué,
Sur le minuit elle y retourne.
Elle a vu un feu si ardent
Qu'il fait trembler petits et grands.

— Etes-vous-là, mon cher mari ?
Dites-le-moi, je vous supplie,
— Oh ! oui, ma femme, oh ! oui, j'y suis
Et pour toujours me faut souffrir.

Oh ! oui, ma femm', rappelle-toi
Des pauvr' qui demandaient l'aumône :
Tout au contrair' de leur donner,
Je les ai toujours renvoyés.

Oh ! oui, ma femm', rappelle-toi
Du faux boisseau qu'y a dans la grange ;
Fais-le brûler, je te le dis,
Si t'veux aller au Paradis.

(Marie Tavault, Semelay, 1857).

Fragments

1°

Te souviens-tu, Marie-Mad'leine,
De ces grands vents qu'ont tant venté,

Qu'ont tout abrasé les églises,
Les arbr's ont tout déraciné ?

. . . . . . Le jour que tu es née.

(Jeanne Goux, femme Brunet, Nolay, 1803).

2°

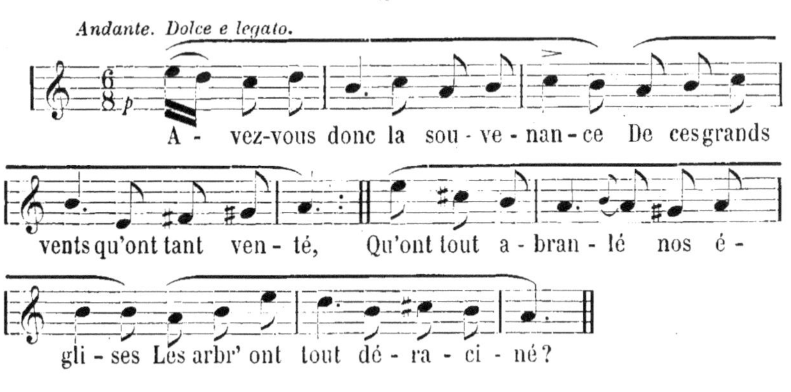

Avez-vous donc la souvenance
De ces grands vents qu'ont tant venté,   } bis.
Qu'ont tout abranlé nos églises
Les arbr' ont tout déraciné ?

— Mon fils Jésus, j'vous ai porté,
Jamais vous n'm'en avez rien donné.   } *bis.*

. . . .

— Ma chère mère, oh ! demandez,
Demandez-moi, je vous donn'rai.   } *bis.*
— Mon fils Jésus, je vous demande,
Que tout péché soit pardonné.

(*Marguerite Nugues, femme Bongars, Dommartin, 1817*).

3°

Notre Sauveur s'en va devant :
— Suivez-moi tous, mes chers enfants.

— Mon fils Jésus, où allez-vous ?
— Ma mère, ...
Je vas juger tout ce mond' là.

— Mon fils Jésus, je vous demande
Que tout péché soit pardonné.
— Ma chère mère, allez, allez
Ouvrir la porte à ces prisonniers.

. . . .

— Oh ! si j'avais défait ce monde,
Je les aurais bien tous trouvés.

Marie nous a bien attrapés :
Nous croyions tout avoir de c'monde,
Marie nous a bien attrapés.

(*Françoise Montaron, Semelay, 180.*)

« *Ce sont les diables qui tiennent ce langage ; ils sont en fureur parce que la bonne sainte Vierge a délivré tous leurs prisonniers* ».

4°

Enfant fili, pourquoi sortir ?
Bon pain, bon vin te manque-t-il ?

— Père, père qu'est dans l'enfer !
Enfant fili velut sortir.

— Y a t'un' femme enceint' dans le bois ;
Enfant fili, oh ! marie-toi !

Premier enfant que tu aurés,
Dedans l'églis' te l'faut porter.

La premièr' mess' que ton enfant dira,
Oh ! de l'enfer ton pèr' sortira.

(*Marie Jardé, veuve Girard, Dun-sur-Grandry, 1819*).

« *C'est, dit la chanteuse, un enfant du Paradis qui demande au bon Dieu de revenir sur la terre pour souffrir des peines afin d'obtenir le pardon de son père qui est en enfer. Il l'obtiendra par la grâce de la première messe que dira son fils premier-né, devenu prêtre* ».

(Rare)

Sainte Marie-Madeleine

1°

LA CONVERSION DE MADELEINE

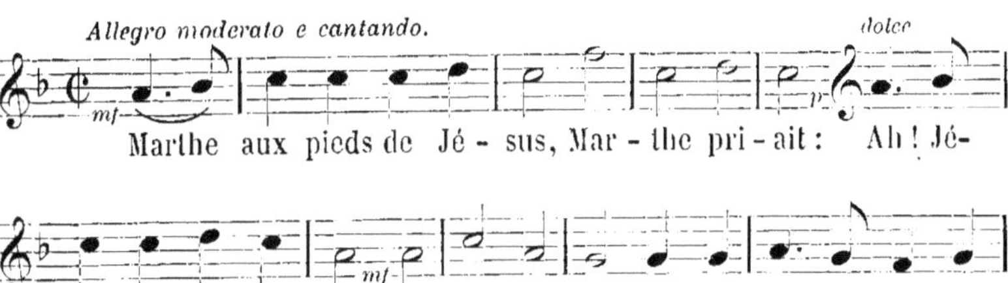

Marthe, aux pieds de Jésus,
  Marthe priait :
— Ah ! Jésus, mon doux Jésus,
  Mon rédempteur,
Jamais j'n'ai pu convertir
  Ma chère sœur.

— Allez, Marthe, allez-y
  Et dites-lui
Qu'à l'église nous aurons
  Un beau prêcheur
Qui fera un beau sermon ;
  Nous l'entendrons.

Madeleine répondit :
  — Je n'irai pas.
J'aime mieux aller au bal,
  Aux violons,
Que d'aller à ces sermons
  Qui se feront.

Marthe, aux pieds de Jésus,
  Marthe priait :
— Ah ! Jésus, mon doux Jésus,
  Mon rédempteur,
Jamais j'n'ai pu convertir
  Ma chère sœur.

— Allez, Marthe, allez-y
  Et dites-lui
Qu'à l'église il y aura
  Trois jeun's garçons
Pour entendre ces sermons
  Qui se feront.

Madeleine répondit :
  — Oui, j'irai bien.
Je mettrai mes bell's parures,
  Mes beaux diamants,
Et aussi mes bell's coiffures,
  Assurément.

Quand (e) Madeleine entra (1),
    Jésus prêcha.
Sur la vanité du monde
    Il a prêché
Et le cœur de Madeleine,
    Il a touché.

Madeleine, tout en pleurant,
    En gémissant
Arrachait ses bell's parures,
    Ses beaux diamants,
Et aussi ses bell's coiffures,
    Assurément.

(Pauline Paon, Nolay, 1868.)

2°

MADELEINE AUX PIEDS DE JÉSUS

Marie-Madeleine à l'âge de quinze ans,
Hélas ! grand Dieu ! quelle belle enfant !
Son père lui demand' : Voulez-vous êtr' mariée ?
Voulez-vous d'un prince ? Voulez-vous d'un roi ?
Voulez-vous êtr' mariée ?

— Je ne veux d'un princ', je ne veux d'un roi.
Je ne veux pas être mariée.

— Faites moi donc faire une jupe blanche } *bis.*
Et de beaux souliers pour (e) mieux marcher }

Marie-Madeleine, elle a tant marché
Qu'une fille sage elle a rencontré.

Variante :

(1) Quand Mad'leine fut entrée,
    Jésus prêchait :
Sur la vanité du monde
    Jésus prêchait ;
Dans le cœur de Madeleine
    Il pénétrait.

Quand (e) Jésus eut fini,
    Jésus sortit.
Madeleine le suivait
    Toujours pleurant,
Déchirait ses belles robes,
    Ses beaux rubans.

(Mme Laba, Dornes, 1831).

Autre variante :

Sainte Marthe s'en y va
    Trouver Jésus :
— O Jésus, mon doux sauveur,
    Mon rédempteur,
Nous n' pourrons donc pas sauver
    Ma chère sœur ?

. . . .

J'aim'rais mieux aller au bal,
    Aux violons,
Tout au proch' d'un beau galant,
    Qu'à ces sermons.

Dans l'église est arrivé
    Trois beaux galants,
En grand désir de la voir
    Et lui parler.

Elle a pris ses bell's parures,
    Ses prelands (?) d'or,
Tout's ses belles broderures
    Desur son corps.

(Claude Perrier, Dompierre-sur-Héry, 1825).

Puisque vous êtes une fille sage,
Quel' pénitenc' me donn'rez-vous ?

— Je ne suis pas une fille sage,
Je suis la saint' Vierge Marie.

— Puisque vous êt's la saint' Vierge Marie,
Quel' pénitenc' me donn'rez-vous ?
— Allez-vous-en en Galilée,
Vous trouverez Jésus à dîner.

Vous vous prostern'rez dessous la table,
Comme une enfant abandonnée :
Des larm's que vous laiss'rez tomber
Les pieds de Jésus vous essuyerez.

Marie-Madeleine s'en est allée,
Jésus à dîner elle a bien trouvé :
— Relève-toi, Marie-Madeleine,
Tous tes péchés sont pardonnés.

— Allez-vous en au royaum' des cieux ; ⎞
Vous jouirez de la gloire de Dieu.   ⎠ *bis.*

    Oh ! ceux qui la chanteront
    En auront pour la moitié.

(Très rare).   (*Pauline Paon, Nolay, 1868.*)

____

3'

Oh ! que sainte Marthe   ⎞   Travaillant sans cesse   ⎞
A donc de bonheur,   ⎠ *bis.*   Toujours occupé',   ⎠ *bis.*
De traiter son doux Sauveur,   Ell' regard' de tout côté,
Faisant la cuisine   Elle voit Marie
Avec tant de ferveur ! (*bis*)   Qui a les bras croisés. (*bis*)

____

(1) Je donne ici cette chanson avec toutes celles qui se rapportent à sainte Marie-Madeleine,
quoiqu'elle ne soit pas une complainte.

Elle en fit ses plaintes
A son doux Sauveur :   } bis.
— Regardez donc, notr' Seigneur,
Cette paresseuse
Qui a les bras croisés. (bis)

— Tout doux, tout doux, Marthe, } bis.
Vous vous empressez.
Laissez donc Marie pleurer,
Elle a la meilleur' part,
Il faut la lui laisser (bis).

— Pourquoi donc, Seigneur,   } bis.
Vous la soutenez ?
Ah ! faut-il donc pour vous aimer
Etre paresseuse
Et toujours pleurer ? (bis)

— Venez donc, Marie,   } bis.
Venez donc m'aider.
Ah ! je peux vous assurer
Que de notre soupe
Point vous n'en aurez. (bis)

(Marie Briffault, Montigny-aux-Amognes, 18..)

4°

LA PÉNITENCE DE MADELEINE

Allegro ma cantando.

A)

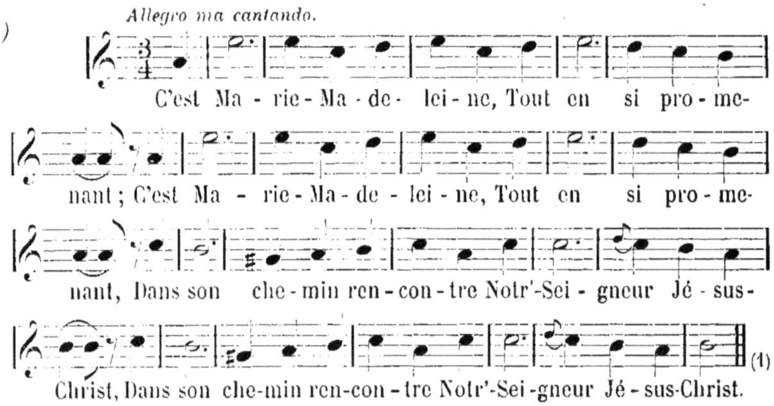

(1)

C'est Marie-Madeleine,
Tout en si promenant,   } bis.
Dans son chemin rencontre
Notr'-Seigneur Jésus-Christ. } bis.

— O Marie-Madeleine,
Là-vou t'en vas-tu donc ?   } bis.
— O Dieu béni, mon maitre,
Je vas mi confesser.   } bis.

— O Marie-Madeleine,
As-tu bein des péchés ?   } bis.
— O Dieu béni, mon maitre,
La terre ne m' peut plus porter. } bis.

— O Marie-Madeleine,
Il faut faire pénitenc'.   } bis.
— O Dieu béni, mon maitre,
Comment faut-il donc fair' ? } bis.

— O Marie-Madeleine,
Sept ans dans ce p'tit bois ! } bis.
— O Dieu béni, mon maitre,
De quoi ji viverai ?   } bis.

— O Marie-Madeleine,
Des racines du bois.   } bis.
— O Dieu béni, mon maitre,
De quisque ji boirai ?   } bis.

(1) Encore une altération de l'air : *Chantons. je vous en prie,* avec terminaison vicieuse
sur la seconde note du ton.

— O Marie-Madeleine,
Du p'tit ruisseau coulant. } *bis.*
— O Dieu béni, mon maitre,
Ousque ji coucherai ? } *bis.*

— O Marie-Madeleine,
Dans la feuillée du bois. } *bis.*
— O Dieu béni, mon maitre,
Quand viendrez-vous mi voir ? } *bis.*

— O Marie-Madeleine,
Tout au bout des sept ans. . } *bis.*
— Tout au bout des sept ans,
Jésus s'en va la voir. } *bis.*

— O Marie-Madeleine,
Du droit au Paradis !... } *bis.*
— Ah ! quand on vous sert bien,
Vous servez bien aussi ! } *bis.*

(Marie-Jeanne Gendras, Préporché, 1875.)

B)

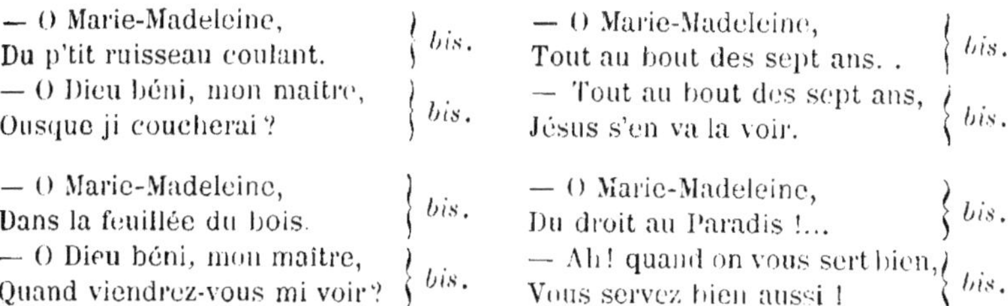

— O Marie-Madeleine,
Dis-moi donc tes péchés.
— Hélas ! mon Dieu, mon père,
Jamais je n'oserai.

— O Marie-Madeleine.
Tu tomb' en grand péché :
Desur les chaum' de Baume,
Sept ans tu resterés.

— Hélas ! mon Dieu, mon père,
Vous m'y viendrez-ti voir ?..
— Tout au bout des sept ans,
Le bon Dieu va la voir.

— O Marie-Madeleine,
Rien ne t'a-t-il manqué ?
— Hélas ! mon Dieu, mon père,
De vrai, je vous dirai :

De l'herb' desur la Baume,
Y en a pas toujours eu.
Un petit peu d'eau fraiche
Pour arroser mes doigts.

— O Marie-Madeleine,
Tu r'tomb' en grand péché :
Desur les chaum' de Baume,
Sept ans tu resterés

— Hélas ! mon Dieu, mon père,
Vous mi délaissez donc ?...
— Tout au bout d' la septième,
Les anges la vont voir.

— O Marie-Madeleine
Allons au Paradis ! } *bis.*

La Marie-Madeleine,
Le pied y a manqué :
Desur la pierr' de Baume,
Son pied y est marqué.

(Marie Jardé, veuve Girard, Dun-sur-Grandry, 1819).

3

C) — Hé ! Marie-Madeleine,   — Jésus, mon divin maître,
    Tu es en grand péché :   De quoi vivrai-je y donc ?
    Sept ans au Bois-des-Fées,   — Hé ! Marie-Madeleine,
    Sept ans pour y pleurer !   Des racin's de ces bois.

    — Jésus, mon divin maître,   — Jésus, mon divin maître,
    De quoi vivrai-je y donc ?   De quoi boirai-je y donc ?
    — Hé ! Marie-Madeleine,   — Hé ! Marie-Madeleine,
    Des racin's de ces bois.   De l'eau de ces rochers.

    — Jésus, mon divin maître,   Au bout des sept années, ⎫
    De quoi boirai-je y donc ?   Jésus-Christ va la voir. ⎬ bis.
    — Hé ! Marie-Madeleine,   ⎭
    De l'eau de ces rochers.
                                     — Hé ! Marie-Madeleine,
    Au bout de sept années, ⎫   Tout droit en Paradis !
    Jésus-Christ va la voir. ⎬ bis. — Jésus, mon divin maître,
                            ⎭   Qu'il fait bon vous servir !

    — Hé ! Marie-Madeleine,   Oui, tous ceux qui vous servent,
    Toujours en grand péché !   Vous les mettez en écrit ;
    Sept ans au Bois-des-Fées,   Mais ceux qui vous délaissent
    Sept ans pour y pleurer.   Vous les laissez dans l'oubli !

(Marie Briffault, Montigny-aux-Amognes, 183.)

5°

MADELEINE AU TOMBEAU

(1) C'est l'air, altéré, de la célèbre complainte de Fualdès. Plusieurs chansons populaires
sont établies sur cet air.

C'est la belle Madeleine
Qui pleurait sur le tombeau.
L'ang' de Dieu la consolait : (1)
— Ne pleurez point, Madeleine !
Vous r'trouv'rez vot' bien-aimé,
Jésus-Christ de Nazareth.

Tout au Jardin des Olives
Ils le sont allés trouver.
— Jardinier, beau jardinier,
Vous avez la face belle
Et la min' de mon Sauveur,
Les yeux de mon Rédempteur.

— Qui vous a dit, Madeleine,
Que j'étais un jardinier ?
Oui, des larmes de mes yeux
J'ai bien arrosé la terre ;
J'ai tout répandu mon sang
Pour racheter mes enfants.

La bell' Madelein' s'approche
En croyant de l'embrasser.
Jésus lui dit doucement :
— Retirez-vous, Madeleine ;
C'est assez de m'adorer,
Et non point de me toucher.

(Jeanne Goux, veuve Brunet, Nolay, 1803).

---

(1) Var: Trois bell's anges sont venu's.

Variante de plusieurs couplets :

Au désert la Madeleine
Qui fait rien que de pleurer.
Vient trois ang's du Paradis :
Ne pleurez point, Madeleine ;
Jésus est ressuscité,
Qu'est plus beau que la clarté.

. . . .

Mad'leine à genoux se jette,
A genoux veut l'embrasser.
Il lui dit d'un air tout doux :
Retire-toi, Madeleine.
Oh ! tu peux bien m'adorer,
Mais prends gard' de me toucher.

Madeleine se retire,
Au désert s'en est allé',
Au désert s'en est allé',
En grands maux de pénitence.
Les chrétiens vont en dévotion
Pour avoir leur conversion.

(Marguerite Petit, veuve Rolland, Saint-Aubin-les-Forges, 1815).

Certains chanteurs remplacent le couplet final qui précède par le suivant :

Mon Dieu ! que je suis heureuse !
Que mon cœur y est content !
Après avoir bien cherché,
J'ai trouvé celui que j'aime !
Après avoir bien cherché,
J'ai trouvé mon bien-aimé !

(A Clamecy).

B)

<table>
<tr><td>

Sur le tombeau la Madeleine
Ne faisait rien que de pleurer. } *bis.*
Les anges vont la consoler,
Ne pleurez pas, la Madeleine :
Jésus-Christ est ressuscité,
Il est plus beau que le soleil.

C'est dans le Jardin des Olives,
Allez et vous le trouverez. } *bis.*
— Beau jardinier, beau jardinier,
Que vous avez la face belle !
Vous avez les yeux de mon Dieu,
Et la couleur de mon Sauveur.

</td><td>

—Jardinier puisque tu m'appelles,
Tu me dis bien la vérité, } *bis.*
Car j'ai tout répandu mon sang
Pour tous les hommes sur la terre,
Car j'ai tout répandu mon sang
Pour racheter les pénitents.

La Madeleine se rapproche
De Jésus-Christ pour l'embrasser.
Jésus lui dit tout doucement :
— Retirez-vous, la Madeleine.
Ce n'est point à vous à m'embrasser,
Mais c'est à vous à m'adorer.

</td></tr>
</table>

(*M. Labbé, La Celle-sur-Nièvre, 182.*).

A)

Sainte Barbe

<table>
<tr><td>

Sainte Barbe vivait bien
En chrétien
Dans son petit entretien.
Mais aussitôt qu'elle est en âge,
On veut la mettre en mariage.

</td><td>

Son pèr' lui fit faire un jour
Une tour
Pour lui fair' finir ses jours :
Mais elle veut être chrétienne,
Préférant la mort pour étrenne.

</td></tr>
</table>

Son père était si fâché,
          Outragé,
Avec son couteau dressé,
Il lui a coupé la mamelle,
En l'accusant d'être chrétienne.

Jésus-Christ la visitant,
          Lui parlant,
Fut guérie dans le moment.
Le lendemain était sortie,
Se promenant emmi la ville.

Son père la poursuivant,
          Se trouvant
Un rocher en même temps ;
Il s'est fendu comme une glace,
C'était pour lui faire une place.

Et toujours la poursuivant,
          Se trouvant
Trois bergers parmi les champs,
Leur demandant : l'avez-vous vue ?
Dites, il faut que je la tue !

Ce berger fut si méchant,
          Lui disant :
Est peut-être ici dedans
— Il lui a percé la poitrine...
O grand Dieu, qu'est-c' que je mérite ?

Il s'est él'vé un grand vent,
          Un grand vent,
Le tonnerre en même temps,
Qu'a brisé la tête à son père
Et qu'a mis son corps en poussière.

(Marguerite Nugues, femme Bongars. Dommartin, 1817).

B)

Son père fit faire un jour
          Une tour
Pour la mettre en ce séjour.
Il a bien défendu de mettre
Dans la tour une fenêtre.

Son père s'en va cherchant,
          Demandant :
— Qui fit fenêtre céans ?
— Hélas ! mon pèr', ça vous étonne,
C'est un Dieu en trois personnes.

Son pèr' prend un grand couteau
          'De bourreau.
Il la saisit aussitôt,
Il lui a coupé les mamelles :
— Tiens ! Prends la mort pour étrenne !

Sainte Barbe, en s'enfuyant,
          Voit devant
Un rocher se présentant,
Mais le rocher, pour lui fair' place,
S'est fendu comme une glace.

Son père s'en va cherchant,
          Demandant
Aux bergers qui sont aux champs :
— Bergers, ne l'avez-vous pas vue ?
Elle a peur que je la tue.

Ces bergers sont si méchants,
          En disant :
— Elle est peut-être dedans.
Son pèr' la trouv', la décapite...
Jugez de ce qu'il mérite.

Il s'élève en peu de temps
          Un grand vent ;
Le tonnerre en même temps,
Tomb' sur la tête de son père ;
Il est réduit en poussière.

Saint' Barb' s'est mise à genoux :
          Prions tous !
La terre est faite pour nous.
Tant que nous serons sur la terre,
Que Dieu nous gard' du tonnerre !

(Femme Thureau, Sougy, 183.).

Sainte Reine

A)

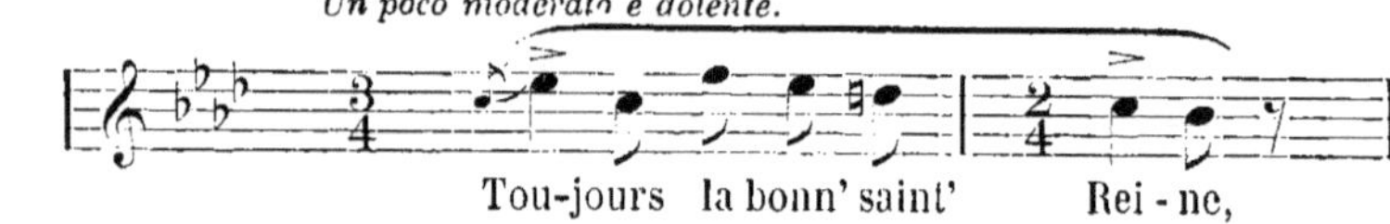

Toujours la bonn' saint' Reine,
Toujours dans son cœur dit
Qu'elle voulait toujours suivre
La loi de Jésus Christ.

Les dames de la ville
S'en sont allé' la voir ;
Mais les un' avaient des peignes,
Les autres des miroirs.

— Qu'on me retir' ces peignes,
Ces peigne' et ces miroirs.
Grand Dieu ! quand je les regarde,
Hélas ! le cœur me rompt.

Toujours la bonn' saint' Reine,
Toujours dans son cœur dit
Qu'elle voulait toujours suivre
La loi de Jésus-Christ.

Les messieurs de la ville
S'en sont allés la voir ;
Mais les uns avaient dès flûtes,
Les autres des hautbois.

Qu'on me retir' ces flûtes,
Ces flûtes, ces hautbois ;
Grand Dieu, quand je les regarde,
Hélas ! le cœur me rompt.

Toujours la bonn' saint' Reine, etc.

(Jeanne Guenot, femme Durand, Gien-sur-Cure, 1822).

B)

Son père vient lui dire : (1)
— Ma fille, rendez-vous,
Rendez-vous huguenode, } bis.
Nous ne vous dirons rien.

— Ma mèr', ma très chèr' mère,
Je vous l'ai dit toujours dit,
Que, pour quitter l'église, } bis.
J'aimerais mieux mourir.

— Mon père, mon très cher père,
Je vous l'ai toujours dit,
Que, pour quitter l'église, } bis.
J'aimerais mieux mourir.

Son frère vient lui dire :
— Ma sœur (c), rendez-vous,
Rendez-vous huguenode, } bis.
Nous ne vous dirons rien.

Sa mère vient lui dire :
— Ma fille, rendez-vous,
Rendez-vous huguenode, } bis.
Nous ne vous dirons rien.

— Mon frèr', mon très cher frère,
Je vous l'ai toujours dit,
Que, pour quitter l'église, } bis.
J'aimerais mieux mourir.

Puis viennent la sœur, l'oncle, la tante auxquels même réponse est faite. Et la complainte se termine par :

La bonne sainte Reine, } bis.
Il fait bon la servir.

(*Marie Cormier, Saint-André-en-Morvand, 1807*).

Variante :

(1) La bonne sainte Reine } bis.
Qu'il fait bon la servir ?

Son pèr' s'en vient lui dire
Si rude, brusquement :
— Rendez-vous huguenode,
Nous vous dirons plus rien.

— Mon pèr', mon très cher père,
Je vous l'ai toujours dit :
Quitter la sainte église,
J'aim'rais bien mieux mourir !

Sa tante, etc.

(*Marguerite Nugues, femme Bongars, Dommartin, 1817*).

> — Hé ! sainte Reine, rendez-vous ⎰
>   A la loi païenne. ⎱ *bis.*
> — Mais non, mais non, je m'rendrai pas,
>   Mon Dieu, ma bonne Vierge,
> Mais non, mais non, je m'rendrai pas
>   Pour adorer tous les Judas (*bis*).

(Marie Evaut, veuve Champenois, Cuffy, 1816).

Voilà tout ce qu'a pu me dire la chanteuse, qui ajoutait : « La bonne sainte Reine fut rendue et livrée par un traître qui était malade de la teigne. Aussi la bonne sainte Reine guérit de tous les maux, excepté de la teigne. On la roula dans un tonneau garni de pointes de fer, on la plongea dans l'huile bouillante sans pouvoir la faire mourir. Un soldat lui coupa la tête, elle alla laver sa plaie au riau de son père, et, depuis ce temps, l'eau de ce riau fait des miracles (1) ».

Variante :

(1) O père de misère,
    Regarde ton enfant :
    Au'c un couteau d'ivoire
    La tête on y a tranché.

« On dit ça dans la bonne sainte Reine ».

(Veuve Girard, Dun-sur-Grandry).

Saint Alexis

Alexis étant grand,
Pour plaire à ses parents,   } bis.
Consent au mariage,
Ne pouvant l'éviter.
On a fait grandes noces
Pour le jour d'épouser.

Le soir, après souper,
Fallait se reposer.   } bis.
Grand Dieu ! Quelle merveille !
Prend résolution
D'quitter sa chère épouse
Pour suivre la raison.

Son dessein étant fait,
Entre en son cabinet.   } bis.
L'avait une ceinture
Et une bague d'or ;
A son épous' la donne
Et lui s'enfuit d'abord.

Alexis embarqué
Bien loin s'en est allé,   } bis.
Tant de mer que sur terre,
Et bien d'autres pays,
Pour demander l'aumône,
Avait changé d'habits.

Mais, revenant à Rome,
Son père a rencontré.   } bis.
Lui demande l'aumône
Au coin de son logis ;
L'aumône lui accorde,
Sans reconnaîtr' son fils.

Lui demande à loger
Sous de pauvres degrés.   } bis.
Qu'Alexis était aise
De se voir maltraité
Aux valets de son père,
Sans l'avoir mérité !

Son épouse souvent
Lui passait par devant,   } bis.
Ne pouvant le r'connaître,
Tant il était défait !
Disant : — Cher Alexis,
Que puis-j' vous avoir fait ?

Pourquoi m'avoir quittée,
Alexis, mon époux ?   } bis.
M'avez-vous pris' par force ?
Pourquoi me preniez-vous ?
M'avez-vous pris' de gré ?
Pourquoi m'délaissez-vous ?

Alexis dans son cœur,   ⎫
Ressentant sa douleur :   ⎬ bis.
— C'est moi, c'est moi la cause
Des pein's et des torments
Qu'ma chère épouse endure
Avec tous mes parents !

Mais Dieu, par sa bonté,   ⎫
Bientôt le r'consolait.   ⎬ bis.
La vie de ce monde
Ne dure qu'un moment,
Et la, de l'autre monde
Dure éternellement.

. . . .
. . . .
Tu n'as que l' temps d'écrire
Un' lettre à tes parents.
Aussitôt rendit l'âme
Au Sauveur tout puissant.

Il y avait en écrit :   ⎫
Je m'appelle Alexis,   ⎬ bis.
Je m'appelle Alexis,
Fils de cette maison ;
Mon père, aussi ma mère,
Ma chère épouse y sont.

Son pèr' qu'entend cela,   ⎫
A terre se jeta,   ⎬ bis.
Aussi sa chère mère
S'arracha les cheveux ;
Aussi sa chère épouse
Se jeta sur son cœur.

. . . .
. . . .
Tout's les cloches de Rome
Se sont mis' à sonner,
Sans que personne au monde
Ait pu les arrêter.

Les mérit's d'Alexis   ⎫
Furent bientôt connus.   ⎬ bis.
Quatre flambeaux du ciel (c)
Sont venus l'éclairer,
L'ont conduit au tombeau ;
Y a rien de si beau.

Sur le cercueil du mort,   ⎫
On entendit d'abord   ⎬ bis.
Une voix dans Saint-Pierre
Qui criait hautement :
C'est ici que repose
Le corps d'un innocent !

(Marie Jardé, veuve Girard, Dun-sur-Grandry, 1819),

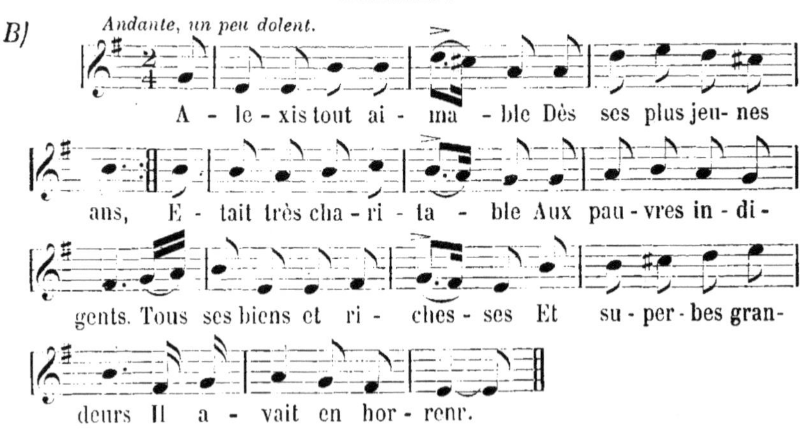

Alexis tout aimable
Dès ses plus jeunes ans,
Etait très charitable
Aux pauvres indigents.
Tous ses biens et richesses
Et superbes grandeurs
Il avait en horreur.

Son pèr', quand il fut d'âge,
Pour ses biens succéder,
Fait prendre en mariage
A son fils bien-aimé
Une noble princesse
Belle comme le jour,
L'ornement de la cour,

Le jour des épousailles
Alexis fut touché
D'une divine flamme,
Entre en son cabinet
Dire adieu à sa femme,
Avec les larm's aux yeux,
La quitte dans ce lieu.

Elle fondait en larmes,
Dit à son bien-aimé :
— Auriez-vous le courage
De vouloir me laisser
Dans ce triste veuvage ?
Pourquoi m'épousiez-vous,
Alexis, mon époux ?

— J'ai un voyage à faire
Au pays étranger,
Il faut que je m'en aille,
Dieu me l'a commandé.
Tenez, voilà ma bague,
Ma ceinture à deux tours,
Marque de mon amour.

De chez lui en cachette
Tout droit s'en est allé
A la ville d'Edesse.
Aux pauvr's il a donné
Son argent, ses richesses,
Jusqu'à son bel habit
Galonné de haut prix.

Toute part, on dépêche
Après lui les courriers.
Les valets qui le cherchent
En chemin l'ont trouvé
Sans pouvoir le connaître
Tant il était changé,
Lui font la charité.

Sur la mer il s'embarque
Pour 'ler à Cilicie,
Le grand vent de l'orage
Le jette près d'Ostie
Sur le bord du rivage,
Et son débarquement
Arrive heureusement.

Au palais de son père
Tout droit s'en est allé,
Accablé de misère,
Comme un pauvre étranger ;
Sans se faire connaître,
Il demande à loger
Dessous un escalier.

Sept ans, sa pénitence   } bis.
Sous ce triste escalier   }

. . . .
. . . .
Les valets, les servantes
Crachaient, jetaient sur lui
Les ordur's du logis.

Sa plus grande souffrance
C'est d'entendre les cris
De sa femme dolente,
Tant le jour que la nuit
Ell' pleure, ell' si lamente,
Disant : Où êtes-vous,
Alexis, mon époux ?

Sa mère inconsolable,
Son pèr' sont bien surpris
Qu'une voix admirable .
Tout hautement s'écrie :
Alexis tout aimable
Vient de rendre l'esprit
Dedans notre logis !

Ont trouvé z-une lettre
Serré' dedans sa main,
. . . .

On va qu'rir le Saint-Père
Avec tout le clergé,
La croix et la bannière
Au palais sont allés.
Le pape débonnaire
Dans la main prend l'écrit,
A haute voix le lit.

Il y a desur la lettre :
Je m'appelle Alexis,
Oui, je suis Alexis,
Enfant de la maison ;
Mon père aussi ma mère
Et mon épouse y sont.

{ *bis.*

Son aimable princesse
Ell' tombe évanouie,
Sa mère, de tristesse,
Ne pens' plus qu'à mourir
Quand elle a vu son fils...

{ *bis.*

(Marie Briffault, Montigny aux-Amognes, 18..)

Voici divers fragments de *Variantes :*

A trouvé son cher fils (*e*)
Couché sur un lit blanc.
Il était plus brillant
Que les étoiles du temps.

. . . .

Faut aller vers le Pape
Et l'Empereur aussi
Pour savoir sur la lettre
Ce qu'il y a d'écrit.

(Jean Goux, Nolay, 180.).

Ce fragment m'est donné comme le début d'une complainte de Saint-Alexis :

Un prince, une princesse.
Ensembl' sont mariés.
Sont mariés sept ans
Sans avoir (*e*) d'enfant.

A Dieu font la demande,
C'est d'avoir un enfant,
Qu'ils le metterint prêtre
Quand il (*e*) serait grand.

Quand cet enfant fût grand..

Se disint l'un à l'autre :
— Quoi faire de nos biens ?
J'avons qu'un héritier,
Il faut le marier...

(Louise Goux, veuve Sourdeau, Nolay, 1810).

Sainte Catherine

Catherine était fille,
La fille d'un grand roi,
Sa mère était chrétienne,
Son père ne l'était pas.

Un soir à ses prières
Son père la trouva :
— Que fais-tu là, ma fille ?
— J'ador' Dieu que voilà (1).

Catherine, ma fille,
Adore celui-là.
— Oh ! non, oh ! non, mon père,
Je ne le ferai pas.

Il appelle son page :
— Petit Jean, venez-là :
Apportez mon grand sabre
Et mon grand coutelas.

— Pourquoi fair' ce grand sabre
Et ce grand coutelas ?
— C'est pour trancher la tête
A ma fill' que voilà !

Trois petit' ang' du ciel (e) (2)
Chantaient ses *libera* :
— Courage, Catherine,
Heureuse tu seras !

Mais ton coquin de père
Malheureux il sera.
Il ira dans l'enfer (e),
Toujours il bouillira !

(*Louise Goux, veuve Sourdeau, Nolay, 1810*).

Variantes :

(1) Que fais-tu donc (*que*) là ?
— Oh ! je prie Dieu, mon père,
Ce que tu ne fais pas.

(2) Du ciel il vint un ange,
Son sang il ramassa.

Courage, Catherine !
Couronné' tu seras.

Mais, pour ton méchant père,
En enfer il ira.

(*Eugénie Plisson, Tresnay, 1874*).

B)

Catherine était fille (1)   }
La fille d'un grand roi.   } *bis.*
            Ave Maria,   }
Sancta Catharina.   } *bis.*

Variante au texte précédent :

Un ang' descend du ciel (e)
Et chante alleluia.

Courage, Catherine !
Au ciel (e) tu iras.

(*Marie Roumier, Corbigny, 1871*).

C)

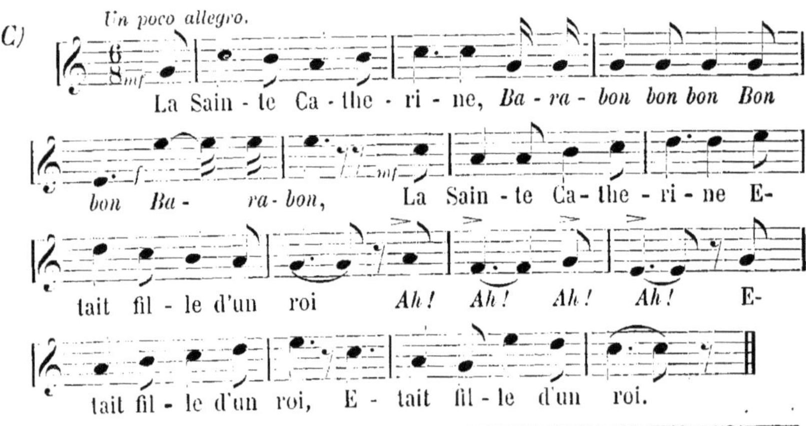

(1) Cette version et les suivantes pourraient figurer au chapitre des *Rondes*. Il en existe d'autres que je ne relate point, parce qu'elles ne diffèrent que par certaines parties du refrain.

La Sainte Catherine,
Barabon bon bon
Bon bon Barabon,
La Sainte Catherine
Etait fille d'un roi
Ah ! Ah ! Ah ! Ah !
Etait fille d'un roi (*bis*).

Son père était barbare,
Sa mèr' ne l'était pas.

Un jour, dans sa chambrette,
En prièr' la trouva.

— Que fais-tu, Catherine?
— Je fais c' que vous n' fait' pas.

J'adore Dieu, mon père,
Que vous n'adorez pas.

Son pèr', tout en colère,
En prison la jeta.

— Qu'on me fasse une roue,
Je veux la rouer là !

Mais quand la roue fut faite,
La roue ne rouait pas.

— Qu'on m'apporte mon sabre
Et mon grand coutelas.

Du ciel descend un ange,
Lui arrêta le bras.

(Léonarde Febvre, veuve Guyot, Vandenesse, 1840).

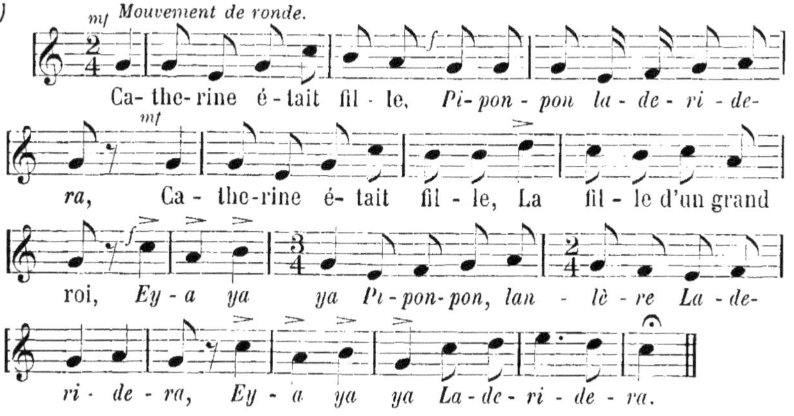

Catherine était fille,
Piponpon laderidera,
Catherine était fille,
La fille d'un grand roi,
Eya ya ya,
Piponpon, lanlère
Laderidera,
Eya ya ya
Laderidera.

Variantes au texte précédent :

Il appela son page ;
Son page s'y trouva.

— Qu'on apprête une meule
Pour celle que voilà !

Quand ell' fut sur la meule,
Un ange l'enleva,

Et son malheureux père,
Le diable l'emporta.

(Jeanne Guenot, femme Durand, Gien-sur-Cure, 1822).

E)

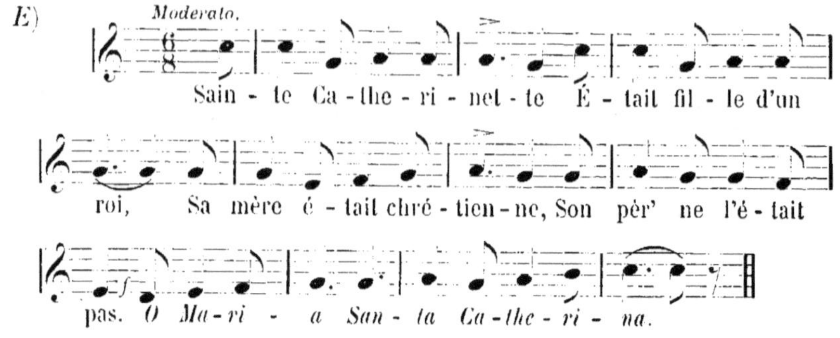

> Sainte Catherinette
> Etait fille d'un roi,
> Sa mère était chrétienne,
> Son pèr' ne l'était pas.
>   *O Maria,*
>   *Santa Catherina.* } *bis.*

(Léonarde Fèvre, veuve Guyot, Vandenesse, 1840).

Même texte que précédemment. Le refrain seul diffère. Il en est de même pour la version suivante.

F)

> La Sainte Catherine,
> La fille d'un grand roi,
> Son père était païen,
> Sa mèr' ne l'était pas.
> *Ut ré mi fa, fa fa,*
> *Ut ré mi fa, ut la si do*

(Emélie Linard, femme Magnand, Raveau 1851).

---

(1) Comme dans la plupart des effets de ce genre, dans les chansons populaires, les noms de notes, énoncés par le chanteur, ne correspondent pas aux vraies notes écrites.

La Morte qui sort de la Tombe

1°

LA BELLE LISE

Modérément et tristement.

V'là ben sept ans que la bell' Lise est morte. (*bis*)
V'là ben autant qu' sa chèr' maman la pleure. (*bis*)

De jour en jour lui blanchit sa chemise. (*bis*)
Le samedi, la port' desur sa fosse. (*bis*)

— Ma chère enfant, viens prendr' ta chemis' blanche. (*bis*)
— Ma chèr' maman, j'en ai pas la puissance. (*bis*)

— Ma chère enfant, d'mande à Dieu la puissance. (*bis*)

— Mon doux Jésus, donnez-moi la puissance
D'y aller voir ma chèr' maman dolente.

— Oh ! vas-y donc, mais n'y reste donc guère (*bis*)
Tu partiras au premier coup d'la messe,
Tu reviendras au second coup des vêpres.

— Ma chèr' maman, où ma p'tite orpheline ? (*bis*)
— Ma chère enfant, sur ton blanc lit qu'el' dor (*e*) (*bis*)

— Ma chèr' maman, permettez que j' l'embrasse. (*bis*)
— Ma chère enfant, ta bouche n'est que terre. (*bis*) (2)

— Ma chèr' maman, donnez d' l'eau que j' la lave. (*bis*)
— Ma chère enfant, tu dégoût'rais notr' compagnie. (*bis*)

— Ma chèr' maman, quelle est votr' compagnie ? (*bis*)
— Ma chère enfant, ton homm' qui se r'marie. (*bis*)

— Ma chèr' maman, laissez fair' ces mariages ; (*bis*)
Dans l' Paradis, s'en y fait de plus braves. (*bis*)

(Marie Moreau, femme Balet, Prémery, 1811.)

---

(1) Le début de cette mélodie rappelle la célèbre romance : *Plaisir d'amour*.
(2) *Var.* : Et tes genoux sont tout mangés des ver (*res*). (A *Murlin*).

4

Moderato et un peu dolent.

V'là ben sept ans qu' la Marguerite est morte. (*bis*)
V'là ben sept ans que sa chèr' mèr' la plore. (*bis*)

Tous les sam'dis lui blanchit sa chemise. (*bis*)
Tous les dimanch's lui porte sur sa fosse. (*bis*)

— Hélas ! ma fill', prends-donc ta chemis' blanche. (*bis*)
— Hélas ! ma mèr', j'en ai pas la puissance. (*bis*)

— Hélas ! ma fill', d'mande à Dieu, etc.

Variantes au texte précédent :

— Hélas ! ma mèr', où est mon p'tit garçon ? (*bis*)
— Hélas ! ma fill', dans son blanc lit qu'il dor (*e*) (*bis*)

— Hélas ! ma mèr', donn'-le-moi que j' l'embrasse. (*bis*)
— Hélas ! ma fill', ta bouch' sent que la terre,
Et puis la sienn' ell' ne sent que la rose.

(Françoise Souillier, veuve Souillier, Ouroux 1815).

2°

LES TROIS PETITS ENFANTS

Ecoutez la complainte
De trois petits enfants. } *bis.*

— Où allez-vous, trois anges,
Trois anges si petits ? } *bis.*

La mère en était morte,
Le pèr' se r'maria } *bis.*

— Nous allons au cim'tière
Y chercher notre mèr'. } *bis.*

Avec un' méchant' femme
Qui battait ses enfants. } *bis.*

— Attendez-moi, trois anges,
Nous irons la chercher. } *bis.*

Le plus petit demande
Un p'tit morceau de pain. } *bis.*

— Lève-toi, Madeleine,
Lève-toi promptement, } *bis.*

Un grand coup d'pied dans l'ven-
Le renversa par terr'.   [tre } *bis.*

J'te donn' quinze ans à vivre
Pour él'ver tes enfants. } *bis.*

Le plus grand le relève :
— Mon frèr', relève-toi, } *bis.*

V'là la quinzain' finie,
Mad'lein' s'prend à pleurer. } *bis.*

Nous irons au cim'tière
Pour chercher notre mèr'. } *bis.*

— Qu'avez vous donc, chèr' mère,
Qu'avez-vous à pleurer ? } *bis.*

Dans le chemin rencontrent
Notr'-Seigneur Jésus-Christ. } *bis.*

— Il faut qu'au cimetière
Je retourne aujourd'hui. } *bis.*

— Ne pleurez pas, chèr' mère,
Nous irons avec vous. } *bis.*

(Marie Moreau, femme Balet, Prémery, 1817).

B)

Qui veut savoir complainte (1)
De trois petits enfants,
Que leur mère, elle est morte,
Trois jours, y a pas longtemps ?

Au bout de la quinzaine,
L'homm' s'est remarié ;
A pris un' méchante femme
Qui les bat sans pitié.

Le plus p'tit des trois frères (2)
Il demande à téter,
L'autre demande à boire,
L'autr' demande à manger.

Mais la méchant' bell'-mère
Ne les écoute pas ;
Ell' les met à la porte :
Allez, trois p'tits bâtards !

---

(1) *Var :* C'est un' joli' complainte...
        C'était une complainte...

(2) *Var :* Le soir (*) de ses noces,
        L' plus p'tit d'mande à téter ;
        Mais la méchante femme
        Par terre ell' l'a jeté.

(Femme Pigoury, La Celle-sur-Nièvre, 184.).

Le plus fort dit : Mes frères,
Allons-nous-en d'ici,
Allons chercher not' mère,
Qu'ell' vienne nous nourrir !

Dans leur chemin rencontrent ⎱ bis.
Saint Jean, saint Nicolas (1). ⎰

— Où allez-vous, p'tit's anges,
Tous trois si désolés ?
— Nous allons au cimetière,
Notre mère chercher.

— Lève-toi donc, Marie,
Pour él'ver tes enfants.
— Quel term' me donnez-vous ?
— Nous te donnons quinze ans.

Au bout de la quinzaine,
Elle s'est mise à pleurer.
Que pleurez-vous, chèr' mère ?
— Hélas ! faut vous quitter !

Le malheur va vous prendre,
V'allez mourir de faim.
— Les bonnes gens, peut-être,
Vont nous donner du pain.

— Hélas ! dans vot' misère,
Les poux vont vous manger.
— Les bonnes gens, peut-être,
Vont bien nous les ôter

(François Franchard, Champlemy 18..).

C)

Qui veut ouïr cantique
De trois petits enfants ?
Ieu mée, alle était morte,
Ieu pée, i s'armarie.

A prend enn' grouss' vilaine
Que les veut pas nourrir.
A prend enn' grouss' vilaine
De faim les fait mourir.

Ein qu'li demande à boëre,
Ein autre z-à manger ;
Le plus petit des troisses
I demande à téter.

Vilaine si retorne,
Coup d'pied li a donné ;
Vilaine si retorne,
Par terr' l'a fait rouler.

---

(1) Quelques chanteurs disent: Saint Pierre, saint Nicolas.

D'autres : Saint Pierre, aussi saint Jean,
         Et la bonn' sainte Vierge
         Que s'en allait devant.

D'autres : Dans leur chemin faisant,
         Saint' Vierge ont rencontré.
Plus loin nous verrons : Saint Pierre et saint
         Michel.

Le plus grand des trois frées
S'en va le relever :
— Allons, p'tit Jean, mon frée,
Nout' mère allons chercher.

J'en ons enn' grouss' vilaine
Que nous veut pas nourrir,
J'en ons enn' grouss' vilaine
De faim nous fait mourir.

Dans ieu chemin rencontrent ⎱ bis.
Saint Pierre et saint Michel. ⎰

— Voù donc qu' v' allez, trois anges,
Les trois petits enfants ?
— J'y vons chorcher nout' mée,
Qu'à venne nous nourrir.

J'en ons enn' grouss' vilaine
Que nous veut pas nourrir,
J'en ons enn' grouss' vilaine
De faim nous fait mourir.

— Rentournez-vous, p'tit' anges,
Les trois petits enfants,
J'envoirons voute mée
Tant qu' vous serez pas grands.

Ieu z-en vont sus sa fousse :
— Marie, faut vous lever,
Nourrir vos p'tits enfants
Que venint vous chercher.

— Saint Pierre et saint Michel (e)
Quel term' me dounez-vous ?
— La nuit pour y aller,
Sept ans pour y rester,
Le jour pour arvenir.

Tout au bout des sept ans,
Al s'est pric à pleurer.
— Que plorez-vous ma mée,
Qu'avez-vous à plorer ?

— Je plor' mes p'tits enfants, ⎱ bis.
Le term', vous faut quitter. ⎰

— Ne plorez point, ma mée,
Que je sons tous nourris ;
Ne plorez point, ma mère,
Que je vons tous mourir.

(Jeanne Goux, veuve Brunet, Nolay, 1803).

Nous trouvons aussi cette complainte sur un air de ronde :

C'était une complainte ⎱ bis.
De trois petits enfants, ⎰
De trois petits enfants,
Sur l'bord de l'ile,
De trois petits enfants,
Sur l' bord de l'eau,
Près du ruisseau.

— Mêmes paroles que dans la version précédente A.

(Eulalie Carrue, Colméry, 1872).

La Nourrice du Roi

Allegro ma cantando.

A)

C'était une nourrice,
La nourrice du roi ;
Elle s'est endormie,
Son enfant sur ses bras (1).

La nourric' se réveille :
Plus d'enfant ell' trouva.
Ell' fait un si grand cri,
Le roi y entenda.

— Qu'as-tu, qu'as-tu nourrice,
Qu'as-tu à tant cria?
— Hélas ! seigneur, mon maitre,
Ses souliers sont brûlas.

— Ne pleure point, nourrice,
D'autres on trouvera.
Prend ses draps la nourrice
A la rivièr' s'en va.

Dans son chemin rencontre
Seigneur saint Nicolas :
— Là-voù vas-tu, nourrice?
— Je vas laver mes draps.

— T'en as menti, nourrice,
Te noyer tu t'en vas.
Rentourne-toi, nourrice,
Ton enfant tu trouv'ras (2).

(*Anne Chambon, Saint-Bonnot, 1817*).

Un poco moderato et d'un ton de complainte.

B)

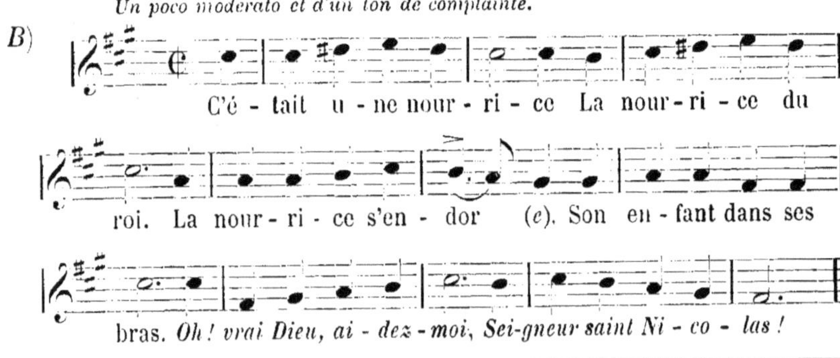

(1) Les couplets s'enchaînent. Le second commence par les deux derniers vers du premier.

(2) *Ajouté quelquefois :*

Dans son berceau d'ivoire
Oùs qu'il se bercera.

C'était une nourrice,
La nourrice du roi
La nourrice s'endor (e),
Son enfant dans ses bras.
Oh ! vrai Dieu, aidez-moi,
Seigneur saint Nicolas !

Quand elle si réveille,
Plus d'enfant sur ses bras.
La nourric' fait un cri,
De tout loin s'entenda.
Oh ! vrai Dieu, etc.

Le roi appell' son page :
— Petit Jean, viens-t'en là,
Va t'en voir la nourrice,
Va t'en voir ce qu'elle a.
Oh ! vrai Dieu, etc.

— Qu'avez-vous donc, nourrice,
Que v' ét' s si chagrina ?
— Les souliers de l'enfant
Dans le feu qu'ont brûla !
Oh ! vrai Dieu, etc.

— Ne pleurez point, nourrice,
D'autres on li fera.
Elle monte en sa chambrè,
Revient avec ses draps.
Oh ! vrai Dieu, etc.

S'en va-t-à la rivière,
A s'en va se neya
Dans son chemin rencontre
Le bon saint Nicolas.
Oh ! vrai Dieu, etc.

— Où allez-vous, nourrice,
Où allez-vous de c'pas ?
— Je vas à la rivière
Pour y laver les draps.
Oh ! vrai Dieu, etc.

— Tu mens, tu mens, nourrice,
Te noyer tu t'en vas.
Rentourne-toi bien vite,
Ton enfant tu trouv'ras.
Oh ! vrai Dieu, etc.

(Louise Goux, veuve Sourdeau, Nolay, 1810).

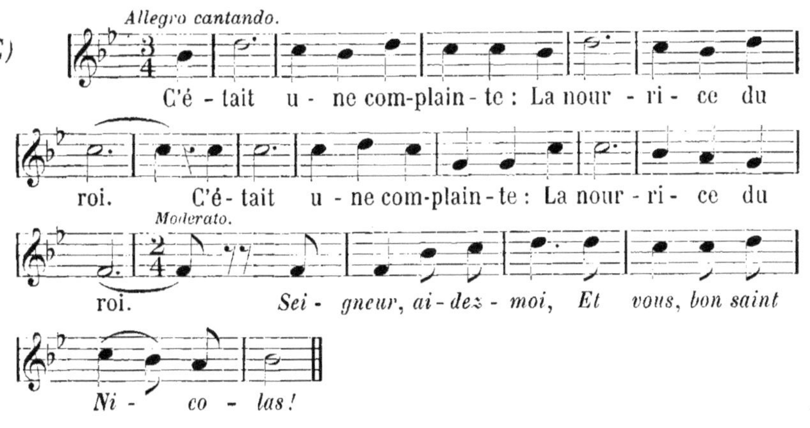

C'était une complainte :
La nourrice du roi.
     Seigneur, aidez-moi
Et vous, bon saint Nicolas !   } bis.

La nourrice al' s'endor (e)
Son enfant sur ses bras.
     Seigneur, aidez-moi, etc.   } bis.

La nourric' se réveille,
Plus d'enfant ell' trouva } *bis.*

La nourric' fait un cri,
Le roi l'entend cria. } *bis.*

— Jean, petit Jean, mon page,
Va-t'en voir ce qu'elle a. } *bis.*

— Qu'avez-vous donc, nourrice,
Qu'avez-vous à pleura ? } *bis.*

— Les souliers d' mon p'tit roi
Qui vienn' de brûler là ! } *bis.*

— Ne pleurez pas, nourrice,
Le roi z-y-en achét'ra. } *bis.*

La nourrice en sa chambre
Ell' va prendre ses draps... } *bis.*

Etc.

Le reste, comme dans la version précédente.

(*Marie Sadet, femme Baudet, Sermoise, 1850*).

Voici une version intéressante, mais incomplète, dont il a été impossible de noter l'air :

D) Qui veut savoir complainte ?
La nourrice du roi. (*bis*)
Elle s'est endormie...

. . . .

Quand elle si réveille,
Est mort le petit roi. (*bis*)

. . . .

. . . .

Pose sa robe rouge,
C'est pour s'aller noyer. (*bis*)
Au milieu du jardin,
Son sire elle a trouvé. (*bis*)

— Dites-moi donc, nourrice,
Où donc que vous allez ? (*bis*)
— Hélas, mon très cher sire,
J'vas mes drapeaux laver. (*bis*)

— Rentournez-vous nourrice,
Un' des servant's ira. (*bis*)

. . . .

. . . .

— Dites-moi donc, nourrice,
Oùs qu'est mon petit roi ? (*bis*)
— Hélas ! mon très cher sire,
L'est au berceau qui dort. (*bis*)

— Qu'il dorme ou bien qu'il veille,
Nourric', je veux le voir. (*bis*)
Détrouss' la couverture,
Trouv' le petit roi mort. (*bis*)

— Dites-moi donc, nourrice,
Qu'avez-vous mérité ? (*bis*)
— Hélas ! mon très cher sire,
La mort qu'il vous plairé. (*bis*)

De suit' l'ont menée pendre,
Sur l'dernier échelon. (*bis*)
Quand elle y fut montée,
L'appell' le petit roi ! (*bis*)

— Descendez, ma nourrice,
Donnez-mi z-à téter. (*bis*)
— Hélas ! mon très cher sire,
Je n'en ai pas le droit. (*bis*)

— Donnez à ma nourrice,
Donnez la permission
Qu'ell' mi donne à téter. (*bis*)

Sonnez, sonnez, trompettes,
Fifres, beaux violons, (*bis*)
Autour de la Dauphine ! ..

. . . .

(*Françoise Montaron, Semelay, 180.*).

La Fille Muette

Chantons tous des cantiques,
   Petits et grands.
C'était un' fill' muett'
   Bergère aux champs,
Gardant ses berbiettes
   Le long d'un pré,
Où Dieu, par sa puissance,
   La fit parler.

La Saint' Vierg' va la voir (c) :
   — Belle Isabeau,
Veux-tu bien me donner
   Un d' tes agneaux ?
— Oh ! oui, ma chère dame,
   Faut demander
A mon père, à ma mère,
   Leur volonté.

La bergèr' s'en retourne
   A la maison ;
A son père, à sa mère
   Cont' ses raisons :
— Est venu t-une dame
   Dans mon troupeau,
Qui m'a fait la demande
   D'un d' mes agneaux.

Son père, aussi sa mère,
   Bien étonnés
De voir leur fill' muette
   Si bien parler :
— Va lui dire, ma fille,
   Que le troupeau
Il est à son service,
   Jusqu'au plus beau.

La bergèr' si retourne } bis.
    A son troupeau :
— Ils m'avont dit, madame,
    Que le troupeau
Il est à votr' service
    Jusqu'au plus beau.

Lui dit la Sainte Vierge :
    — Belle Isabeau,
Tu n' rest'ras pas longtemps
    A ton troupeau ;
Tu viendras dans mes gloires
    Bien vitement,
Tu chanteras mes louanges
    Bien saintement.

Mais le premier dimanche
    Qui s'ensuivit,
La bell' rendit son âme
    A Jésus-Christ.
Dans sa main une lettre
    Qu'y a d'écrit
Qu'elle était la servante
    De Jésus-Christ.

(Berdonneau, Donzy, 180.).

Une version un peu différente comme air et comme texte est donnée par Françoise Blateau, femme Gaulon (Germenay 1806). La musique est à la page précédente. — Voici les parties qui ne sont pas identiques :

B)

C'est une fill' muette
    S'en va-t'aux champs,
Gardant ses berbiettes
    Le long d' ces champs.
Y est venu-t'une dame,
    Mais tout en blanc,
Qui li fait la demande
    D'un agneau blanc.

. . . .

— Je te r'mercie, bergère, } bis.
    De tes agneaux.
Mais dans quarante jours (es)
    Je te le dis,
Tu entreras, bergère,
    Au Paradis.

C)

L'Enfant sauvé du Diable (page 59)

C'était un' fill' muette,
  Berger' des champs ; (1) } bis.
Ell' prend sa quenouillette,
  Ses moutons blancs,
S'en va parmi ces plaines,
  Chantant, riant.

Est venu t'-une dame
  Dans son troupeau,
Qui y a fait la demande
  D'un d' ses agneaux.

Etc.

Pour la suite, le texte est celui de la version A.

(Marie Thomas, femme Cheuret, Cours-les-Barres, 1844).

L'Enfant sauvé du diable

C'est un' nourric' qu'était bien accouchée,
Son enfant mort dans la même journée,
  Une bell' dame a rencontré
  En s'en allant à la mess' de r' levé'.

Ell' lui a dit : ma petite nourrice,
Voulez-vous prendre un petit nourrisson ?

  .   .   .   .
  .   .   .   .

---

(1) Vers ajoutés : Qui donnait à sa mère
                    Bien du torment.

          (Parce qu'elle était muette).

                (Dompierre-sur-Nièvre).

— Oh ! oui, oh ! oui, madam', ce lui dit-elle,
Quand je serai de retour de la messe.

. . . .

. . . .

— Entrez, entrez ici dans ces boutiques.
    Sitôt qu' la nourric' fut entrée,
Avec la dame ell' s'est bien accordée.

— Conservez-le, ma petite nourrice,
De nous, de nous vous aurez grand mérite,
    Si vous l' pouvez bien conserver,
De nous, de nous vous serez bien aimé'.

Nous attendons un brave gentilhomme
Qu'est allé voir son pèr' dans la Bourgogne,
    Aussitôt qu'il s'ra z-arrivé,
Je vous en prie de le bien conserver.

Mais la nourrice a s'en est bien méfiée,
A mis l' saint suaire dedans ses brassiées.
    Le jour du bon saint Barnabé
Dans son chemin, le diable a rencontré.

— Donn'-moi l'enfant que tu portes nourrice,

. . . .

    Tiens, voilà un billet d' son sang,
Comm' quoi que j'ai son enfant pour argent.

Mais la nourrice a crié : Sainte Vierge,
Bonn' Sainte Vierge, arrivez à mon aide !
    A moi ! c'est ce vilain Satan
Qui veut avoir part sur cet innocent !

Tout aussitôt qu'eut crié la nourrice,
La bonn' Saint' Vierge est arrivée bien vite :
    — Retire-toi, maudit Satan,
Que tu n'as point de part sus c' t' innocent !

. . . .

. . . .

    Si tu n' l'avais pas bien barré,
Je te l'aurais malgré tout bien ôté.

(Jeanne Goux, veuve Brunet, Nolay, 1803).

« Il faut toujours barrer les enfants, dit la chanteuse, avec un ruban, un cordon bénit ou bien un signe de croix, alors le Malin ne peut plus rien sur eux ».

Le Galant qui voit sa mie en enfer

Qui veut savoir complainte ?
C'est d'un jeune amoureux,
C'est d'un jeune amoureux (1) } bis.
Le désespoir l'emporte :
Il voudrait voir sa mie,
Sa chère amie qu'est morte.

Le Satan vient lui dire : (2)
— Que me donneras-tu ?
— Oh ! je te donnerai } bis.
Ma bague d'or jolie
Si tu veux mi mener
Au proche de ma mie.

Le Satan, il le prend (3)
Plus vite que le vent,
L'a porté, l'a mené } bis.
Dans une grande allée
Là voù qu'ils ont trouvé
Une porte fermée.

Le Satan a frappé, (4)
La porte s'est ouvri';
De là il est entré } bis.
Dans une grande chambre,
Oùs qu'il a vu sa mie
Dans une flamme ardente.

Variantes :

(1) Qui crie à tout moment,
   Le désespoir l'emporte,
   Je veux trouver ma mie.

ou : Que sa mie al est morte ;
   Nuit et jour il la plore,
   En crie miséricorde.

(2) Satan, il lui demande :
      Que veux-tu mi donner ?
   — Je te donnerai bien
   Ma band'role (?) jolie.

(3) Satan le prend, l'emporte,
   Raide comme le vent,
   Par dessus les montagnes,
   Par dessus les auvents.

ou : Les rivières, les champs.

(4) Satan frappe à la porte,
   La porte on a ouvri.
   . . . .
   Là voù j'ai-t-aperçu
   Ma mie en flamme ardente.

— Oh ! dis-moi donc, ma mie (1) }
Qui s' qui t'a mise ici ?   } bis.
— C'est l' démon, mon amant,
Nuit et jour me tormente (2)
Pour ce maudit péché
Que j'ons commis ensemble.

— Oh ! dis-moi donc, ma mie,   }
Si j' pourrais te r'tirer. (3)   } bis.
— Oh! non, non, mon amant,
La chose est impossible,
Tu mi ferais soffrir
Les pein's les plus horribles.

— Oh! dis-moi donc, ma mie,   }
Si j' pourrais te toucher.   } bis.
— Oh! non, non, mon amant,
Ne touch' pas à mes membres,
Mes membres sont plus chauds (4)
Que les tisons qui flambent.

— Oh! dis-moi donc, ma mie (5)   }
Que faut-il dir' chez vous ?   } bis.
— Dis à ma sœur l'ainée
Qu'elle soit fille sage,
Qu'ell' ne soit pas comm' moi
Libre au libertinage !

(Marie Moreau, femme Balet, Prémery, 1817).

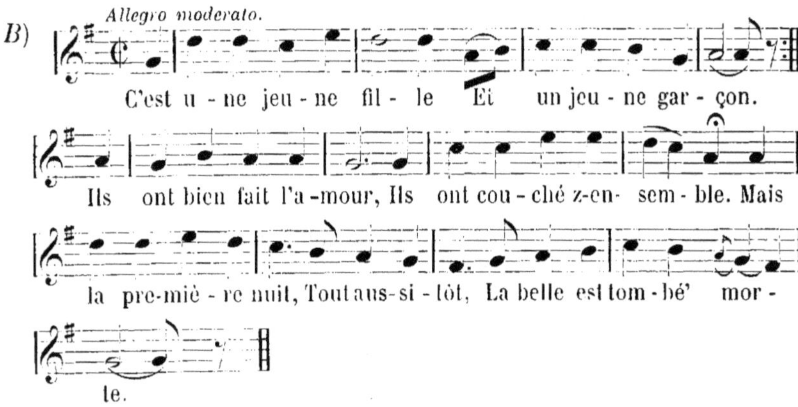

Variantes :

(1) Oh ! dis-moi donc, cher cœur.

ou : Je lui ai dit : ma mie,
      Qui vous a mise ici ?

(2) Qui me ronge les membres ;
     Toute la nuit, le jour,
     Le diable mi tormente.

(3) Peut-on vous racheter ?

ou : Y a-t-il pied d'te r'tirer ?

ou : Je lui ai dit: ma mie,
      Quand je serai rentourné,
      Je vous f'rai dir' des messes.
      Des *libera* chanter.

— Non, non, mon cher ami,
Ne faites donc rien dire ;
Tant plus on prie pour moi,
Tant plus mon mal empire.

(4) Car ils sont plus ardents.

(5) Je lui ai dit : ma mie,
     Que voulez-vous mander
     A vot' père, à vot' mère,
     A votre parenté ?
     — Dites bien à ma sœur
     Qu'elle si tienne sage ;
     Qu'ell' ne fass' pas comm' moi,
     Dans ses amours volages.

Ces variantes sont extraites des versions de....., *Luzy, femme Pigoury (La Celle-sur-Nièvre, 18..)* et de *Pauline Bordessolle, veuve Moreau (Menestreau, 1828)*

C'est une jeune fille (1)   } bis.
Et un jeune garçon.
Ils ont bien fait l'amour
Ils ont couché z-ensemble.
Mais la première nuit,
   Tout aussitôt,
La belle est tombée morte.

Voilà son cher amant (2)   } bis.
Prend ses *Heur's* et s'en va,
S'en y va priant Dieu
Et la Vierge Marie
De lui faire assavoir
   Dedans ce lieu
Le repos de sa mie.

Voilà Satan qui vient (3)   } bis.
Plus vite que le vent :
— Que me donneras-tu,
Je t'en fais la demande,
Pour te faire assavoir,
   Dedans ce lieu,
Le repos de ta mie ?

— Que veux-tu je te donne ?   } bis.
J'ai rien à te donner ;
J'ai rien à te donner
Que ma tant joli' tasse,
Pour me faire assavoir,
   Dedans ce lieu,
Le repos de son âme.

Voilà Satan me prend,   } bis.
Plus vite que le vent ;
M'a pris, m'a t-emporté
Dans une grande chambre
Là voù j'ai vu ma mie,
   Tout aussitôt
Sur une chaise ardente (4).

— Oh ! dites-moi, ma mie,   } bis.
Qui vous a mise ici ?
— C'est ce maudit Satan,
Jour et nuit me tormente,
Pour le maudit péché,
   Mon cher amant,
Que j'ons commis ensemble.

— Oh ! dites-moi, ma mie, (5)   } bis.
Mais de quoi vivez-vous ?
— Je bois du plomb fondu,
De l'eau de-vie bouillante,
Je souffre dans ces feux,
   Mon cher ami,
Une chaleur ardente. (6)

— Oh ! dites-moi, ma mie,   } bis.
J'voudrais vous embrasser.
— Oh ! non, mon ami, non, (7)
J' vous brûlerais la mine :
De la chaleur que j'ai,
   Mon cher ami,
J'en brûlerais bien mille.

Variantes :

(1) Qui veut ouïr complainte
   D'un' fille et d'un garçon ?
   L'avont passé la nuit,
   L'avont passée ensemble ;
   Et tout sur le matin...

(2) L' galant qui prend ses *Heures*
   Dans son jardin s'en va.

(3) Le grand Cifer qui vient :
   — Que veux-tu mi donner ?
   — Oh ! je te donnerai
   Une tasse jolie.

(4) Dans une flamme ardente.

(5) — Hélas, ma chère amie
   D' quoi vivez-vous ici ?
   — Je vis de plomb fondu
   Avec de l'huil' bouillante.

(6) Des tortures très grandes.

(7) — Oh ! non, n'approchez pas,
   Vous s' brûleriez la vue.

(Marie Jardé, veuve Girard, Don-sur-Grandry, 1819).

— Oh? dites-moi, ma mie,
Comment vous retirer?
Faut-il fair' dir' des messes,
Des *libera* chanter?
— Oh! non. mon ami, non,
N'en prenez point la peine ;
Plus vous prierez pour moi,
    Mon cher ami,
Plus mon mal me tormente.

— Oh ! dites-moi, ma mie,
Si je s'rai comme vous.   } bis.
— Oh ! non, mon ami, non,
Vous ferez pénitence
Au royaume des cieux,
    Mon cher ami,
Vous irez vers les anges.

— Oh ! dites-moi, ma mie, (1)   } bis.
Faut-il dire à vos sœurs?
— Oh ! oui, mon ami, oui,
Qu'ell' restent filles sages,
Qu'ell' se laiss' pas tromper,
    Mon cher ami,
Par ces garçons volages !

(Jacquette Beugnon, veuve Joyaux, Gouloux, 1811).

Variante :

(1) — Hélas ! ma chère amie,
Quoi mander à vos sœurs ?
— Oh ! oui, faut leur mander
Qu'ell's soient filles plus sages,
Et pas abandonnées
    Comment moi,
A ces amants volages.

— Hélas ! ma chère amie,
Moi, je serai-t-i damné ?
— Oh ! non, non, cher ami,
Vous ferez pénitence
Et vous irez au ciel,
    Mon cher ami,
Heureux comme les anges.

(Marie Jardé, veuve Girard, Dun-sur-Grandry, 1819).

C'est un jeun' clerc se promenant,
Oh ! tout le long de ces grands champs ;
Il a tant prié le bon Dieu,
   La saint' Vierge Marie,
Que le bon Dieu lui envoya
   Des nouvell's de sa mie.

N'eut pas sitôt dit la parol',
Que trois diables se présentaient.
— Que dites-vous pour aller voir
   Le sort de votre mie ?
Et ils l'ont pris, l'ont emporté
   En enfer vers sa mie.

— Ah ! dites-moi, Rose, ma mie,
Dites, que faites-vous ici ?
— Je suis ici pour le péché
   Que j'ons commis ensemble ;
Y a bien cinq cent mille serpents
   Qui me mangent les membres.

— Ah ! dites-moi, Rose, ma mie,
Faut-il fair' prier Dieu pour vous ?
— Oh ! non, non, mon très cher amant,
   La chose est véritable,
Que plus vous prierez Dieu pour moi,
   Plus je s'rai misérable.

— Ah ! dites-moi, Rose, ma mie,
Faut-il l'dire à tous vos parents ?
— Oh ! non, non, mon très cher amant,
   Il ne faut point l'leur dire,
Car ils en auraient du regret
   Le restant de leur vie.

— Ah ! dites-moi, Rose, ma mie,
Faut-il le dire à votre sœur ?
— Oh ! oui, oui, mon très cher amant,
   Vous pouvez bien lui dire
Qu'ell' ne fass' donc point comme moi (1)
   Dans ses amours volages.

. . . .
   Et moi vous me verrez en feu,
     En flamme et en fumée,
   Dedans le beau jardin d'amour
     Qu' vous m'avez débauchée.

     (Marie Colas, veuve Goby, Beaulieu, 1815).

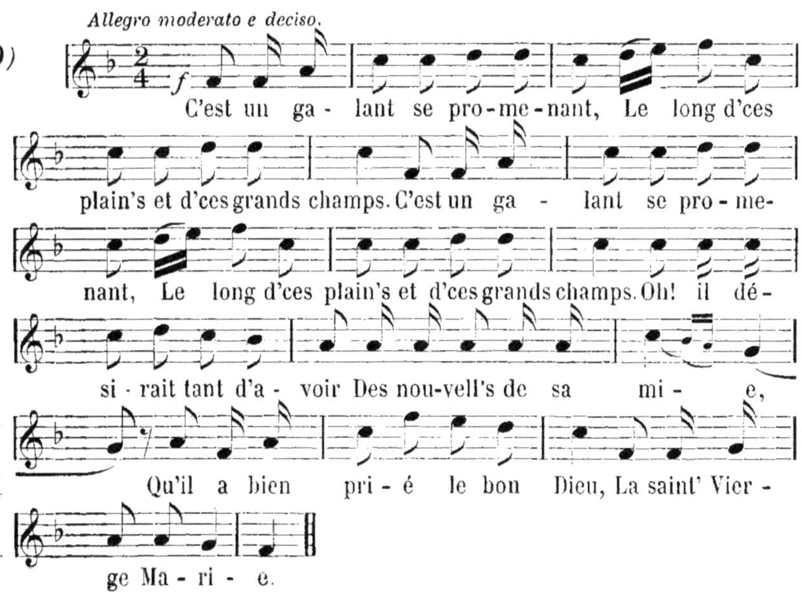

(1) *Var :* Qu'ell' soit plus fidèle que moi.

C'est un galant se promenant,
Le long d'ces plain's et d'ces grands champs ;   } bis.
Oh ! il désirait tant d'avoir
    Des nouvell's de sa mie,
Qu'il a bien prié le bon Dieu,
    La saint' Vierge Marie.

La parol' ne fut pas lâché'
Que trois diables lui paraissaient :   } bis.
— Vous demandez vot' mie, galant ?
    Qu'avez-vous à lui dire ?
Et ils l'ont pris, l'ont emporté
    Du droit devers sa mie.

— Oh ! dis-moi donc, ma mie Jeannon,
Qu'est c' qui peut te r'tenir ici ?   } bis.
— Hélas ! hélas ! très cher amant,
    La chose en est visible,
C'est le péché, l' maudit péché
    Que j'ons commis ensemble.

— Oh ! dis-moi donc, ma mie Jeannon,
Quoi donc fair' pour te soulager ?   } bis.
— Hélas ! hélas ! très cher amant,
    Il n'y a rien à faire,
Le bois que la feuille a séché
    Ell' ne peut plus r'verdir (e).

— Oh ! dis-moi donc, ma mie Jeannon,
En faisant prier Dieu pour toi ?   } bis.
— Hélas ! hélas ! très cher amant,
    La chose est inutile,
Plus on fait de priér's pour moi
    Et plus de mal j'endure.

— Oh ! dis-moi donc, ma mie Jeannon, (1)
Comment donc fair' pour t'embrasser ?   } bis.
— Hélas ! hélas ! très cher amant,
    La chose est impossible :
Car la chaleur qui me dévor'
    Vous brûlerait la vue.

— Oh ! dis-moi donc, ma mie Jeannon,   } bis
Que faut-il dire à tes parents ?
— Hélas ! hélas ! très cher amant,
    Il ne faut rien leur dire,
Car ils seraient trop tormentés (2)
    Le restant de leur vie.

— Oh ! dis-moi donc, ma mie Jeannon,   } bis
Que faut-il dire à ces autr' fill's ?
— Hélas ! hélas ! très cher amant,
    Vous pouvez bien leur dire,
C'est qu'elles soient plus sag's que moi
    Dans leurs amours volages.

(Anne Monsinjon, Nolay, 1864).

---

(1) *Var* : Mais dis-moi donc, Rose, ma mie,   } bis.
    M'est-il permis de l'embrasser ?
— Oh ! non, oh ! non, cher bien aimé,
    Faut pas que tu m'embrasses,
Car les flambeaux de mes deux yeux
    Te brûleraient la vue.

(2) *Var :* Car ils en auraient du chagrin.

(Louis Dumont, Fâchin, 1861).

La Jeune Mariée emportée par le diable

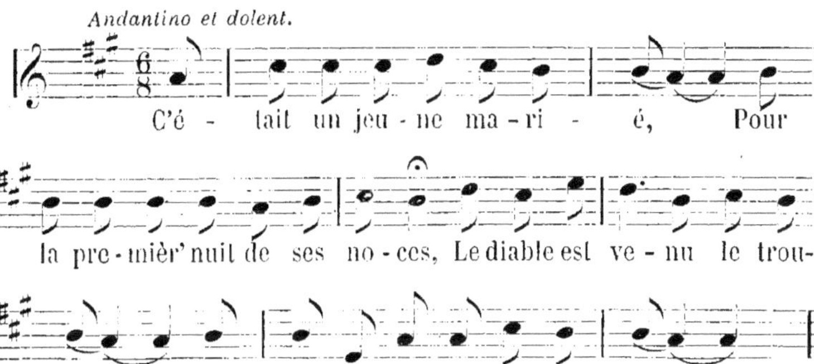

C'était un jeune marié,
Pour la premièr' nuit de ses noces,
Le diable est venu le trouver,
Son épousée a t-emporté.

Quand est venu le lendemain,
Le jeun' marié se promène,
A rencontré un cavalier
Sur son cheval fort bien monté.

— Dis-moi donc, jeune marié,
N'as-tu pas eu de belles noces ?
— Oh ! pour des noc's j'en eus assez,
Mais mon épousée m'fut ôtée.

— Dis-moi donc, jeune marié,
Qu'est-c'que tu voudrais me promettre?
Ton petit doigt veux-tu m' donner?
J'te ferai voir ton épousée.

— Mon petit doigt, j' te donn'rai pas,
J'aurais peur d'engager mon âme ;
Mon petit doigt j'veux pas t'donner,
Car j'aurais peur de m'engager.

— Veux-tu m' promett' de lui ôter
La bagu' que tu lui as donnée ?
— Oh ! oui, j' promets de lui ôter
La bagu' que je lui ai donnée.

Quand est venu sur la minuit,
Le jeun' marié se promène :
Le diable vient, l'a t-emporté,
Et vers sa femme il l'a mené.

— Oh ! dis-moi donc, ma mie, dis-moi,
La bagu' que je t'ai achetée,
Tu l'as encore dans ton doigt,
Je te prie bien de m' la donner.

— Tiens, la voilà, mari cruel,
Tu viens d'augmenter mon martyre :
J'étais ici pour cinquante ans,
Et m'y voilà pour tout le temps !

Rare.   (*Jeanne Goux, veuve Brunel, Nolay, 1803*).

La Religieuse rebelle

C'était la fill' d'un riche (1)   } *bis.*
    Belle et gentille.
Son pèr' l'a mis' dans un couvent   } *bis.*
Pour l'éloigner de son amant.

Sa mère qui vient la voir (*e*) :   } *bis.*
    — Bonjour, ma fille,
Tu sortiras de ce couvent   } *bis.*
Dès le premier de ces moments.

Son pèr' prit la parole :   } *bis.*
    — Fille frivole,
Tu resteras dans le couvent   } *bis.*
Jusqu'au dernier de tes moments.

— Oh ! maudit' soit l'étoffe   } *bis.*
    Qui fait ma robe !
Et ce grand cordon noir si long   } *bis.*
Qui fait trois fois le tour de moi !

Variantes :

(1) C'est un' fille amoureuse,
    Très gracieuse ;
Son père l'a mise au couvent
Pour lui fair' bien passer son temps

Sa mère la vient voir (*e*) :
    — Bonjour ma fille ;
Ma fill', tu resteras ici,
Tu gagneras le paradis.

— Mon pèr' dans sa parole.
    Un honnête homme,
Il m'a promis, dans peu de temps.
Qu'il me sortirait du couvent.

(*A Pougues*).

 — Oh ! maudit' soit la toile (1)   } *bis.*
  Qui fait mon voile !

Et les ciseaux si malheureux   } *bis.*
Qui ont coupé mes blonds cheveux !

 — Maudit's soient les murailles,   } *bis.*
  Pierres de taille,

Les maçons qu'ont bâti si haut !   } *bis.*
Je n'en peux point faire le saut.

Je vois travers les grilles,   .   } *bis.*
  Ces jeunes filles

Qui s' promèn' avec leurs amants (2),   } *bis.*
Et moi, je suis dans le couvent.

Si j'étais hirondelle,   } *bis.*
  J'aurais des ailes :

Par la fenêtre du couvent   } *bis.*
J'irais voler vers mon amant (3).

(Marie Thomas, femme Cheuret, Cours-les-Barres, 1841).

(Sur le même air).

B)

C'est une jeune fille,   Sa mère vient la voir (e) :
 Belle et gentille,   — Bonjour, ma fille,
Elle est entrée dans un couvent,   Tu es entrée dans le couvent,
Mais ce n'est pas son consent'ment. Mais tu y resteras longtemps.

Variantes :

(1) Que maudits soient le voile   (2) Chaque fillette a son amant.
  Et la cornette,
Et le rasoir si malheureux   (3) J'irais rejoindr' mon cher amant.
Qui a coupé mes longs cheveux !

(A Pougues).

Dans une version recueillie en Morvan, le premier vers de chaque couplet a huit pieds au lieu de six. Le chanteur ajoute deux notes qui n'altèrent point la mélodie. J'en extrais ces variantes :

C'était un' joli' jeune fille,   Dieu maudisse la couturière,
 N'était point pieuse ;   Qu'a fait ce voile !
A l'âge de vingt et un ans,
Son pèr' l'a mis' dans un couvent. . . . .

Dieu maudiss' les tailleurs de pierre, Par la cheminée du couvent,
 Qu'ont fait ces murs !   Je m'en irais voir mon amant.
Ils ont bâti ces murs si haut
Que je ne peux r'garder en haut.

(Louis Dumont, Fâchin, 1861).

Oh ! maudits soient le prêtre
    Qu'a dit la messe
Et l'enfant d'chœur qui la servit
Et tout le mond' qui l'entendit !

Un jour, dans sa chambrette,
    Etant seulette,
Le démon vint pour la chercher :
— Je suis ici pour t'emporter.

— Laissez-moi dire à mon père
    Et à ma mère,
A tous mes parents, mes amis,
Qu' c'est aujord'hui qu'il faut partir.

— Ne dis rien à ton père,
    Ni à ta mère,
A tes parents, à tes amis,
Qu' c'est aujord'hui qu'il faut partir.

(Pauline Paon, Nolay, 1868).

La Fille damnée

(FRAGMENT)

Ecoutez les regrets d'une fille damnée,
Pour avoir trop aimé la danse et les soirées !

(Dominique Renaudot, Saizy, 1831).

Voilà tout ce que le chanteur a pu me dire de compréhensible.

La Fille possédée du démon

C'était un' fille de quinze ans,
N'a pas reçu les sacrements.
Ell' n'aimait que les jeux, les danses,
N'aimait que les divertissances.
Elle n'aimait, en vérité,
Ell' n'aimait que la vanité.

Sa mère est bien malade au lit.
Bien doucement, son pèr' lui dit :
— Ma fill', si tu voulais m'en croire,
Tu n'abandonn'rais pas ta mère,
Oh ! non, tu n' l'abandonn'rais pas,
Tu la veill'rais jusqu'au trépas.

Cett' fill' possédée du démon,
Prend ses plus beaux habillements,
Prend ses coiffures, ses dentelles,
S'habille en jolie demoiselle.
Tout en sortant de la maison,
Ell' fait rencontre du démon.

Il était fort bien habillé
Comme un galant, s'est présenté :
— Je viens à toi, chère maitresse,
Reconnaissant ta gentillesse ;
Je viens, c'est pour t'offrir mes vœux,
Car, de toi, je suis amoureux.

En écoutant ce ton si doux :
— Monsieur, je m'abandonne à vous.
Il l'a prise par sa main blanche,
Croyant qu'il la menait aux danses ;
Mais il l'enleva dans les airs
Pour l'entrainer dans les enfers (1).

(Pauline Comte, femme Coquerillat, Saint-Germain-des-Bois, 1834).

La Fille enlevée par le démon

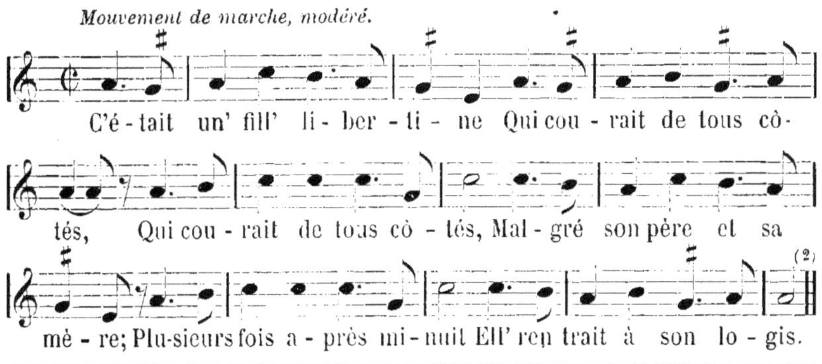

(1) *Var :* Desur ses ail's il la posa
Et dans l'enfer il l'emporta.

. . . .

. . . .

Tout le monde se mit à genoux :
Seigneur, ayez pitié de nous !

(Femme Pigoury, La Celle-sur-Nièvre).

(2) Cet air n'est autre que la *Marche de Turenne*, attribuée à Lulli (deuxième moitié du xviiᵉ siècle). On le connait aussi sous le nom d'*Air du maréchal de Saxe*. Beaucoup de complaintes, y compris celle de *Fualdès*, sont établies sur cet air.

C'était un' fill' libertine (1)
Qui courait de tous côtés,
Qui courait de tous côtés,
Malgré son père et sa mère ;
Plusieurs fois après minuit
Ell' rentrait à son logis.

Un jour, son père et sa mère
Lui disent : — Mon cher enfant,
Corrigez-vous promptement,
Embrassez la pénitence,
Confessez-vous d' vos péchés,
Jésus veut vous pardonner.

Ell' répondit : — Qu'il pardonne,
Pour moi, je n' m'en soucie pas.
Je suis fille de quinze ans,
Je veux faire ma maîtresse,
Je rougirais de dépit,
Je veux vivre à mon plaisir.

Toujours son père et sa mère
La conseillaient sagement.
Ell' répondit brusquement :
— Je sais bien c' que j'ai à faire.
Si l'démon était ici,
Oui, je m'offrirais à lui.

La parol' ne fut point dite,
On voit venir à l'instant
Un équipage brillant,
Deux chevaux, un beau carrosse,
Un beau monsieur qu'est dedans,
Galonné d'or et d'argent.

Il descend de son carrosse,
Va la prendre par la main ;
Il lui met un beau diamant
Qu'il a tiré de sa poche :
— Voilà votre bien aimé
Que vot' cœur a désiré.

Dans son carrosse il la monte, (2)
Il l'emporte en un moment.
— O vous, filles de quinze ans,
Ecoutez vos père et mère ;
Du Paradis j' suis privée
Et l'Enfer j'ai mérité.

(Pierre Lauverjon, Arbourse, 1822).

Le Pauvre et la Servante du Curé

(1) *Var :* C'était une jeune fille
       Qui vivait en liberté.
       Ell' courait de tous côtés,
       N'écoutant ni pèr' ni mèr' ;
       Jamais n' rentrait au logis
       Avant les onze heur's minuit.

(2) *Var :* Dans son carrosse il la monte,
       Ell' criait à haute voix :
       Ne faites pas comme moi.
       . . . .

(Françoise Rougelot, veuve Carroué, Murlin, 1833).

Le curé d'un' paroisse,
  Près de Lyon,
Allait dire sa messe,
  Par dévotion.
Sortant du presbytère,
  A rencontré
Un homme doux est sage
  Bien désolé.

— Venez, venez, pauvre homme,
  Et me suivez ;
Venez servir la messe,
  Si vous savez ;
Dans le temps où nous sommes,
  Dans la moisson,
On ne trouve personne
  Dans les maisons.

Le curé dit sa messe
  Bien pieusement ;
Cet homme sert la messe
  Bien dévot'ment.
Quand la messe fut dite,
  L'curé sortit,
Appelle sa servante :
  — Ecoute ici !

Ma nièce, ma servante,
  Va préparer,
Va-t-en mettre la nappe
  Pour le dîner.
Va tirer dans ma cave
  Le meilleur vin ;
Il faut que je régale
  Ce cher humain.

Ecoutant ces paroles,
  Tout en courroux,
La servante lui dit :
  — Quoi pensez-vous ?
Vous n'avez donc pas honte,
  Pour un curé,
De m'amener un homme
  Si déchiré !

La servante, en colère,
  S'en va soudain,
S'en va dîner tout' seule
  Dans le jardin.
Elle a laissé cet homme
  Et le curé
Qui se sont mis à table
  Pour le dîner.

Tout en étant à table,
  A leur dîner,
L'homme a parlé d'affaires,
  Et de ces blés :
— L'hiver est eu si rude,
  Si rigoureux,
Que les blés ont gelé
  Devant mes yeux.

Le curé s'en étonne
  Et dit soudain :
— Comment ça peut-il s' faire,
  Mon cher humain ?
Partout, emmi ces plaines,
  Emmi ces champs,
Où j'ai semé de l'orge,
  Est venu du froment.

Cet homme doux et sage
  Lui répondit :
— C'est pourtant véritable,
  Je vous le dis,
C'est aussi véritable,
  Sûr et certain,
Que votre nièce est morte
  Dans le jardin.

Le curé s'en y va
  Dans le jardin,
Trouve sa nièce morte
  Dedans un coin,
Retourne dans sa chambre
  Et bien surpris
Mais n'a plus rien trouvé,
  Qu'un crucifix.

(Louise Goux, veuve Sourdeau, Nolay, 1810).

Le Pauvre chez le Laboureur converti

Jésus-Christ, notre Sauveur,
Sous la forme d'un pauvre homme,
A la port' d'un laboureur,
En s'adressant à sa femme,
Il la prie d'un cœur ouvert
De lui donner le couvert.

Cette femme lui répond
D'une parole très douce :
— J'ai pitié des pauvres gens,
Mais j'ai un si méchant homme !
Si personn' n'veut vous loger,
Au grenier vous faut coucher.

Quand l' laboureur fut venu,
Il connait sans plus attendre
A la mine de sa femm'
Qu'elle était triste et dolente.
Lui a demandé soudain
Le sujet de son chagrin.

Cette femme lui répond :
— Il est venu t-un pauvre homme !
Il parait très doux et bon,
Il a demandé l'aumône,
Au grenier il est couché,
Sans ni boire ni manger.

Le laboureur lui répond :
— Faut lui faire une couchette,
Faut lui donner des draps blancs...
Lui porte à manger et boire,
En disant : Dieu de bonté,
Il faut fair' la charité.

Quand ce vint sur la minuit,
Sur la minuit, quand tout dorme,
Ils avont été rêvés
Par un ange ou par une âme ;
Ont fait un rêv', dans la nuit
Qu'ils étaient en l' Paradis !

Le lendemain au matin,
Ils n'ont plus trouvé personne ;
Plus rien qu'un beau crucifix
A la place du brave homme.
Aussitôt s'en sont allés,
Pour avertir le curé

Voilà le curé venu,
A reconnu le miracle.
On a fait par dévotion
La procession générale,
Disant tous : Dieu de bonté,
Il faut fair' la charité !

(Jeanne Goux, veuve Brunet, Nolay, 1803).

Le Pauvre et l'Hôtesse

(L'air n'a pu être noté).

Jésus en pauvr' s'est habillé.
Chez madam' l'hôtesse il s'en est allé :
   — Madam' l'hôtesse, j'ai bien faim,
Fait's-moi la charité d'un morceau de pain.

   — Le pauvre, on achète le blé,
On le paye trop cher pour qu'on puisse en donner,
   Allez ailleurs en demander :
Ici vous n'aurez rien, on n' peut rien vous donner.

   — Hélas ! madam', quoi pensez-vous ?
Malgré tout votre argent la mort vous prendra tout,
   Pensez, pensez à votre fin ;
Je vous assur', madam', que vous s'rez mort' demain.

   La dame s'est mise à crier :
— Au secours, voisins ! Voici t-un sorcier !
   Ils l'ont pris, ils l'ont garrotté,
Dedans la chambre haute ils l'ont enfermé.

   Quand sut venu le lendemain,
Tout l' monde dans le pays se trouva bien surpris.
   Dans la chambre où qu'ils l'avaient mis,
Croyant trouver le pauvre, ils trouv'nt un crucifix.

   . . . .

Dedans l'église ils ont porté le crucifix,
   On a fait la procession,
Tout autour de la ville en grand' dévotion.

Rare.   *(Marie Tavault, Semelay, 1857).*

Le Roulier

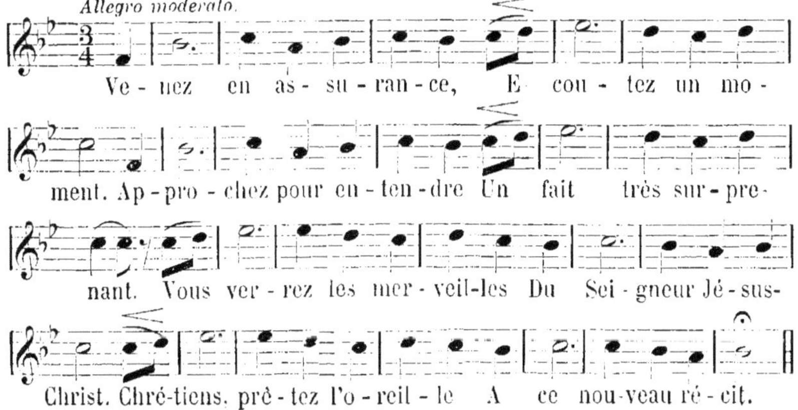

Venez en assurance (1),
Ecoutez un moment ;
Approchez pour entendre
Un fait très surprenant.
Vous verrez les merveilles
Du Seigneur Jésus-Christ,
Chrétiens, prêtez l'oreille
A ce nouveau récit.

La puissance suprême
De Dieu, notre sauveur,
Apparut sous l'emblème
D'un pauvre voyageur.
En demandant l'aumône,
Rencontra un roulier :
Par charité lui donne
De quoi se soulager.

Par malheur sa voiture
Est pris' dans le bourbier,
Il crie, il crie, il jure,
Ne pouvant s'arracher.
Il frappe avec outrance
Ses pauvres animaux,
Mais loin d'être en avance,
Il rebut' ses chevaux.

Ce pauvre dit : Mon frère,
Je vais vous secourir.
Calmez votre colère,
A Dieu faut recourir.
Dieu est notre espérance,
Ne l'oublions jamais,
Car sa toute puissance
Nous comble de bienfaits.

La parole achevée,
A pris le fouet en main ;
La voiture enlevée
Sort du mauvais chemin.
Le roulier fort honnête
Invit' le bon vieillard
A venir chez l'hôtesse
Pour souper sans retard.

— Bonsoir, madame l'hôtesse,
Servez-nous à souper,
En faisant politesse
A l'ami du roulier.
— Ma maison n'est pas faite
Pour loger des mendiants,
Mon écurie est prête
Pour de semblables gens.

Le roulier dans son âme
Ressentait du chagrin :
— Allez, allez, madame,
N'ayez point de dédain.
Les pauvres sont nos frères,
Soyons pas méprisants,
Malgré votre colère,
Servez-nous en payant.

Ils se sont mis à table,
Pour souper tous les deux.
D'un air très agréable,
Le roulier curieux,
Demanda des nouvelles
Des affaires du temps :
— En savez-vous de belles ?
Parlez, je vous entends.

— Le ciel s'ra favorable
A not' peuple français.
Sur la terre agréable
Répandra ses bienfaits.
Le commerce en la France
Reprendra sa valeur ;
Une grande abondance
Réjouira tous les cœurs.

A toutes mes paroles
Vous pouvez porter foi ;
N'ayez pas de doutance,
De grâce, croyez-moi.
C'est vrai, comme l'hôtesse,
Dans sa chambre en entrant,
Est morte de colère,
Morte présentement.

---

(1) *Var* : Approchez pour entendre
Ce très nouveau récit,
Chrétiens. venez entendre
Les paroles du Christ.

(*Louise Monsinjon, femme Bled, Poiseux, 1857*).

Le roulier sort de table
Pour s'assurer du fait,
Quel malheur déplorable
Si le pauvre a dit vrai !
Dès le seuil de la porte,
De peur il est saisi,
Car l'hôtesse était morte,
Comme c'était prédit.

Aussitôt il remonte
Sans le moindre retard,
Afin d'en rendre compte
Au pauvre bon vieillard.
En entrant dans la chambre,
Il se sentit ému :
Hélas ! double surprise,
Il avait disparu.

Se trouve desur la table
L'imag' de Jésus-Christ,
Chose très remarquable,
On y voit en écrit :
Soulagez l'indigence
Des pauvres malheureux ;
Vous aurez récompense
Au royaume des cieux !

(Augustine Charton, femme Guimard, La Collancelle, 1856).

Le Fermier charitable

Passant dans un village,
Le vingt-deux de janvier,
Un pauvre misérable
Demandant charité,
S'asseoit sur une pierre
  Tout en tremblant :
Voyez donc la misère
  Des pauvres gens !

Le fermier charitable
Passant sur le moment :
— Que faites-vous, pauvre homme,
A la rigueur du temps ?
D'où vient qu'en ces villages,
  Vous ne cherchez
Quelque âme charitable
  Pour vous loger ?

Le pauvre misérable
Répond tout doucement :   } bis.
— Je r'viens de ces villages,
   J'ai bien cherché,
Mais sans trouver aumône
   Et sans loger.

Le fermier charitable
Lui dit : ô mon ami,
Montez sur mon cheval *(*),
Viendrez en mon logis.
Couvrez-vous du manteau
   Que j'apportais ;
Venez-donc d'anvec moi,
   Je vous log'rai.

Le fermier charitable,
L'emmène promptement,
Le monte dans sa chambre,
Mais tout en arrivant,
L'hôtesse et sa servante
   S' mett' à crier,
En donnant sur la place
   Grands coups d' balai.

Le fermier charitable
Lui dit, tout doucement :
— Bell'ment, bell'ment, l'hôtesse,
Pas tant d'emportement !
Cherchez un cabinet,
   C'est pour nous deux,
Votre argent est tout prêt :
   Faites bon feu.

L'hôtess' dit : ma servante,
Monte-le z-au plus haut
Et, puisqu'il le demande,
Porte-lui z-un fagot.
Car je ne peux plus voir
   Ce monstre affreux,
Ce soir dedans ma chambre,
   Proch' de mon feu.

Quand y fut au souper,
Bon repas et bon feu,
Le fermier charitable
Lui dit : Bon voyageur,
Vous qui roulez partout
   Tant de pays,
Le blé sera-t-il cher,
   Comment ici ?

— La moisson sera belle,   } bis.
Vraiment je vous le dis,
Oh ! oui, par tout' la France,
   En vérité,
Nous aurons l'abondance
   Par charité.

C'est si vrai que l'hôtesse   } bis.
Brûle dans le brasier :
Sa servante avec elle,
   L'ont mérité ;
Leurs âmes criminelles
   Seront châtié'.

Le fermier charitable
S'en fut diligemment,
Pour donner assistance
Aux deux femm' qui brûlaient :
— Donnez, donnez l'alarme,
   A nos voisins !...
La punition des femmes
   Avait pris fin.

Le fermier charitable
S'en fut vite avertir
Le curé du village,
Pour voir ce pauvre ici.
Mais rien qu'une chandelle
   Avont trouvé,
Un crucifix, l'image
   De Jésus-Christ.

(Jacquette Benguon, veuve Joyaux, Gouloux, 1811).

Le Laboureur plein de foi et de charité

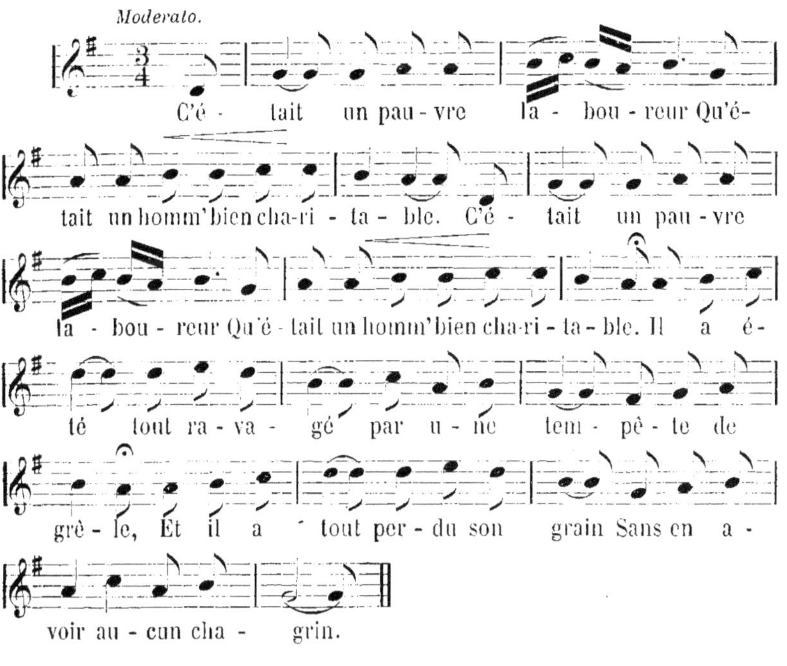

C'était un pauvre laboureur
Qu'était un homm' bien charitable.   } bis.
Il a été tout ravagé
Par une tempête de grêle,
Et il a tout perdu son grain
Sans en avoir aucun chagrin.

Oh ! sa femme a dit à son homme :   } bis.
— Faut remercier (1) nos moissonneurs.
Faut remercier nos moissonneurs.
Hélas ! grand Dieu ! quelle tristesse
D'avoir perdu tout notre grain !
Il nous faut donc mourir de faim !

Mais cet homme a dit à sa femme :   } bis.
— Tu te méfi's des grâc's de Dieu.
Notre-Seigneur a bien nourri
Plus de quatre mille personnes,
Anc sept pains d'orge et deux poissons :
J' vous bin passer notre moisson.

---

(1) *Var :* Renvoyer.

Le premier jour (*c*) de novembre (1),   } *bis*.
Qui est la fêt' de tous les saints,
Cet homm' dit à tous ses amis :
— Venez ce soir dedans ma chambre ;
Malgré que j'suis été grêlé,
Je vas bien tous vous régaler.

Quand il (*es*) furent tous à table,
Tout au milieu de leur souper,
Il entre un pauvr' dedans la chambre,
Plein de mal de tous les côtés.
Cet homm' dit à tous ses amis :
— Oh ! n'appréhendez pas la table (2) ;
De crainte de vous dégoûter,
J'vas l' faire passer de mon côté.

Quand ils eur'ent bien soupé ensemble (3): } *bis*.
— Il faut nous mettr' tous à genoux ;
Il faut nous mettr' tous à genoux
Et prier Dieu d'amour sincère ;
Il faut nous mettr' tous à genoux
Et dir' : Mon Dieu, nous somm's à vous !

Ils ont mené coucher le pauvre,   } *bis*.
Mais dans la grange à peine entrés,
La grange était pleine de blé,
Pleine jusqu'à la couverture.
Le tas de blé montait si haut,
Y en avait bien vingt pieds de haut..

(Philibert Berthier, Saint-Sulpice, 1807).

Variantes :

(1) Quand la campagne fut finie,
  Le maîtr' dit à ses ouvriers :
  — Mes camarad's, venez ce soir,
  Venez tous ce soir à ma table.
  Quoique nous sons été grêlés,
  Je veux bien tous vous régaler.

(Jeanne Bonnin, veuve Baucher, Montigny-aux-Amognes, 1846).

(2) Amis, ne quittez pas la table,
  Mais, pour ne pas vous dégoûter,
  Cet homm' boira de mon côté.

(Montigny-aux-Amognes).

(3) Après qu'ils eur'nt soupé z-ensemble, } *bis*.
  — Il faut remercier Jésus-Christ.
  Il faut remercier Jésus-Christ,
  Oh ! prions-le d'amour sincère,
  A c't heur' qu' nous avons bien soupé,
  Le pauvr', je veux vous m'ner coucher.

(Veuve Septier, Saint-Aubin-les-Forges, 180.).

Le pauvre Fermier et le mauvais Maître

— Bien le bonjour (e), bonjour, notre maître,
Prêtez-moi donc un d'mi-minon de blé,
J'ai quatre enfants, moi et ma pauvre femme,
A la maison, qui mouront de la faim.

— Faut en prendre un que tu mettras dans l'arche,   } bis.
Et les trois autr's, tu les soulageras.

Et ce pauvre homme, il s'en va, s'en retourne
A la maison, bien triste et mal content.
Dans son chemin a rencontré un homme :
C'est le bon Dieu qu'il ne connaissait pas.

— Où vas-tu donc, cher ami, mon pauvre homme,
Que tu m'as l'air si triste et désolé ?
— Oh ! je reviens de ver (e) notre maître,
Qui me refuse un d'mi-minon de blé.

J'ai quatre enfants, moi et ma pauvre femme,
A la maison, qui mouront de la faim.
— Tiens, prends ce pain, et rentre avec courage,
Tes quatre enfants, tu les soulageras.

Et puis demain tu prendras ta volette,   } bis.
Car tous tes blés sont bons à moissonner.

— Bien le bonjour (e), bonjour, notre maître,   } bis.
Car tous mes blés sont bons à moissonner.

— Retire-toi bien vite, coquin d'homme !
Va-t-en, je vois que tu n'es qu'un vaurien.
Car tous mes blés, ils sont encore en herbe,
Et toi, les tiens sont bons à moissonner !

Que l'on me selle et bride mon cheval (c),
Car tous mes blés, je veux les visiter } *bis.*

Sortant d'une pièc', mettant le pied en l'autre,
En bon chemin son cheval est resté. } *bis.*

Oh ! priez Dieu et la Vierge Marie !
Dedans l'Enfer je vais aller bouillir ! } *bis.*

(Jeanne Bonnin, veuve Baucher, Montigny-aux-Amognes, 1846).

La vengeance du Trépassé

(Sur l'air noté page 71)

C'est ein jeune houm' de famille
Que non n'en dit pas le nom ;
Un jour, i s'en va trouver
Sé amis, ses camarades :
— I faut bin nou amuser
De la têt' d'ein trépassé.

Sé amis bin au contraie
Ont fort blâmé son dessein,
Li disant : T'es qu'ein vilain
Et aussi z-ein téméraie.
T'airais donc ein très grand tort
D'aller insulter les morts.

Mais li, n'en faisant que rie,
Le même soir i s'en va
Au cem'tiée, i ramassa
Enn' têt' de mort sans rin die,
Pis il l'empourta ainsi
Pour bin l'arranger cheuz li.

I li met enne chandelle,
Mais du dret dans les deux yeux.
I craint pas, le malhureux,
D'la pouser desur sa tête ;
Enloupé dans des draps blancs,
Non creyait ein revienant.

Il a ténu tout' la ville
En faisant des z'urlements,
A fait peu à bin des gens,
Aux femmes tout coume aux filles ;
Tout chacun s'rangeait cheuz eux
Dy voir ce fantôme affreux.

Quand i n'eut pus de lumiée,
Su les onz' heur's vou min-nuit,
I s'en r'tourne z-au logis.
En passant vez le cem'tiée,
Il a j'té la tête ainsi
En li disant : Moun aimi,

Demain, pour ta récompense
De t'avoir tant fait couri,
Moué, je t'invite en aimi
A souper, sans que t'y manques,
J' pass'rons ein moument joyeux
En beuvant ein coup tous deux.

Lendemain, frappe à la porte ;
La servante va y ouvri.
Sitoût qu'al a t-aparçu
L'esquelette, al timbit morte,
Et li fut ben atouné
Quand i vit le trépassé.

Quand ce vint min-nuit sounée,
Le trépassé si levant,
I li dit tout brusquement :
— J' te dis pas adieu, compée,
Je m'en vas, mais je t'attends
Dans huit jours pareillement.

Pour l'effet de ceux paroles,
I creyait que c'était rin :
Faut courir au médecin,
Au méd'cin sans pus attendre,
Le méd'cin dit que y est temps
D'li douner les sacuerments.

(Marguerite Pigoury, La Celle-sur-Nièvre, 1849).

Les Danseurs punis

Venez, chrétiens, verser des larmes
Au sujet de notre malheur.
Pour un si grand libertinage,
C'est Dieu qui punit les pécheurs.
Ayez pitié de nos douleurs ;
Sur nous toujours prenez exemple;
Priant Jésus pour éviter
Le mal qui nous a entraînés. (*bis*)

J'étins là huit (*e*) z-à la danse,
Sur le moument que le curé
Allait voir un pauvre malade,
Le bon Dieu lui allait porter.
On est venu nous avertir :
— Artirez-vous, belles jeunesses ;
Cessez maintenant de danser ;
V'là Jésus-Christ qui va passer. (*bis*)

— Que Jésus-Christ suive son rôle,
Nous suivrons le nôtre hardiment.
Que le violoneux joue encore,
Nous voulons danser à présent. —
Mais Jésus-Christ qu'est si puissant,
Pour leur fair' voir qu'il est le maître,
En écoutant leurs beaux discours,
Il les a fait danser huit jours. (*bis*)

A la nuit, leurs pèr' et leurs mères,
Ne les voyant pas arriver,
S'en vont les chercher à la danse,
Croyant bien de les y trouver.
Sont restés là bien désolés,
De voir un' si grande misère,
Priant Dieu qu'il veuill' promptement
Mettre fin à leur châtiment. (*bis*)

(*Veuve Brunet, Nolay, 1803*).

Ecoutez tous, braves jeunesses, ⎫ bis
Dedans la danse y a rien de bon. ⎭
Et vous qui n' la pratiquez pas,
Ne vous y laissez pas surprendre,
Vous allez voir présentement
Qu'il n'en arriv' que du tourment.

Ont répondu ces misérables,
Ont répondu tout en jurant :
— Voilà du vin sur notre table,
Pour le boir' nous avons le temps.
Va dire au bon Dieu malgré tout (2)
Que nous n' craignons ni Dieu ni diable ;
Que nous prétendons malgré lui
Boire et danser toute la nuit.

Quatre garçons et quatre filles,
Le jour de la Saint-Nicolas,
Étant entrés dans une chambre,
Ecoutez ce qu'il arriva.
Avec un joueur de violon,
Sans crainte de se faire entendre, (1)
Ils chantaient, filles et garçons,
Mais les plus infâmes chansons.

Ils se sont repris à la danse, ⎫ bis.
Mais sans pouvoir plus s'arrêter. ⎭
Ont bien dansé certainement
Plus de soixante dans's affreuses ;
Ils ont fait de si grands efforts
Qu'ils ont dansé jusqu'à la mort.

Ils dansaient les plus folles danses ⎫ bis.
Sans retenue aucunement.   ⎭
Mais le maître de la maison
Très poliment vint leur apprendre
Que le bon Dieu allait passer
Et qu'il était temps de cesser.

On entendait leurs pèr' et mères
Qui pleuraient si amèrement,
Adressant à Dieu leurs prières
Pour les tirer de leurs tourments.
Mais le bon Dieu qu'ils offensaient
Leur a fait voir qu'il était l' maître,
Leur envoyant la punition
De leur péché sans rémission.

(Louis Mangin, Saint-Léger-de-Fougeret, 1858).

---

(1) *Var* : Tout en accompagnant leur danse.   (2) *Var :* Va dire au bon Dieu qu'on l'attend.
                                                      Tu peux lui dire encontre nous.

(De la version suivante l'air n'a pu être noté.

C)

J'étions huit à la danse, } bis.
Tous huit (e) z-à danser.
On vint nous avertir :
— Le curé va passer,
Voir un poure malade
Le bon Dieu li pourter.

— Que Dieu suive son rôle, } bis.
Suivons le noutre itou.
Et ceus poures jeunesses,
Ben vit' sont artournés,
Sans vouloir ren entendre,
S' sont armis à danser.

V'là la nuit qu'est venue, } bis.
Point d'enfants d'arrivés.
Et leus pée' et leus mées
A s'en y vont les querir :
Tout c' qu'al avont pu fée,
D'arcounaitr' leus habits.

Et leus pée' et leus mées
Ben vit' leu sont allés
Leu z-y fée die des messes,
Des *libera* chanter.
Oh! n'a ni mess' ni vêpres,
Ni *libera* chanter :
Faut qu' ceus poures jeunesses
Finissint leus péchés !

(Veuve Sourdeau, Nolay, 1810).

Le Riche normand

Oh ! c'était un riche normand,
Que, tous les jours, en se levant,
En se levant, il faisait bien l'aumône ;
Mais ça l'ennuyait de voir tant de personnes.

Voilà qu'un jour, en se levant,
Vint à sa porte un mendiant.
Oh ! il lui dit : Va-t-en, va-t-en, le pauvre,
Va-t-en mendier à la porte des autres.

Mais le pauvre en se rentournant,
Tir' son chapeau, en le saluant :
— Bien au revoir et bonjour, le bon riche !
Le lieu de l'enfer sera ton supplice.

Quand le riche entendit cela,
Vite le pauvre il rappela :
— Oh ! c'est donc toi qui désignes mon sor (e) :
Tiens, prends ce sac, il est tout rempli d'or (e).

— Garde ton or et ton argent ;
Cela va fuir de ta maison.
Tu seras, un jour, comme moi, bien pauvre ;
T' iras mendier à la porte des'autres.

Mais les autres, en le voyant,
Ce riche avare de normand,
Ils lui disaient : Si t'avais 'té bon riche,
Dans ton château tu mang'rais d'la bonn' miche.

Oh ! mais, bons rich's, écoutez-donc !
Fait' bien l'aumône au pauv' passant,
Car tous vos biens et toutes vos richesses,
Ça ne vaut pas l'aumôn' qui est bien faite.

(Claude Carré, Fours, 1873).

La Fille-Biche

— Oh ! dites-moi z-y donc,
Ma petit' Laurencine,
Oh ! dites-moi z-y donc,
    Oh !
Tout ce qui vous chagrine.

Etes-vous donc enceinte,
Ma petit' Laurencine ?
Etes-vous donc enceinte ?
    Oh !
Vous n'osez pas le dire.

— Plaise à Dieu qu'il soit vrai,
Maman, ce que vous dites !
Plaise à Dieu qu'il soit vrai,
    Oh !
Maman, ce que vous dites.

Vous n' vous souv'nez donc pas
Du jour que vous m'ez faite ?
Dedans la compagnie,
    Oh !
Y avait un' mauvais' femme

De jour m'a rendu' biche
Et, la nuit, joli' fille ;
De jour m'a rendu' biche,
    Oh !
La nuit, j' suis joli' fille.

Dites à mon papa
Qu'il n'aill' plus à la chasse.
— Le roi fut bien sept ans,
    Oh !
Sans aller à la chasse.

Tout au bout des sept ans,
Le roi fut à la chasse.
Sa première rencontre,
    Oh !
C'est une belle biche.

Invit' tous ses parents,
Ses amis, à sa table ;
Invite tous ses parents,
    Oh !
Ses amis à sa table.

En commençant d' souper,
Le roi se met à dire :
— Il ne manque plus rien
    Oh !
Que ma p'tit' Laurencine.

La bich' qu'est sur la tabl',
Elle s'est mise à dire ;
La bich' qu'est sur la table,
    Oh !
Elle s'est mise à dire :

— Mangez, buvez, papa,
J' suis la première à table ;
Mangez, buvez, papa,
    Oh !
J' suis la première à table !

Mes foies aussi mon cœur
Sont au clou d' la cuisine ;
Le restant de mon corps,
    Oh !
Il bout dans la marmite !

Rare.   *(Françoise Rougelot, veuve Carroué, Murlin, 1833).*

La Fille changée en cane

C'est une fill' de la Lorrain',
Que sa beauté lui semblait vain'.
Du temps que sa mèr' la peignait,
Trois beaux soldats la regardaient.

Ell' ne fut pas sitôt peignée,
La joli' fill' fut enlevée.
Quand elle fut au milieu d' ces prés :
— Où voulez-vous donc mi mener ?

— Tu veux savoir où l'on te mène ?
C'est chez monsieur not' capitaine...
Du plus loin qu'il la voit venir,
De rire n'a pu se tenir.

La voilà donc, cett' joli' fille,   [sire !
Qu'y a si longtemps qu' mon cœur dé-
Faites-là monter dans ma chambre,
Nous passerons une heure ensemble

A chaque march' qu'elle montait,
Son petit cœur y soupirait :
— Te voilà donc, maudite chambre,
Mon doux Jésus faut que j'offense !

Je prierai Dieu, je prierai tant,
Je prierai Dieu, pendant sept ans,
De devenir petit' can' blanche,
Pour que je sort' de cette chambre.

La parol' fut point prononcée
Que la p'tit' cane s'est envolée,
S'est envolée par une grille
Au nom de la vierge Marie.

Le capitaine a rassemblé
Tous ses soldats, l'avont tiré,   [mes.
Chacun bien plus de cent coups d'ar-
Sans y pouvoir blesser la cane.

Le capitain' tout désolé
Ne peut s'empêcher de pleurer :
— Si je t'avais su fille sage,
Je t'aurais eue en mariage.

La petit' can' tout aussitôt,
La petit' can' répond dans l'eau :
— Dieu n' vous a point fait assez sage,
Pour m'y avoir en mariage.

(Philibert Blanchot, Glux, 1860).

Cette chanson, en pénétrant dans le Nivernais où la légende bretonne de La cane de Montfort n'était sans doute pas connue, a subi de graves altérations. La « cane » est devenue « caille ». Comme je faisais remarquer au chanteur, à propos de ce vers :

« La petite caille répond dans l'eau »

que les cailles ne sont pas des oiseaux d'eau, qu'il s'agirait peut-être d'une cane, il me répondit: « Je crois bien que je l'ai entendu dire ».

Dans la version qui suit, le souvenir de la complainte bretonne se manifeste par l'intervention de saint Nicolas, patron de la ville de Montfort. Enfin, dans la troisième version, il n'est plus question de transformation miraculeuse.

B)

C'est une fill' de la Lorrain',
Que sa beauté lui fait d' la pein'.
Un jour que son pèr' la peignait,
Trois beaux galants la regardaient.

Les trois galants la regardant,
Ils se disaient en même temps :
— La voilà donc la joli' fille,   [sire !
Qu'y a longtemps qu' mon cœur dé-

Elle ne fut pas sitôt peignée
Qu' les jeun's galants l'ont emmenée,
L'ont emmenée dans une chambre,
Aux violons làvoù qu'on danse.

En arrivant sur l'escalier,
Ne peut s'empécher de pleurer :
— Hélas! grand Dieu, voilà la chambre,
Où il faut que mon Dieu j'offense !

Je prierai Dieu, saint Nicolas :
Dans l'abandon n' me laissez pas !
Je prierai aussi Notre-Dame
Qu'elle me fass' devenir caille.

La parol' ne fut point lâchée,
Que la caille s'est envolée,
S'est envolée par une grille   [tilles.
Dans un grand champ plein de len-

Tous les chasseurs des environs
Sont invités pour la tirer :
Ont bien tiré cinq cents coups d'armes,
Sans y pouvoir blesser la caille.

Je te l'avais toujours bien dit
De la laisser dans son pays :
J'avais bien connu à sa mine
Que c'était une honnète fille.

(*Louise Joubert, Arleuf, 1867*).

C)

(1) Cet air est assurément, avec des altérations, le même que celui de la chanson précédente.

C'était un' fill' de l'Angleterr',
Que sa beauté la rendait fièr'.
Un jour que sa mèr' la coiffait,
Trois beaux soldats la regardaient.

La bell' fut pas sitôt coiffée,
Les trois soldats l'ont emmenée :
— Soldats, soldats, rendez ma fille,
Rendez-la moi, je vous en prie !

A répondu l'un des soldats :
— Pour votr' fill', vous n' l'aurez pas.
C' n'est pas pour moi que je l'emmène,
C'est bien pour notre capitaine.

Oh ! de tout loin la voit venir,
Le capitain' se réjouit :
— Allons donc vit', charmante blonde,
Montez là-haut, dedans ma chambre.

Tout en montant les escaliers,
La belle se mit à pleurer :
— Oh ! c'est donc toi, maudite chambre !
Que Dieu m' puniss' si je l'offense !

Je prierai Dieu, la Vierge aussi,
Qu'ils me fassent mourir ici !
— Avant d'avoir passé la porte,
La belle fille est tombée morte.

— Oh ! qu'on m'apporte un beau drap blanc
Ce s'ra pour mettr' la bell' dedans,
Et les plus belles demoiselles,
Ell' conduiront la belle en terre.

(Anne Monsinjon, Nolay, 1864).

Le Nouveau-né qui parle

1º

L'ENFANT NOYÉ

Trois beaux faucheurs
Qui s'en vont fauchant,   *ter.*
Reverdis l'herbe ;
Dessus le joli jonc des bois,
Reverdis-toi.

Avec chacun
Un beau dard d'argent.   *ter.*
Reverdis l'herbe,
Etc.

Trois bell's faneus'
Qui s'en vont fanant. } *ter.*

Avec chacune
Un' bell' fourch' d'argent. } *ter.*

La plus petite
A fait un enfant. } *ter.*

— Hélas ! ma mère
Qu'en ferons-nous donc ? } *ter.*

— Faut le jeter
Dedans l'eau coulant'. } *ter.*

En le jetant
L'enfant a parlé. } *ter.*

— Hélas ! ma mèr',
Vous perdez l' Paradis. } *ter.*

— Hé ! mon enfant
Reviens vite au bord ! } *ter.*

— Hélas ! ma mère
Il n'est plus temps. } *ter.*

— Hé ! mon enfant
Qu'est-c' qui t' la dit ? } *ter.*

— Hélas ! ma mère,
C'est trois ang' du paradis. } *ter.*

— Hé ! mon enfant,
Comment sont-ell' faites ? } *ter.*

— Hélas ma mère,
Y en a-t-un' blanche ;
Hélas ! ma mère,
Y en a-t-un' grise ;
Hélas ! ma mère,
Y en a-t-un' jaune,
Reverdis l'herbe !
Dessus le joli jonc des bois,
Reverdis-toi !

(Veuve Desjeux, 1814).

Desur la mer il y a t-un pré,
O vent qui (le) vente !
Desur la mer il y a t-un pré,
O le grand vent,
O le joli vent.
O vent qui (le) vent' la nuit !
O vent qui (le) vente !

C'est trois faucheurs qui s'en vont fauchant
Avec chacun un beau dard d'argent.

C'est trois faneus' qui s'en vont fanant,
Etc.

Certains chanteurs se plaisent à énumérer successivement, par une ajouture sans intérêt, les diverses opérations de la fenaison : après les faneuses, viennent les râteleuses, etc.

Pour la suite, le texte est celui de la version précédente.

(Veuve Bernard).

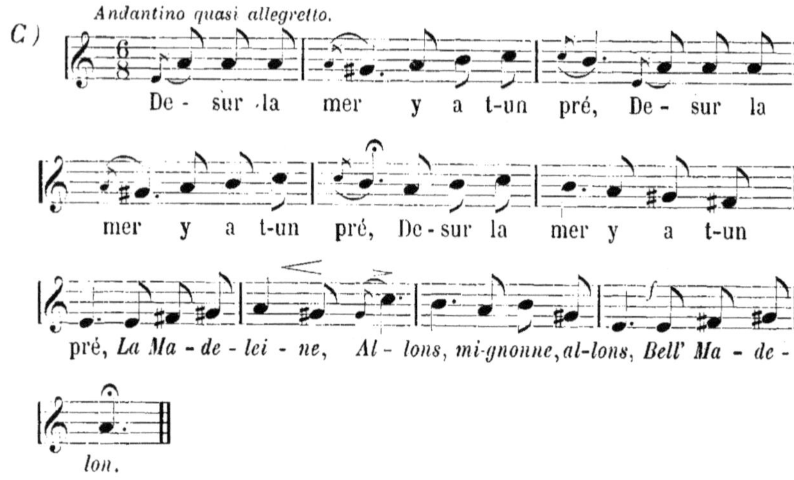

Desur la mer y a-t-un pré. *(ter)*
La Madeleine,
Allons, mignonne, allons,
Bell' Madelon.

Trois beaux faucheurs s'en vont fauchant. *(ter)*
La Madeleine, etc.

Trois bell' faneuses' s'en vont fanant. *(ter)*

La plus jeune est en mal d'enfant. *(ter)*

— De cet enfant que ferons-nous ? *(ter)*

— Faut le jeter au fond de l'eau. *(ter)*

En le jetant, l'enfant riait. *(ter)*

— Mon p'tit enfant, tends-moi les bras. *(ter)*

— Mes deux p'tits pieds s'en vont coulant,
Mes deux p'tits bras s'en vont nageant,
Mon petit cœur s'en va mourant.

Allez, ma mèr', vous s'rez punie. *(bis)*
— Mon p'tit enfant, qui te l'a dit?

— C'est trois p'tit' ang' du Paradis. *(ter)*
La Madeleine,
Allons, mignonne, allons,
Bell' Madelon.

(Marie Lamouroux, veuve Brassière, Langeron, 1814).

Desur la mer y a-t-un pré (1). (*ter*)
O vent, ô joli vent,
O vent qui (le) vente la nuit !

Trois beaux faucheurs s'en vont fauchant (2) (*ter*)
O vent, etc.

Trois demoisell's s'en vont fenant (3). (*ter*)

La plus jeune est en mal d'enfant (4) (*ter*)

— Ma sœur, quoi fair' de cet enfant ? (*ter*)

— Ma sœur, prends-le dans ton jupon (*ter*)

A la maison nous le port'rons. (*ter*)

La malheureuse, en passant l'eau, (*ter*)

Ell' l'a plongé dans l'eau coulant. (*ter*)

Le p'tit enfant va au fond de l'eau (*ter*)

Vite il remonte vers le bord. (*ter*)

Se mit à rire en remontant (*ter*)

— Hé ! mon enfant, reviens à moi ! (*ter*)

— Enfant noyé ne revient pas. (*ter*)

(Louise Picard, femme Bourdier, Semelay, 1829).

Variantes :

(1) Dans l'Amérique y a-t-un pré.
(2) Y a trois faucheurs s'en vont devant.
(3) Y a trois faneus' s'en vont suivant.

(Marie Mathias, veuve Peyronnet, Poiseux, 1850).

(4) La plus jeun' s'est mise à pleurer.
Son frèr' lui dit : que pleur'-tu tant ?
— Je pleur' que j' suis en mal d'enfant.
Qu'en ferons-nous de c'bel enfant?
Nous le port'rons dans un étang.
Quand l'bel enfant i sut dans l'eau
Le bel enfant se prit à rir'
— A bord, à bord ! mon bel enfant !
— Méchante mèr', tu z'es damnée.
— Qui'sque t'l'a dit, mon bel enfant?
— C'est trois bell' ang's du Paradis.

(Françoise Rougelot, veuve Carroué, Murlin, 1833).

(4) La plus petite, la plus jolie,
Etait enceinte d'huit mois et d'mi.
— Quand sera fait, qu'en ferons-nous ?
— Dans l'eau coulant' nous le jett'rons.
En le jetant, il a fait un ris,
— Qu'as tu à rir' mon bel enfant ?
— Coquine mèr', vous èt's damnée.
— A bord, à bord, mon bel enfant !
— Coquine mère, il n'est plus temps.

(Jean Millien, Raveau, 1802).

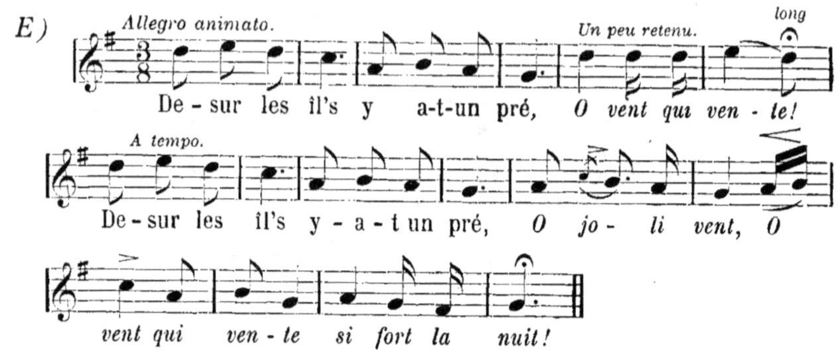

Desur les il's y a-t-un pré,
O vent qui vente!
Desur les il's y a-t-un pré,
O joli vent,
O vent qui vente si fort la nuit!

Même texte que précédemment.

(***Anna Perrot, femme Soulias, La Nocle, 1871***).

J'ai recueilli bien d'autres versions de cette complainte ; elles ne diffèrent que par quelques détails du refrain.

2°

LE BREUVAGE EMPOISONNÉ

Oh ! aimez-moi (1), plaisante brune,
   Oh ! aimez-moi ! (*bis*)
Vous aimerez le fils d'un prince,
   Le fils d'un roi (*bis*).

— Que voulez-vous que je vous aime ?
   J'ai mon mari, (*bis*) (2)
J'ai mon mari qu'est dans les vignes
   Qui le saurait. (*bis*)

— Allez la-haut sur ces montagnes,
   Vous trouverez (*bis*)
Une tête de serpent verte, (3)
   Vous la prendrez. (*bis*)

Dans un mouchoir de toile fine
   Vous l'enlouprez ; (*bis*)
Vous la mettrez dedans un' pinte,
   Vous la coul'rez. (*bis*) (4)

Quand vot' mari viendra des vignes,
   Grand soif auré. (*bis*)
Quand vot' mari viendra des vignes,
   Vous lui donn'rez. (*bis*)

— Oh ! dis-moi donc, plaisante brune, (5)
   Tir'-moi du vin ; (*bis*)
— Il y en dedans la pinte
   Du tout tiré. (*bis*)

— Oh ! dis-moi donc, plaisante brune,
   Qui ce vin-là ? (*bis*)
— Oh ! c'est le vin de not' grand' cave
   Qui est gâté. (*bis*)

Le p'tit enfant qu'est dans l'berceau,
   Qui parle pas, (*bis*)
Qui dit : — N'en buvez pas, mon père,
   Car vous mourrez. (*bis*) (6)

— Oh ! dis-moi donc, plaisante brune,
   Qu'est-c' que j'entends ? (*bis*)
— C'est les enfants de not' voisine
   Qui se raillont. (*bis*)

— Oh ! dis-moi donc, plaisante brune,
   Tout aussitôt (*bis*)
Il faut en boir', plaisante brune ;
   Bois-en d'abord. (7)

Tout en versant desur ses lèvres,
   Ell' se mourait. (*bis*)
Tout en d'valant dedans sa gorge,
   Ell' trépassait. (*bis*) (8)

Maudit, maudit le fils d'un prince,
   Le fils d'un roi ! (*bis*)
Il m'a fait faire ce breuvage ;
   Moi, j'en mourrai ! (*bis*)

(*Joséphine Duchamp, femme Pessin, La Collancelle, 1862*).

Variantes :

(1) Belle, aimez-moi.

(2) Oh ! non, oh ! non, mon ami Pierre,
   Je n'oserais.

ou : Oh ! non, oh ! non, mon ami Pierre
   Me batt(e)rait.

(3) Au pied d'un' croix.

(4) Dans une pinte de bon vin
   Vous la mettrez.

ou : Vous la mettrez dans une pinte
   Au vent tremper.

(5) Tire-moi à boire', plaisante brune,
   Car j'ai bien soué.
  — Cherchez, cherchez, mon tant beau sire,
   Il est tout prêt.

ou : Cherche, cherche dedans la pinte,
   Bon vin y a.
            (*Arleuf*).

(6) Son p'tit enfant qu'était en brille
   Par Dieu parla :
  — N'en buvez pas, mon très cher père,
   Poison y a.

(*Etienne Duvernoy, Arleuf, 1860*).

(7) Mais t'en boirés, plaisante brune,
   Par devant moué.
  — Quand j'devrais perdr' la têt' que j'porte,
   Mais t'en boirés !

(8) Oh ! tout en lui tendant son verre,
   Sa main tremblait.
En le portant au long d'sa bouche,
   Ell' trépassait.
  — Ah ! ti voilà, plaisante brune,
   En brave état !
Dans l'état où tu m'voulais mettre,
   Oh ! ti voilà !
            (*Semelay*).

Allons au bois, plaisante brune, } *bis.*
   Allons au bois.

Nous trouverons un' serpent verte,
   Nous la prendrons ;
Dedans un ling' de toile fine
   Nous la mettrons.

Dans un mouchoir de mousseline,
   Nous la plierons ;
Dans une pint' de bon vin rouge
   Nous la tremp'rons.

Quand votr' mari viendra des vignes } *bis*
   Vous lui donnerez.

Quand son mari revint des vignes,
   Lui présenta :
— Qui ce vin-là, plaisante brune,
   Qui ce vin-là ?

— Ah ! c'est du vin de notr' grand' } *bis.*
   Percé tout frais.   [cave,

Le p'tit enfant dans le berceau,
   Qui lui disait :
— N'en buvez pas, mon très cher père,
   Car vous mourrez.

— Ah ! buvez-en, plaisante brune,
   Ah ! buvez-en !
Ah ! buvez-en, plaisante brune,
   Tout devant moi !

En lui versant dedans la bouche,
   Ça l'étranglait ;
En lui descendant dans la gorge,
   Son cœur mourait.

Qui me l'a fait ? le fils d'un prince,
   Le fils d'un roi.
Il m'a fait faire ce breuvage :
   C'est bien pour moi !

(Léonarde Fèvre, veuve Guyot, Vandenesse, 1840).

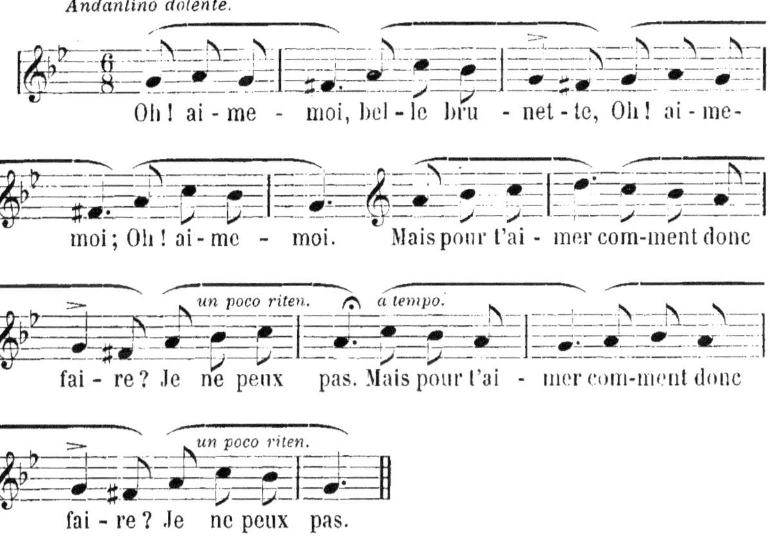

Oh ! aime-moi, belle brunette,
   Oh ! aime-moi. (*bis*)
— Mais pour t'aimer comment donc } *bis*
   Je ne peux pas.   [faire ? }

— Va donc là-haut sur ces montagnes,
   Tu trouveras (*bis*)
La tête d'un' bell' serpent verte, }
   Tu la prendras.   } *bis.*

Dans le creux d'une pierre fine,
   Tu la pil'ras. (*bis*)
Dans un' bouteille de bon vin } *bis.*
   Tu la mettras.

Quand ton mari viendra des vignes, } *bis*
   Tu y en donneras. (*bis*)

— Hé ! mon mari, hé ! mon gentil,
Bois donc un coup, si tu as soif.
— Et toi qui as mal à la tête, } *bis.*
   Bois-le donc toi !

A toutes fois qu' la bell' buvait,
Son sang caillait, la bell' mourait :
— Si t'as fait la méd'cin', la belle, } *bis.*
   C'est bien pour toi.

(Marie Mathias, veuve Peyronnet, Poiseux. 1850).

*Version incomplète, d'où a disparu l'élément principal, l'intervention miracu-
leuse de l'enfant.*

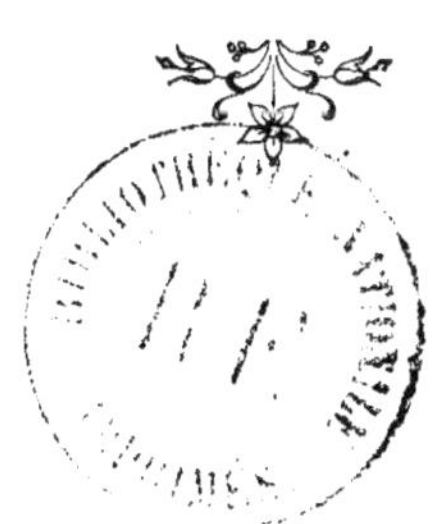

La Bonne Dame mourante et les Anges

C'était une complainte; (*bis*)
Elle fut faite et composé'
Sur une dam' bien marié'.

Son mari qu' la vient voir (*e*), (*bis*)
Qu'il est bien triste et bien dolent,
Trouve sa mie en mal d'enfant.

— Ma mie, prenez courage ! (*bis*)
Oh ! le bon Dieu vous aindera,
La saint' Vierg' vous délivrera.

— Je n' prendrai point courage : (*bis*)
Oh ! le bon Dieu m'a demandé' ;
Dans l' paradis y faut aller.

Vous n' voyez pas les anges (*bis*)
A sont aux quat' quarts de mon lit,
Oh ! c'est mon âm' qu'al' venont qu'rir.

— Ma mèr', me voilà grande, (*bis*)
Me v'là grand' fille à marier,
C'est su' l' moment qu' vous mi laissez!

— Ma fill', j' te laiss' ton père, (*bis*)
Aussi de l'or et de l'argent
Pour ti marier bien richement.

(*Annette Paradis, Saint-Gratien-Savigny, 1818*).

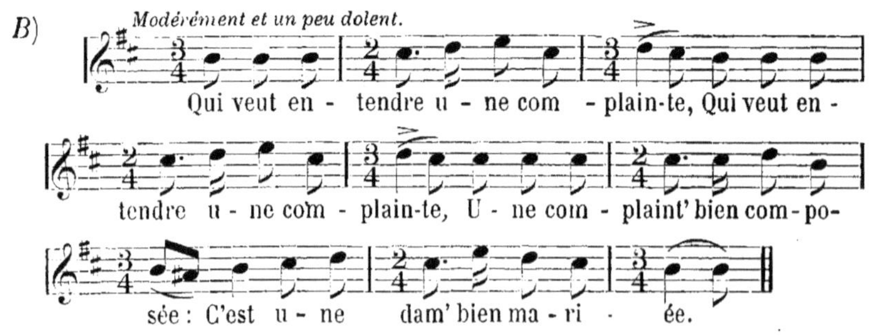

Qui veut entendre une complainte, (*bis*)
Une complaint' bien composée :
C'est une dam' bien mariée.

Quand son mari, il va la voir (*e*), (*bis*)
Il va la voir parmi ceux champs,
Il la trouve en grand mal d'enfant.

— Hélas ! ma mie, prenez courage ! (*bis*)
C'est le bon Dieu vous aindera,
La bonn' saint' Vierg' vous soulag'ra.

— Oh ! mon mari, plus de courage. (*bis*)
Oh ! je vois bien qu'il faut mourir,
Faut rendre l'âme à Jésus-Christ ! (1)

Oh ! elle a dit z-à la plus grande : (*bis*)
— Soyez bien sage. obéissant,
A votre père, à vos parents.

J'entends la mor (*c*) qui m'appelle. (*bis*)
Tout alentour (*c*) de mon lit (3)
Je vois les ang's qui vienn'nt me qu'rir.

— Oh ! qu'on m'emmèn' dedans ma chambre, (*bis*) (2)
C'est pour y voir tous mes enfants,
Les plus petits comm' les plus grands.

(Françoise Petit, veuve Millaud, Poiseux, 1824).

Cette version donne à peu près les mêmes paroles et le même air, avec quelques modifications : les premiers vers ont six pieds au lieu de huit.

> Qui veut savoir cantique, (*bis*)
> Cantique composé'
> Sur une dam' bien mariée ? etc.

(Femme Charlet, Saint-Sulpice).

Variantes :

(1) Entre les bras de Jésus-Christ.

(2) Que l'on m'emmène dans ma chambre (*bis*)
   Pour dire adieu à mes enfants,
   Leur dire adieu, c'est pour longtemps !

   — Ma chère mèr', me voilà grande, (*bis*)
   Me voilà fille à marier ;
   Ma chèr' mèr' veut mi délaisser !

   Que l'on m'amène mes servantes, (*bis*)
   Mes servant's, aussi mes valets,
   Leur dire adieu, c'est pour jamais !

   Que l'on allume aussi mes lampes, (*bis*)
   Aussi mes lamp' et mes flambeaux,
   Pour me conduir' dans mon tombeau.

(Louise Goux, veuve Sourdeau, Nolay, 1810).

(3) Et tout au bord de mon blanc lit.

(Veuve Pigoury, La Celle-sur-Nièvre, 181.).

II

COMPLAINTES LÉGENDAIRES, TRAGIQUES ET DRAMATIQUES

Plusieurs complaintes de cette série ne sont pas simplement issues de l'imagination populaire. Elles se rapportent évidemment à d'antiques traditions procédant d'un fait réel et pourraient se classer dans les chants historiques. Mais ce fait, plus ou moins travesti, se présente avec des circonstances tellement imprécises que les chansons appartiennent plutôt à la légende qu'à l'histoire.

Jean Renaud [1]

(1) Cette chanson, chef-d'œuvre de la Muse populaire, était encore chantée sur tous les points du Nivernais, il y a vingt-cinq ans. Elle est rare aujourd'hui.

Quand Jean Renaud de guerr' revient, (1)
Apportant son cœur dans sa main,
Sa mèr' monte à sa chambre en haut
Pour voir venir son fils Renaud.

— Renaud, Renaud, Renaud, mon fils, (2)
Ta femme est accouché' d'un fils.
— Oh ! de ma femm' ni de mon fils
Mon cœur ne peut se réjouir.

Ma mèr', faites-moi un lit blanc (3)
Pour que j'y aill' mourir dedans :
Faites-le haut, faites-le bas,
Vu que ma femm' n'entende pas.

Sur les onze heur's ou les minuit,
Jean Renaud a rendu l'esprit ;
Sa mère s'est mise à pleurer,
Et les serviteurs à crier.

— Dites-moi donc, mère, ma mie,
Qu'est c' que j'entends crier ici ?
— Hélas ! ma fill', c'est nos chevaux (4)
Que le plus beau est tombé mort.

Variantes :

(1) J'ai vu venir p'tit fils Renaud
Qu'apport' ses tripes et boyaux,
Qu'apport' ses tripes et boyaux,
Enveloppés dans son manteau.

(*Sermoise*).

Quand fils Renaud revient d' l'armée,
Portant ses trip's dedans sa main.

(*Saint-Léger-de-Fougeret*).

Revient bien triste et bien dolent.

(*Cercy*).

(2) Renaud, Renaud, mon bel ami.

(*Glux*).

Ah ! qu'il soit beau, qu'il soit joli,
Mon cœur ne peut se réjouir,
Il est dans les plus grand' douleurs,
Hélas ! ma mèr', je l'sens qui meurt !

(*Glux*).

(3) Que je me voie mourir dedans.

(*Pougues*).

Qu'il soit bien couvert en devant,
Que ma mie n'en voie aucun vent.

(*Colméry*).

Cousez ma paillasse à grands points,
Mais que ma mie n'en sache rien.

(*Menestreau*).

Mais qu'il soit fait dedans un coin,
Là voù qu' ma mie n'en saura rien.

(*Glux*).

Car si ma femme elle entendait,
En grand danger elle en mourrait.

(*Cercy*).

(4) Les chevaux ont fait abreuver,
Et le plus beau il s'est noyé.

(*Cercy*).

Ma fill', c'est notre cheval gris
S'est trouvé mort dans l'écurie.

(*Semelay*).

Nos trois juments qu'on m'nait baigner,
Mais la plus belle a s'est noyé.

(*Pougues*).

Le beau grison qui s'est noyé.

(*Pougues, Dommartin*).

— Dites-moi donc, mère, ma mie, (1)
Qu'est c' que j'entends cogner ici ?
— Hélas ! ma fill', c'est les maçons
Qui raccommodent nos maisons.

— Dites-moi donc, mère, ma mie,
Qu'est c' que j'entends chanter ici ? (2)
— Hélas ! ma fill', c'est la procession
Qui fait le tour de nos maisons.

— Dites-moi donc, mère, ma mie,
Qu'est c' que j'entends sonner ici ?
— Hélas ! ma fille, on fait sonner (3)
Parce que l' prince est arrivé.

— Dites-moi donc, mère, ma mie,
Va-t-on à la messe de mon fils ? (4)
— Ma fille, attendez à demain,
Car ça vous sera plus certain.

Dites-moi donc, mère, ma mie, (5)
Quel habit faut prendre aujourd'hui ?
— Prenez le blanc, prenez le gris,
Prenez le noir pour mieux choisir.

Variantes :

(1) Acoutez, mèr', mère ma mie,
Qu'est c' que j'entends cogner ici ?
— Ma fill', c'est une autre maison
Nous fons bâtir ici du long.

(Colméry).

Qu'est c' que j'entends frapper ici ?
— Hélas ! ma fill', c'est les maçons
Qui bâtiss' près de nos maisons.

(Glux).

Qu'est c' que j'entends donc tabouler ?
(Saint-Léger-de-Fougeret).

Ce sont les march' de nos greniers
Que nous faisons raccommoder.

(Dommartin).

Hé ! mon enfant, c'est les maçons
Qui recarr'lont notre maison.

(Buley).

Nos grand' port' de grange ont cassé.
(Pouques).

(2) Qu'est c' que ces prêtr' i chantont tant ?
— Hélas ! ma fill', reposez donc,
C'est un' bell' fêt' que nous avons.

(Glux).

. . . . la procession
Qui pass' devant nos deux maisons.

(Colméry).

(3) Ma fill', c'est le p'tit dauphiné
Que l'on y porte baptiser.

(Menestreau).

(4) J' vas-ti à la messe aujord'hui ?
— Hé ! attendez à vendredi.

(5) Et quand çà vint au vendredi :
— Quel habit que j' prends aujourd'hui ?
— Tout' femm's qui sont rel'vées d'enfant
Prennent le noir ou bien le blanc.

(Colméry).

Quand fut pour 'ler la mess' d'enfant :
— Hélas ! maman, quel habit j' prends ?
— Prends-y le vert, prends-y le gris,
Mais prends le noir pour mieux choisir.

(Glux).

Quel habit je prendrai demain ?
— Prenez le blanc, ou bien le noir,
C'est le plus beau qu'on puisse voir.

(Villapourçon).

Prends donc le noir et moi le blanc
Pour aller à la mess' d'enfant.

(La Machine).

Le blanc, le noir vous prenderez,
Le vert, le roug' vous poserez.

Oh ! dites, mère, oh ! dites donc,
Pourquoi changer ainsi d'habit ?
— Femm's qui vont à la mess' d'enfant,
Le blanc, le noir, elles prendront.

(Semelay).

Dites-moi donc, mère, ma mie,
Qu'est c' que c' t' habit noir signifie ?
— Hélas ! ma fill', c'est mieux seyant
Pour les femm' en relèv' d'enfant.

Quand ell' fur'nt au milieu des champs,
Les petits pâtr's allaient disant : (1)
Voici la femme à Jean Renaud,
Qu'est enterré dans l' beau tombeau.

— Dites-moi donc, mère, ma mie,
Qu'est c' que ces pâtr's disent ici ?
— Marchez plus vite, avancez l' pas, (2)
Ou nous arriverons trop tard.

— Dites-moi donc, mère, ma mie,
Quel est c' tombeau qu'on voit ici ? (3)
— Ma fill', je n' peux plus le cacher,
Mon fils Renaud est enterré.

La belle a fait un si grand cri,
Que la terre s'en est ouvri' ;
Elle s'est ouvri' si promptement
Que la belle est foncé' dedans.

(Françoise Bourgaud, femme Duplessis, La Celle-sur Nièvre, 1847).

Les variantes musicales sont : *A' de Louise Picard, femme Bourdier, Semelay, 1829.*
        —   *A" de Jeanne Renaud, veuve Luthereau, Saint-Franchy, 1837.*

Variantes :

(1) Les pâtoureaux allaient disant :
C'est là la veuve au beau séjour (seignour)
Qu'on enterra l'autre des jours.
        (Glux).

Trois p'tits bergers allaient disant :
Voici la femme à Jean Renaud
Qu'est enterré sous le tombeau.
        (Semelay).

Aga la femm' de ce seigneur
Qu'on vient d'enterrer tout à l'heur'
        (Saint-Gratien).

Aga la femme à Renaud l'grand,
Al doit avoir le cœur dolent.
        (Colméry).

(2) Ils dis' : femme à la mess' d'enfant,
Ne doit pas 'ler en écoutant.
        (Menestreau).

Hélas ! ma fille, cheminez,
En revenant vous le saurez.
        (Dommartin).

A la mess' nous ne serions pas.
        (Villapourçon).

Gardez vos moutons, p'tits bergers,
Gardez-les bien d'aller au blé.
        (Cercy).

Cocher, frappez sur le devant ;
C'est pas permis d'en savoir tant.
        (Colméry).

(3) J' n'en ai jamais vu de si beau.
        (Dommartin).

Hélas ! maman, allez vous-en,
Ayez bien soin d' mon p'tit enfant.
Puisque Renaud est mort ici,
Et moi je veux mourir pour lui.

Tenez, maman, voilà les clés·
De l'or et de l'argent que j'ai ;

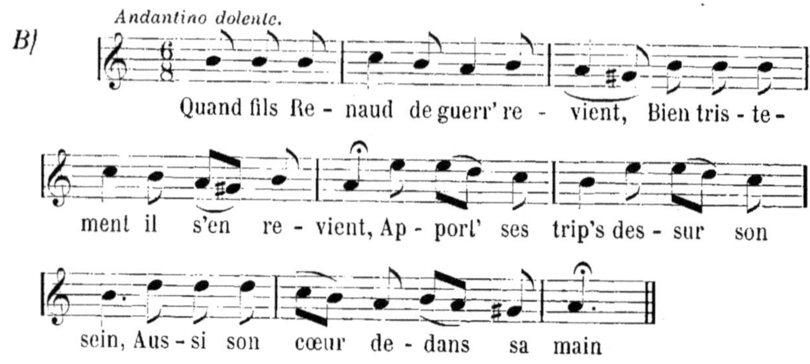

Suite des variantes de la page précédente :

Voilà les clés de mes trésors,
Ayez bien soin d' mon fils Renaud

             (Glux).

Hé ! marguillier, beau marguillier,
Apporte-moi un' pelle, un pic,
Que je déterr' mon bon ami.

             (Pougues).

Voici les clés de mes trésors,
Nourrissez bien mon fils Renaud,
Aujord'hui je m'en vas d'ici,
Je veux parler à mon ami.

             (Colméry).

Terre, ouvre-toi, ciel (e), fends-toi,
A mon Renaud je veux parler,

             (Menestreau).

Que j'aill' rejoindre mon bien-aimé.

             (Colméry, Cercy).

La belle a fait un si grand cri
Que Dieu l'entend du paradis.
Terre fendit, terre s'ouvrit :
Femme Renaud vers son mari.

             (Dommartin).

La bell' parle à son bon ami.

             (Colméry).

Si mon mari est mort ici,
Je veux mourir auprès de lui.

             (Villapourçon).

Ma fill', que ferons-nous d' l'enfant
Qui est si beau et si charmant ?

Voilà mon argent et mon or
Pour fair' nourrir mon fils Renaud.

             (Semelay).

Voilà ma bague, mes joyaux,
Ayez bien soin d' mon fils Renaud.

             (Saint-Gratien).

Ces variantes appartiennent aux versions de :

Marie Dufond, Sermoise, 1868 ; Louise Mangin, Saint-Léger-de-Fougeret, 1858 ; Victorine Morian, Cercy-la-Tour, 1873 ; Philibert Blanchot, Glux, 1860 ; Marile Ranvier, Pougues, 1842 ; Pierrette Brien, veuve Marcoif, Semelay, 1825 ; Dominique Carré, Colméry, 1814 ; Pauline Bordesol, veuve Moreau, Menestreau, 1828 ; Marguerite Xugues, femme Bongars, Dommartin, 1817 ; Claude Barbotte, La Machine, 1826 ; Aignan Picard, Buley, 1826 ; Louise Picard, femme Bourdier, Semelay, 1829 ; Annette Paradis, Saint-Gratien-Savigny, 1818 ; Marie Bouillot, veuve Cochet, Villapourçon, 1830.

Quand fils Renaud de guerr' revient,
Bien tristement il s'en revient,
Apport' ses trip's de sur son sein,
Aussi son cœur dedans sa main.

— Bonjour, ma mèr'. — Bonjour, mon fils,
Ta femme est accouchée d'un fils.
— Oh ! de ma femm' ni de mon fils
Je ne peux pas me réjouir.

Arrangez-moi mon beau lit blanc,
Je vas mourir dans un moment.
Allez tout doux, montez tout bas,
Pour que ma femm' n'entende pas.

Quand il y fut, sur la minuit,
Fils Renaud a rendu l'esprit.
Oh ! les servantes de pleurer,
Et les valets de tant crier !

— Hélas ! ma mèr', qu'est arrivé, (1)
Que nos servant' ont tant pleuré ?
— Dormez, ma fill', ma fill', dormez :
Un plat d'argent qu'ell' ont cassé.

— Le plat d'argent, je n' m'en soucie,
Vu qu' Dieu conserve mon mari.
Quand fils Renaud d'la guerr' viendra,
Un plus beau plat m'achètera.

Hélas ! ma mèr', qu'est arrivé,
Que les valets ont tant crié ?
— Dormez, ma fill', ma fill', dormez :
Not' plus beau ch'val qui s'est noyé.

— Not'plus beau ch'val, j' n' m'en sou-
Vu qu' Dieu conserve mon mari. [cie, (2)
Quand fils Renaud de guerr' viendra,
Un plus beau cheval amènera.

Hélas ! ma mèr', qu'est arrivé,
Que les maçons ont tant cogné ?
— Dormez, ma fill', ma fill', dormez :
Un beau château nous bâtissaient.

— Un beau château, je n' m'en soucie,
Vu qu' Dieu conserve mon mari.
Quand fils Renaud de guerr' viendra,
Plus beau château il trouvera.

Hélas ! ma mèr', qu'est arrivé,
Que les cloches ont tant sonné ?
— Dormez, ma fill', ma fill', dormez :
Le p'tit dauphin qu'on baptisait.

— Le p'tit dauphin, je n' m'en soucie
Vu qu' Dieu conserve mon mari.
Quand fils Renaud de guerr' viendra,
Un plus beau fils ici trouv'ra.

Lequel donc prendr' de mes habits
Pour 'ler à la messe aujord'hui ?
— Prenez le blanc, prenez le gris,
Mais c'est le noir le plus joli.

Quand elle fut emmi les champs
Les p'tits bergers allaient disant :
Aga là-bas, aga là-haut
La femme à défunt fils Renaud !

Variantes :

(1) Dites-moi donc, chère maman,
  Que nos servant' ploront donc tant ?
  — C'est la lessive avont lavée,
  Nos draps de lin ont égaré.

(Dommartin).

Nos plus beaux draps s' sont en allés.
(La Machine).

A la fontaine ell' sont allé's,
Un beau drap l'eau a-t-emmené.

(Asnan).

Les draps de lin avont lavé,
Le plus beau drap s'est enfoncé.

(Saint-Franchy).

C'est le plus beau de nos draps lins,
Dans l'eau a coulé de leurs mains.

(Grenois).

(2) Peut-on pleurer pour des chevaux ?

(Glux).

Pour des chevaux, pour des juments,
Faut-il fair' tant de soupir'ments ?

(Menestreau).

J'ons de l'argent, aussi des louis,
Pour nous ravoir un cheval gris.

(Semelay).

— Hélas ! ma mèr', qu'est arrivé,
Que disent tous ces p'tits bergers ?
— Ma fill', ce n'est que des enfants,
Çà cause comm' des innocents.

Quand ell' fur' en l'église entrées,
L'aspergès on y a présenté :
— Hélas ! ma mère, à qui c' tombeau
Qui est là-haut, qui est si beau ?

— Ma fille, il peut bien être beau,
C'est le tombeau d' mon fils Renaud.
Ma fill', je n' peux plus vous l' cacher,
Vot' mari est là, enterré.

La belle a fait un si grand cri
Que ciel et terr' s'en sont ouvris.
— Voilà ma bague et mes anneaux,
C'est pour nourrir l'enfant Renaud.

(Vincent Valet, Jouet, 1845).

Quand Jean Renaud va-t-à la chasse, (1)
Ses pistolets sont bien bandés,
Ses pistolets sont bien bandés,
Va-t-à la chasse au porc-sanglier.

Quand Jean Renaud fut pour tirer,
Ses pistolets s' sont débandés,
Ses pistolets s' sont débandés,
Les porcs-sangliers l'ont dévoré.

En revenant sur la montagne,
Son petit cœur dedans sa main,
Son petit cœur dedans sa main,
Avec ses trip' dedans son sein.

Sa mèr' le voit venir de loin :
— Voilà mon fils Renaud qui vient.
Renaud, Renaud, Renaud, mon fils, (2)
Ta femme est accouché' d'un fils.

Variantes :

(1) Le beau Renaud va-t-à la chasse,
  Va-t-à la chasse au sanglier,
  'Mais quand il y fut arrivé,
  Le sanglier l'a défoncé.

          (Asnan).

Les sangliers l'ont éventré.

          (Sougy).

(2 Hé ! Jean Renaud, réjouis-toi donc,
  Ta femme est accouchée d'un garçon !

          (Saint-Franchy).

Renaud, Renaud, réjouis-toi,
  Ta femme est accouchée d'un beau roi.

          (Mornay).

— Oh! de ma femm' ni de mon fils (1)
Je n'ai pas le cœur réjoui :
Allez, allez m' faire un blanc lit,
Pour que dedans j'aille mourir.

Quand fut venu onze heur's minuit, (2)
Renaud rend le dernier soupir,
Les servant's s' sont mis's à crier,
Et les valets à soupirer.

— Hélas ! ma mèr', ma bonne mère, (3)
Qu'est c' que j'ai entendu crier?
Qu'est c' que j'ai entendu crier,
Toute la nuit sans décesser?

— Hélas ! ma fill', ma bonne fille,
C'est le plus beau de nos chevaux, (4)
C'est le plus beau de nos chevaux,
Sur le pavé est tombé mort.

— De not' cheval je m'souci' guère, (5)
De not' cheval je m' souci' pas.
Que Jean Renaud ait la santé,
Qu'est à la chasse au porc-sanglier !

Hélas ! ma mèr', ma bonne mère,
Qu'est c' que j'ai entendu cogner, (6)
Qu'est c' que j'ai entendu cogner,
Toute la nuit sans décesser ?

— Hélas ! ma fill', ma bonne fille,
C'est les maçons qu' démolissont,
C'est les maçons qu' démolissont
Le pignon de notre maison.

— De not' pignon je m' souci' guère,
De not' pignon je m' souci' pas.
Que Jean Renaud ait la santé,
Qu'est à la chasse au porc-sanglier !

Variantes :

(1) Oh ! tout homm' qui se voit mourir,
  Il ne peut pas se réjouir.
        (*Montigny-aux-Amognes*).

Détroussez-moi mon beau lit blanc.
        (*Saint-Franchy*).

Que j'aille trépasser dedans.
        (*Grenois*).

Oh ! faites-moi un lit ci-bas,
Qu' ma pauvre femm' n'entende pas.
        (*Sougy*).

(2) Le lit ne fut point préparé
  Que Jean Renaud a trépassé.
        (*Montigny*).

(3) Dites-moi donc, mère, ma grand.

(4) A l'abreuvoir ils sont allés,
  Un cheval blanc ils ont noyé.
        (*Asnan*).

C'est Grivoyau qui s'est noyé.
Toute la nuit on l'a cherché.
        (*Montigny*).

(5) C'est-i pour un cheval noyé.
  Oh ! qu'il faut tant se chagriner?

(6) Qu'est c' que j'entends toquer ici?
        (*Asnan*).

Quoiq' les charrons cognont donc tant ?
C'est nos greniers qu'ils arrangeaient...
        (*Mornay*).

C'est notre grang' qui s'écroulait,
Toute la nuit l'ont relevée.
        (*Montigny*).

Qu' ces charpentiers charpentont tant ?
— Hélas ! ma fill', reposez donc ;
C'est un' bell' chambr' qu'ils nous faisont.
        (*Sougy*).

Les charpentiers qui travaillaient
A notre grang' qu'est aboulée.
        (*Montigny*).

Ma fille, c'est les charpentiers
Qui raccommodent nos greniers.
        (*Grenois*).

Qui raccommod' nos escaliers.
        (*Asnan*).

Hélas ! ma mèr', ma bonne mère,
Qu'est c' que j'ai entendu sonner,
Qu'est c' que j'ai entendu sonner,
Toute la nuit sans décesser ?

— Hélas ! ma fill', ma bonne fille,
C'est qu'on menait la procession, (1)
C'est qu'on menait la procession
Tout autour de notre maison.

— Hélas ! ma mèr', ma bonne mère,
Quand j'irons à la mess' d'enfant? (2)
— Hélas ! ma fille, attends jeudi,
C'est la coutume du pays.

— Hélas ! ma mèr', ma bonne mère,
Lequel habit que je prendrai ?
— Prends l'habit blanc, prends l'habit
Mais c'est le noir le plus joli.   [gris, (3)

Quand ell' sont au milieu des champs,
Les petits pâtr's allaient disant : (4)
C'est la femme à Renaud le grand,
Qu'est enterré dernièrement.

— Hélas ! ma mèr', ma bonne mère,
Qu'est-c' que ces petits pâtr's disont ?
— Allons, marchons bien ranchément (5)
Tu le sauras en revenant.

Quand ell' sont à l'église entrées, (6)
L'asperg'ment on y a présenté :
— Ma fill', je n' peux plus le cacher,
Mon fils Renaud est enterré.

La belle a fait un si grand cri,
La terr' fendit, le ciel s'ouvrit !
— Ma mèr', voici mon argent blanc,
C'est pour él'ver mon bel enfant.

(Marie Lasne, Beaumont-la-Ferrière, 1860).

Variantes :

(1) Mais c'est un princ' qu'est arrivé,
Et c'est pour lui qu'on fait sonner.

(Montigny).

C'est le prince, notre seigneur,
Nous l'allons perdre tout à l'heur'

(Grenois).

C'est la dauphin' qu'est accouchée.
Est accouchée d'un si beau fils.
L'ont baptisé toute la nuit.

(Saint-Bonnot).

(2) Quand j'irai à la mess' de mon fils ?
— Le lundi ou bien le mardi,
Mais au plus tard le mercredi.

(Grenois).

Vas-y l' jeudi, le vendredi,
Mais c'est l' sam'di le plus joli.

(Jouet).

(3) Pas l'habit blanc, pas l'habit bleu,
Le noir sera encor le mieux.

Ma fille, il faut quitter le blanc,
Prendre le noir, c'est pour longtemps.

Que signifie donc cet habit ?
— Ma fille, pour une accouchée,
Faut modestement s'habiller.

(Asnan).

(4) Les p'tits pâtours allaient disant :
C'est la femme du beau Renaud
Qu'on mit hier dans le tombeau.

(5) Touche, cocher, n'arrête pas !
Que l'accouchée n'entende pas.

(Grenois).

Ils dis' : la femme à Jean Renaud
Qui a bien les plus beaux chevaux.

(Montigny-aux-Amognes).

(6) Dedans l'église, en arrivant,
Le flambeau on lui présenta.

(Mornay).

Quat' flambeaux se sont présentés.

A qui cett' grand' foss' que voilà ?
— Je n' peux plus l' cacher aujord'hui,
C'est bien la foss' de ton mari.

(Saint-Bonnot).

Ces variantes sont détachées des versions de :

Marie Blateau, femme Gobillot, Asnan, 1830 ; Marie Guiroux, femme Baudin, Sougy, 1840 ; Jeanne Renaud, veuve Luthereau, Saint-Franchy, 1837 ; Annette Girard, femme Duchézeau, Mornay-sur-Allier, 1855 ; Jeanne Bonnin, veuve Baucher, Montigny-aux-Amognes, 1846 ; Marie Gobillot, femme Mouloise, Grenois, 1852 ; Justine Poirier, femme Berger, Arquian, 1867.

Voici plusieurs autres versions musicales. Les variantes des textes ont été données aux pages précédentes.

D)

Version **D** :

> Quand Jean Renaud va-t-à la chasse, (bis).
> Bien équipé, tout bien armé,
> Va-t-à la chasse au sanglier.

(Jeanne Bonnin, veuve Baucher, Montigny-aux-Amognes, 1846).

Version musicale **D'** :

> Quand (e) Renaud va-t-à la chasse, (bis)
> Il s'en y va joyeusement,
> Il s'en revient bien tristement (bis).

(Pierre Peyronnet, Saint-Bonnot, 1812).

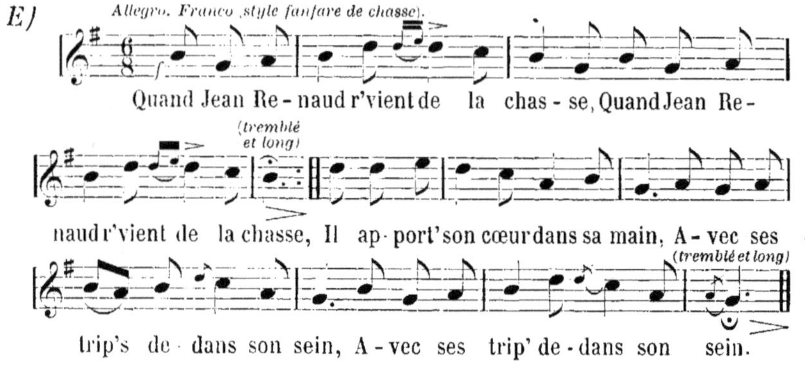

Quand Jean Renaud r'vient de la chasse, (*bis*)
Il apport' son cœur dans sa main,
Avec ses trip's dedans son sein. (*bis*)

(Claude Barbotte, La Machine, 1826).

La Fiancée infidèle

Petit berger, apprends-moi ta chanson, (*bis*)
Que tu disais en gardant tes moutons,
Que tu disais en gardant tes moutons.

— Mon beau monsieur, bientôt vous la saurez : (*bis*)
Dedans Paris, y a t-un' fill' fiancée,
Voilà trois jour's qu'elle est déliv(e)rée.

Oh ! de tout loin la mèr' le voit venir : (*bis*)
— Méchante enfant, malheureus' que tu es,
Voilà ton princ' qui vient pour t'épouser !

— Hélas ! ma mèr', présentez-lui ma sœur. (*bis*)
Al a ma bouch', ma bouche et mes beaux yeux,
Al mi ressembl' de toutes mes couleurs.

Oh ! de tout loin son princ' la voit venir : (*bis*)
— Messieurs, mesdam's, c'est pas çà ma fiancée,
C'est pas cell'-là qu' mon cœur épousera.

Oh ! de tout loin sa mèr' la voit r'venir. (*bis*)
— Méchante enfant, malheureus' que tu es,
Voilà ta sœur qui vient d'êtr' refusée !

— Hélas ! ma mère, aindez-moi mi lever, (*bis*)
Bandez-moi donc les hanch's et les côtés,
Devant mon princ' que j'aill' mi présenter.

Oh ! de tout loin son princ' la voit venir : (*bis*)
— Messieurs, mesdam's, c'est çà ma fiancée,
C'est celle-là qu' mon cœur épousera.

Tout aussitôt l' violon s' prit à jouer, (*bis*)
Tout aussitôt la bell' s' prit à pleurer :
— Qu'avez-vous donc, la bell', que vous pleurez ?

Avez-vous peur d'être mal mariée ? (*bis*)
— Non, j'ai pas peur d'être mal mariée,
Mais j'ai grand peur d'y être refusée.

Tout aussitôt il deveint son épée ;
Sur ses blancs seins le prince y a posée :
Si c'est du sang, mon cœur sera content ;
Si c'est du lait, la bell', je te tuerai !...

— Messieurs, mesdam's, montez tous à cheval, (*bis*)
V'là ma fiancée qui vient de trépasser,
V'là ma fiancée qui vient de trépasser !

(*Marguerite Ferlet, femme Guilletat, Beaumont-la-Ferrière, 1844*).

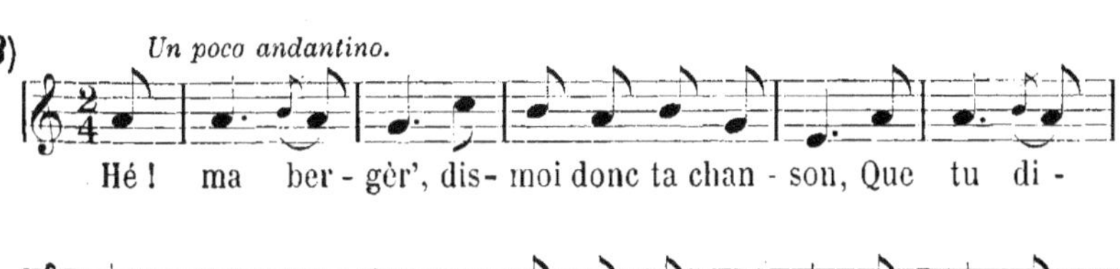

Hé ! ma bergèr', dis-moi donc ta chanson
Que tu disais en gardant tes moutons,
    En gardant tes moutons.

— Oh ! oui, monsieur, je veux bien la chanter ;
Promettez-moi de vous en point fâcher,
    De vous en point fâcher.

— Hé ! ma bergèr', si tu me la dis bien,
Je te promets cent écus pour ton bien.
    Cent écus pour ton bien.

Hé ! ma bergèr', si tu me la dis mal,
Je te promets, mon épée t' servira,
    Mon épée t' servira.

— C'est la princesse de Beau-Séjour
Qu'est accouchée d'un fils voilà trois jours,
    D'un fils voilà trois jours,

Le beau monsieur dans sa poche a tâté,
A la bergèr' cent écus y a donné,
    Cent écus y a donné...

— Hélas ! ma fill', dans l' malheur tu es née,
Voilà ton princ' qui vient pour t'épouser,
    Qui vient pour t'épouser

— Hélas ! maman, donnez-moi mon étui,
Que je mi r' coiffe en coiffure de nuit,
    En coiffure de nuit.

Hélas ! maman, présentez-lui ma sœur,
Qu'ell' mi ressembl' de la bouche et des yeux,
    De mon air gracieux.

Donnez lui donc ma robe de velours
Et, par dessous, mon jupon à grand tour,
    Mon jupon à grand tour. (1)

Donnez-lui donc aussi mes gants d'argent,
Mes gants d'argent les moins indifférents,
    Les moins indifférents.

— Bien le bonjour, mam'zelle aux gants d'argent ;
Ce n'est pas vous qu' m'amène ici présent,
    Qu' m'amène ici présent.

C'est votre sœur, cent fois plus bell' que vous,
Qu'est accouchée d'un fils voilà trois jours,
    D'un fils voilà trois jours.

Mon beau monsieur, passez par l'escalier...
Vers la princess' du droit s'en est allé,
    Du droit s'en est allé.

---

(1) *Var :* Ma ceinture à deux tons.

— Bonjour, mam'zelle avecque vos couleurs,
Et par dessous, vot' plus grande douleur,
   Vot' plus grande douleur.

Allons, ma mie, faites-vous bien coiffer, (1)
Voilà le bal, le bal va commencer,
   Le bal va commencer.

— J'aim'rais bien mieux être en mon lit couchée
Que d'êtr' ce soir au bal pour y danser,
   Au bal pour y danser.

Le beau monsieur tire son épée claire,
Tire son épée clair', dans l' cœur y a planté, (2)
   Dans l' cœur y a planté.

Que l'on m'amèn' tambours et violons !
Ma mie est morte... oh ! j'en sais la raison,
   Oh ! j'en sais la raison !

— Que l'on renvoie tambours et violons !
Ma fille est morte à l'âge de quinze ans,
   A cause d'un amant !

(Catherine Septier, veuve Normand, Menestreau. 1834).

Le Flambeau d'amour

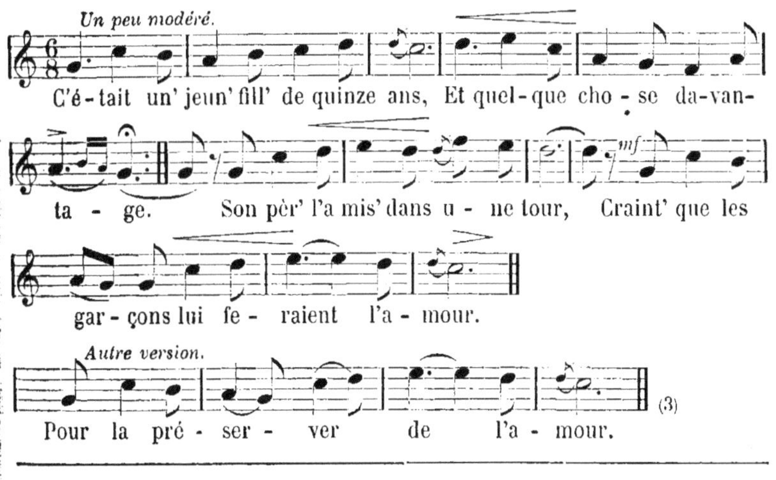

---

(1) *Var :* Descendez l'escalier.   (2) *Var :* La tête y a tranché, au vent y a jeté.

(Pauline Bordesol, veuve Moreau, Menestreau, 1828).

(3) Cette variante du texte (huit pieds au quatrième vers au lieu de dix) et de la musique
est assez fréquente.   8

C'était un' jeun' fill' de quinze ans (1)
Et quelque chose davantage, (2)
Son pèr' l'a mis' dans une tour, (3)
Craint' que les garçons lui feraient l'amour (4)

      } bis.

Son cher amant qui va la voir, (5)
Son blanc visag' couvert de larmes :
— Si je pouvais trouver la tour, (6)
Moi, je t'irais voir, belle, tous les jours.

      } bis.

— Cher amant, si tu veux venir, (7)
Je mettrai flambeau pour enseigne :
A chaque fois qu'il flambera, (8)
Tu ne craindras point de te trouver là.

      } bis.

Variantes :

(1) Qui veut savoir une chanson ?
C'est d'un' jeun' fill' bien amoureuse.
(Planchez).

C'est un' jeun' fill' de dix huit ans.
(Dun-sur-Grandry).

(2) Oh ! nuit et jour l'amour la tente.
(Prémery).

Que tout le jour son cœur soupire.
(Saint-Aubin).

Grand Dieu ! qu'elle était amoureuse !
(Beaumont-la-Ferrière).

On dit qu'elle a des avantages.
(Asnan).

Qui avait bien des avantages.
(Saint-Franchy).

Encor quelques mois davantage.
(Glux).

(3) Elle était bell' comme le jour,
Le fils du roi lui faisait l'amour.
(Saint-Malo).

Un jour son pèr' s'est aperçu
Que sa fille était amoureuse ;
Il la fit conduire à la tour
Pour que personn' lui fass' l'amour.
(Saint-Malo).

A la tour il l'a t-emmenée
Craint' que les amants aillent lui parler.
(Poiseux).

(4) C'est pour l'objet de son amour
(Saint-André).

Pour la préserver de l'amour.
(Chaulgnes).

Pour la séparer d' ses amours.
(Prémery).

Pour la priver de ses amours.
(Saint-Franchy).

Pour lui fair' perdre ses amours.
(La Celle).

(5) Son cher amant qui la suivait,
De pas à pas, fondant en larmes.
(Glux).

(6) Ma mie, enseigne-moi la tour.
(Chasnay).

Si vous voulez m'ouvrir la tour.
(Béard).

Belle, promets-moi d' m'ouvrir la tour.
(Saint-Franchy).

(7) Venez ce soir, mon bel ami,
Venez ce soir, à ma chandelle :
Quatre flambeaux j'allumerai,
(Glux).

Prenez bien gard' de vous tromper.
(Planchez).

A ma fenêtr' j'allumerai
Un beau flambeau d'amour sincère :
Aussitôt que vous le verrez,
Prenez bien gard' de vous tromper.
(Montsauche).

(8) Tant que le flambeau durera,
Jamais l'amour ne finira.
(Chaulgnes, Dun).

A chaque fois qu'il flambera,
Je vous prie de vous trouver là.
(Béard).

Quand le flambeau s'ra allumé,
Tu ne craindras pas de t'en approcher.
(La Celle).

Quand le flambeau s'ra allumé
Tu n'auras craint' de te tromper.
(Saint-Aubin).

Entre onze heur' et la minuit (1)   } bis.
Le beau flambeau d'amour s'allume.
L' galant march' jusqu'au point du jour,
Il est tombé mort au pied de la tour.

Quand ça vint sur le matin-jour, (2)   } bis.
La bell' jette la vue par terre,
Jette la vue du haut en bas,
Voit son cher amant qu'il est au trépas.

Hélas ! ô mort, cruelle mort (3)   } bis.
Que tu me causes donc de peines !
S'il fallait répandre mon sang (4)
Pour rach'ter la vie de mon cher amant.

Avec la pointe de mes ciseaux,   } bis.
Je m'en percerais une veine,
Avec la pointe de mes ciseaux,
Je m'en donnerais dans tous mes vaisseaux. (5)

Variantes :

(1) Quand s'en y vint sur la minuit,
Le beau flambeau d'amour s'allume.
Le beau galant a trop r'tardé,
Il n'a plus trouvé le flambeau allumé.
(*Dun*).

Quatre flambeaux d'amour s'allument.
La bell' regard' du haut en bas
Si son amant n'arrive pas.
(*Planchez*).

(2) Ce ne fut pas le matin-jour,
La bell' regard' par la fenêtre,
Regarde en haut, regarde en bas,
Voit son amant qu'est au trépas.
(*Chasnay*).

La bell' jette sa vue partout.
(*Saint-Franchy*).

La bell' regarde au point du jour;
Voit son amant mort au pied de la tour.
(*Béard*).

— Mon bel ami s'est embarqué
Sur le bateau, desur la mer (e) ;
S'est embarqué dans le bateau,
Il est allé au fond de l'eau.
(*Planchez*).

(3) O mort, ô mort, cruelle mort,
Que tu me causes de la peine !

Oh ! que de peine et de tourment
D'avoir perdu mon fidèle amant !
(*Planchez*).

Tu m'arraches les bras du corps
En conduisant mon amant au tombeau.
(*Chasnay*).

(4) Si j'avais donc des fins ciseaux,
J'en percerais un' de mes veines,
Oui, je ferais couler mon sang,
Pour réchapper mon fidèle amant.
(*Dun*).

Qu'on m'apporte des ciseaux fins,
Que l'on me saigne aux quatre veines.
(*Saint-Malo*).

S'il ne fallait que de mon sang,
Je percerais un' de mes veines ;
Oui, je répandrais tout mon sang
Pour rach'ter la vie à mon fidèle amant.
(*Planchez*).

(5) J'en ouvrirais tous mes vaisseaux.
(*Talon*).

J'en ferais couler de tous mes vaisseaux.
(*Chaulgnes*).

Si j'étais fille en liberté, (4)
Je m'en irais dans le désert.   } *bis.*
Je prierais Dieu pour mon amant,
Mais non, mais non, pour mes maudits parents !

(Anne Boisot, veuve Bernard, Varennes-les-Nevers, 1810).

Variantes :

(5) Si j'étais fille à m'en aller,
Je m'en irais dans le bocage,
Je m'en irais dans un couvent
Y prier Dieu pour mon cher amant.
(Chaulgnes).

Je m'en irais au vert bocage,
Je prierais Dieu pour mes parents.
Aussi pour mon fidèle amant.
(Talon).

Je prierais Dieu pour ces amants
Qui ont fait l'amour, ont perdu leur temps.
(Saint-Franchy).

Oh ! si j'avais des plumeaux fins,
Tout comme en ont les torterelles,
Je m'en irais parmi ces champs.
(Béard).

Je m'en irais le long des bois,
Je ferais comm' la tourterelle ;
Je m'en irais toujours pleurant,
Toujours pleurant mon fidèle amant.
(Planchez).

Je suis comme la tourterelle
Quand elle a perdu son ami,
De branch' en branch' ell' va mourir.
(Montsauche).

Mais si je meurs dedans le bois,
Qu'on m' fass' bâtir une chapelle.
Tous ceux qui pass'ront alentour,
Prieront Dieu pour venger nos amours.
(Glux).

Le détail des « quatre flambeaux » (évidente altération), au lieu du flambeau unique, semble spécial aux versions du Morvan.

Ces variantes sont de :

Marie Jardé, veuve Girard, Dun-sur-Grandry, 1819 ; Pierrette Coquillon, femme Guillaume, Planchez, 1809 ; Marie Moreau, femme Balet, Prémery, 1817; Gabrielle Massé, veuve Larache, Saint-Aubin-les-Forges, 1816 ; Annette Thomas, femme Renaud, Beaumont-la-Ferrière, 1836 ; Françoise Blateau, femme Gaulon, Asnan, 1806 ; Jeanne Roland, Saint-Franchy, 1868 ; Pierre Martin, Glux, 1856 ; Louise Malleville, veuve Martin, Saint-Malo, 1817 ; veuve Poidevin, dite Printemps, Poiseux, 181. ; Jeanne Dariot, veuve Robin, Saint-André, 1818 ; Marie Seguin, femme Morisot, Chaulgnes, 1870 ; Françoise Bourgaud, femme Duplessis, La Celle-sur-Nièvre, 1847 ; René Martin, Chasnay, 1803 ; ..... Duprilot, Béard, 182. ; Claudine Bizot, femme Bourgeois, Montsauche, 1853 ; ..... Grisard, Saint-Aubin, 1860 ; Simon Jullien, Talon, 1816.

L'Hôtesse de Paris

Dedans Paris y a t-une hôtess',
Qui est plus belle que le jour.
Dedans Paris y a-t-une hôtess',
Le roi de France y fait l'amour.

— Hé ! bien l'bonjour, madam' l'hôtesse,
Oh! pour qui donc c' bon diner-là ?
— C'est pour l' plus beau monsieur de la ville,
Pour vous, monsieur, si vous l' voulez.

— Mais dit's-moi donc, la belle hôtesse,
Combien qu'il va donc me coûter ?
— Il vous coût'ra cent sous la pièce,
J'en rabattrai pas un denier.

Ça serait-il pour le roi de France,   } bis
J'en rabattrais pas un denier.

— Mais dit's-moi donc, madame l'hôtesse,
Qu'ist c'que vous v'lez li demander ?
— Je voudrais tenir sa couronne
Et que le roi se fût noyé.

Le roi de Franc' sonn' de sa trompe,
Tous ses soldats se sont rangés :
— Oh ! prenez-moi la belle hôtesse,
Fendez-la donc en quatr' quartiers.

Aux quatre coins, oui, de la ville,   } bis
Je veux qu'il en soit un quartier.

— Adieu, mon père, adieu, ma mère ;
Adieu, mes trois petits enfants !
Si j'ai voulu fair' ma glorieuse,
J'en passerai mal (e) mon temps.

Très rare.   (Edme Perrin, dit Domino. Brinon. 1803).

La Marquise empoisonnée

La Marquise empoisonnée

> Le roi, en entrant dans Paris, (*bis*)
>   A salué ces dames.
> La premièr' qu'il a saluée
>   Lui a ravi son âme. (1)
>
> Le roi appelle ses valets : (*bis*)
>   A qui la belle dame ?
> Le beau marquis qu' n'était pas loin,
>   Lui dit : Sir', c'est ma femme.
>
> — Marquis, t'es plus heureux que moi, (*bis*)
>   T'as une joli' femme ;
> Mon beau marquis, si tu voulais,
>   J' l'emmèn'rais dans ma chambre. (2)
>
> — Sir', si vous n'étiez pas mon roi, (*bis*)
>   J'en aurais la vengeance.
> Oui, si vous n'étiez pas mon roi,
>   J'en ferais la défense. (3)
>
> Le roi l'a prise par la main, (*bis*)
>   L'a menée dans sa chambre.
> Quand (*e*) la belle fut dedans,
>   Elle fondait en larmes.

Variantes :

(1) Réjoui son âme.

(2) Voudrais-tu bien me la donner
  Pour en fair' ma compagne ?
    (*Marie Mathias, femme Peyronnet,*
      Poiseux, 1850).

Oh ! beau marquis, si tu voulais.
J' couch'rais avec la dame.
(*Eugénie Carrué, Colméry, 1872*).

(3) Sir', je n' peux rien vous refuser :
  Prenez ma joli' femme.
Dieu me l'avait pourtant donnée
  Pour être ma compagne.
      (*Marie Mathias*).

— Belle marquis', pleure point tant, (*bis*)
  Je te ferai princesse !
De tout mon or et mon argent,
  Tu seras la maîtresse.

— Je n' me souci' de votre argent, (*bis*)
  Votre or, je n' m'en soucie !
J'aimerais mieux mon beau marquis
  Que tout' vos fleurs de lys (*e*). (1)

La rein' li fit faire un bouquet, (*bis*)
  Un bouquet d' fleurs jolies ;
Mais la senteur de ce bouquet
  Fit mourir la marquise.

Le roi li fit faire un tombeau, (*bis*)
  Tombeau de pierr' de marbre ;
Quand (*e*) la belle a fut dedans,
  Marquis fondait en larmes. (2)

(Eugénie Daugy, veuve Daudet, Raveau, 181.).

B)

Variantes :

(1) Que d'être une princesse.

(2) Le beau marquis, assis dessus,
  Il (*e*) fondait en larmes.

(Marie Mathias).

Quand le roi monte à son palais *(bis)*
  Pour saluer ces dames,
    Lonla,
  Pour saluer ces dames,

La premièr' qu'il a salué' *(bis)*
  Lui a ravi son âme,
    Lonla,
  Lui a ravi son âme.

— Qui donc la dame que voilà ? *(bis)*
  La dame si jolie, etc.

— Et le marquis qui l'entendait, *(bis)*
  Il lui dit : c'est ma femme, etc.

— Marquis, t'es plus heureux que moi, *(bis)*
  Ta femme est la plus belle, etc.

Si tu voulais, je la prendrais, *(bis)*
  L'emmèn'rais dans ma chambre, etc.

— Sir', si vous n'étiez pas mon roi, *(bis)*
  J'en aurais la vengeance, etc.

Le roi l'a prise par la main, *(bis)*
  L'emmène dans sa chambre, etc.

La reine a fait faire un bouquet *(bis)*
  De toutes fleurs jolies, etc.

Oh ! la senteur qui est dedans *(bis)*
  Fit mourir la marquise,
    Lonla,
  Fit mourir la marquise.

(Femme Tisse, Nolay, 1798).

La Mort du Colonel ou du Porte-Enseigne

A)

Voici le joli mois d'avril, (1)
Que nos conscrits vont tous partir,   } bis.
Vont tous partir pour l'Angleterre
Servir le roi, soldats de guerre.   } bis.

Aussitôt qu'ils sont arrivés, (2)
Les voilà tous pris à tirer ;   } bis.
Ont bien tiré six heur' entières
Sans savoir quel mal pouvaient faire.   } bis.

Le capitain' vient à passer :
— Soldats, y en a-t-il de blessés ? (3) } bis.
— Oh ! n'y a rien qu' not' coronel (e) (4)
Qui a reçu le coup mortel (e).   } bis.

— Hé ! coronel, hé ! mon ami, (5)
N'as-tu pas regret de mourir ?   } bis.
— Tout le regret que j'ai au monde,
C'est de mourir sans voir ma blonde.   } bis.

Variantes :

(1) C'est aujord'hui l' premier d'avril.
—   —   le 2 avril.
—   —   le 5 avril.
—   —   le 6 avril.
—   —   le 15 avril.

C'était pour un 18 d'avril,
Chers camarad', il faut partir.
Il faut aller sur la frontière
Pour soulager nos autres frères.

(*Treigny*).

Soldats de guerr', nous faut partir,
Nous faut partir pour l'Angleterre.
Sans dire adieu à nos maîtresses.

(*Saint-Père-sous-Vézelay*).

Nous faut partir, soldats de guerre,
C'est pour aller sur les frontières.

(*Gien-sur-Cure*).

Pour aller joindr' nos autres frères.

(*Luthenay*).

Partir, carabiniers de guerre.

(*Saint-Léger-de-Fougeret*).

Adieu donc, nos conscrits de guerre.

(*La Machine*).

(2) En Angleterr' point arrivés,
Si sont tous mis à tirailler,
Ont bien battu six heur' entières,
Sans aucun mal se pouvoir faire.

Trois jours, trois nuits sans mal se faire.

(*La Machine*).

Sans avoir un' blessur' de faite.

(*Saint-Père*)

Ils avont mis tout en poussière.

(3) Y en a-t-il d' morts ou de blessés ?

(*Saint-Sulpice*).

(4) Oh ! non, oh ! non, mon capitaine,
Il n'y a rien que l' porte-enseigne.

(*Treigny, Saint-Léger-de-Fougeret*).

(5) . . . . . mon bel ami
As tu bien regret de mourir ?

(*Montambert*).

Le capitain' qui le vient voir :
— Courage, ô mon ami, courage !

— Oh ! le courag' me manque pas :
Tout le regret que j'ai...

(*Saizy*).

— Hé ! coronel, hé ! mon ami, (1)   } bis.
Ta blond' je vons l'envoyer qu'rir
Par quatre z-officiers deguerre   } bis.
Qui l'amèn'ront en Angleterre.

Et de tout loin qu'elle venait (2)   } bis.
Son petit cœur en soupirait.
— Ne pleure donc point tant, ma blonde, } bis.
— Ah ! ta blessure est trop profonde !

J'engagerais mon blanc jupon, (3)   } bis.
Mon anneau d'or, mon ceinturon,
Et les rubans de ma coiffure,   } bis.
Galant, pour guérir ta blessure.

Variantes :

(1) Ta blond', nous la ferons venir.

Ta blond', nous l'enverrons chercher
Par quatre de nos officiers.
Ils se sont embarqués sur l'onde,
Avont trouvé la joli' blonde.
       (Saint-Père).

Si l'on savait de la trouver,
Ta blonde, on l'enverrait chercher
Par quat' jeun' officiers de guerre,
Traverseraient la mer entière.
       (Montsauche).

Par quatre jeun' soldats de guerre...
       (Saincaize).

Par quatre de nos volontaires.
       (Saizy.)

Par trois de nos jeun' militaires
Qui passeront bien la rivière.
       (Treigny).

Passant la guerre et les armées
Pour aller qu'rir ta bien-aimée.
       (Saizy).

Traverseront la mer jolie
Pour aller te chercher ta mie.

— Oh ! Marguerite, il faut venir,
Votre amant nous envoie vous qu'rir.
— Adieu donc, les plaisirs de Nantes,
Puisque mon amant me demande.
       (Saint-Père).

(2) Oh ! de tout loin la voit venir.
De pleurer ne peut se tenir.
— Ne pleure point, ma mie, ma blonde,
Car ma blessur' n'est point profonde.
       (Treigny)

Mais de tout loin qu'il la voyait,
Son petit cœur en gémissait.

Mais de tout loin la voit venir,
Son petit cœur s'est attendri.
       (Montsauche).

El' si chagrine, el' si tormente
De voir sa blessure aussi grande.
       (Saizy).

(3) J'engagerais mon cotillon.
       (Treigny).

J'engagerais mon jupon blanc,
Aussi mon or, mon diamant,
Ma ceinture, aussi ma coiffure.
       (Montambert).

— N'engage pas ton blanc jupon, (1)   } *bis.*
Ton anneau d'or, ton ceinturon,

Car ma blessure est trop profonde ;   } *bis.*
Moi, je m'en vas dans l'autre monde.

Le couplet final suivant est ajouté dans trois versions chantées par :

Jeanne Fournet, femme Béni, Montambert, 1830 ; Claudine Bizot, femme Bourgeois, Montsauche, 1853 ; Thérèse Villeneuve, femme Guéret, Luthenay, 1843.

Reviens demain, sur les midi,   } *bis.*
Tu m' trouv' ras mort, enseveli,

Tu me verras porter en terre   } *bis.*
Par quatre z-officiers de guerre.

Autre version musicale, de *Jeanne Petilliot, veuve Fouin, Saint-Père-sous-Vézelay, 1815.*

Autre version (pour le début) de *Marie Sadet, femme Baudet, Sermoise, 1850.*

La suite, version A.

(1) *Var :* N'engage rien pour moi, ma mie,   Oh ! non, pour moi n'engage rien,
N'engage rien pour me guérir.   N'engage rien de ton butin.

(Saint-Père).   (Bulcy).

Ces variantes sont de :

Joséphine Petit, femme Boulmier, Treigny, 1845 ; Jeanne Pétilliot, veuve Fouin, Saint-Père-sous-Vézelay, 1815 ; Jeanne Guencau, femme Guillaume, Gien-sur-Cure, 1822 ; Thérèse Villeneuve, femme Guéret, Luthenay, 1843 ; Louis Mangin, Saint-Léger-de-Fougeret, 1858 ; Laurent Dubois, La Machine, 1831 ; femme Charlet, Saint-Sulpice, 181. ; Jeanne Fournet, femme Béni, Montambert, 1830 ; Auguste Guencau, Saizy, 1800 ; Louise Pernay, femme Collas, Montsauche, 1853 ; Henri Balleret, Saincaize, 1854 ; Charles Gagnepain, Bulcy, 1829.

La mal Mariée vengée

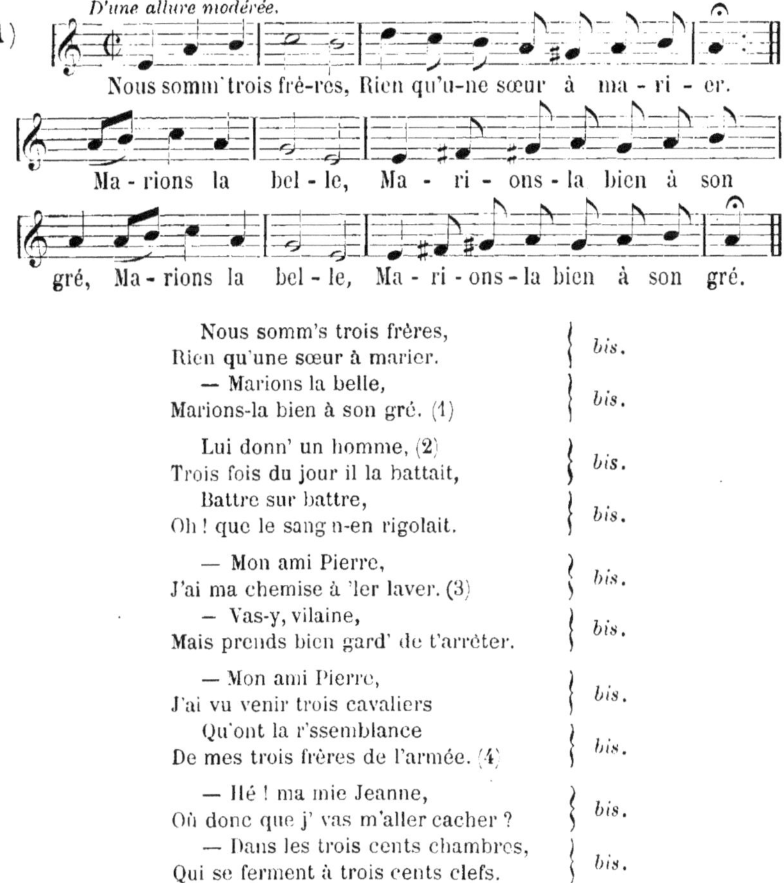

Nous somm's trois frères,
Rien qu'une sœur à marier. } bis.
— Marions la belle,
Marions-la bien à son gré. (1) } bis.

Lui donn' un homme, (2)
Trois fois du jour il la battait, } bis.
Battre sur battre,
Oh ! que le sang n-en rigolait. } bis.

— Mon ami Pierre,
J'ai ma chemise à 'ler laver. (3) } bis.
— Vas-y, vilaine,
Mais prends bien gard' de t'arrêter. } bis.

— Mon ami Pierre,
J'ai vu venir trois cavaliers } bis.
Qu'ont la r'ssemblance
De mes trois frères de l'armée. (4) } bis.

— Hé ! ma mie Jeanne,
Où donc que j' vas m'aller cacher ? } bis.
— Dans les trois cents chambres,
Qui se ferment à trois cents clefs. } bis.

— Bonjour, servante,
Où donc la dame du château ? (5) } bis.
— J' suis pas servante,
C'est moi la dame du château. } bis.

Variantes :

(1) Marie-toi, belle,
Mais prends gard' de l' mal marier,
(Prémery).

Marie-toi quand tu trouverés.
(Dompierre sur-Nièvre).

(2) A pris un homme.
(Prémery).

(3) Voulez-vous bien que j'aill' laver ?
(Prémery).

(4) Je vois trois cavaliers venir
A la r'semblance
De mes trois frères de Paris.
(Dompierre-sur-Nièvre).

(5) J' suis la servante,
Aussi la dame du château.
(Prémery).

— Hé ! ma sœur Jeanne,
Où donc tes cott' et cotillons,   } bis.
    Ta bell' ceinture (1)
Bordée en or et en argent ?   } bis.

— O mes chers frères,
J' n'ai plus ni cott' ni cotillons,   } bis.
    Ni bell' ceinture
Bordée en or et en argent.   } bis.

— Hé ! ma sœur Jeanne,
Qu'est donc devenu' ta beauté ?   } bis.
    — Le vilain homme
A tout brisé, a tout pilé.   } bis.

— Hé ! ma sœur Jeanne,
Dis-nous là-voù qu'est ton mari.   } bis.
    — Il est en guerre, (2)
Oh ! qu'il puiss' n'en pas revenir !   } bis.

— Hé ! ma sœur Jeanne,
Nous voulons 'ler nous promener   } bis.
    Dans les trois cents chambres
Qui se ferment à trois cents clefs.   } bis.

    Dans la première
Les trois frères n'ont rien trouvé.   } bis.
    Dans la seconde
Ils ont entendu soupirer   } bis.

    Tir' leur épée,
Et coup sur coup lui ont donné.   } bis.
    — Frappez, mes frères,
Tant que vous le verrez bouger !   } bis.

(Jeanne Goux, veuve Brunet, Nolay, 1803).

— Hé ! ma sœur Jeanne,
Là-voù donc qu'il faut le jeter ?   } bis.
    — Par la fenêtre,
Il tombera dans le fossé.   } bis.

Couplet final ajouté par Elisabeth Duvaux, femme Bureau, Dompierre-sur-Nièvre, 1862.

Variantes :

(1) Ta ceinturette.

(2) Tous trois ensemble
    Nous somm' venus pour le punir.

— O mes chers frères,
Il est monté pour se cacher
Dans les trois cents chambres
Qui se ferment à trois cents clefs.

(Prémery).

Ces variantes sont de :

Marie Moreau, femme Balet, Prémery, 1817 ; et Elisabeth Duvaux, femme Bureau, Dompierre-sur-Nièvre, 1862.

Voici, sur les mêmes paroles, deux autres versions musicales :

B)

(Elisabeth Duvaux, femme Bureau, Dompierre-sur-Nièvre, 1862).

C)

(1)

(Marie Moreau, femme Balet, Prémery, 1811).

(1) Cette version n'est qu'une altération de la précédente.

L'Amant noyé en plongeant

Dans l' château d'chez mon père (1)
Y a-t-un colombier,
Y a des tourterelles
Et des pigeons ramiers.
T'endors-tu là, lanladera,
T'endors-tu là, mon berger ?

Les un' demand' à boire,
Et les autr' à manger.
Et le rossignol chante,
Tout au plus haut perché.
T'endors-tu, etc.

Chante, rossignol, chante,
Et moi je vais pleurer.
Qu'avez-vous donc, la belle,
La belle, à tant pleurer ?
      Etc.

— Mon anneau dans la mer (e),
Je n' peux point le r'tirer.
— Que donn'rez-vous, la belle,
Je vous le r'tirerai ? (2)

— J'ai cent écus en bourse, (3)
Je vous les donnerai...
Au premier coup de plonge,
L'amant n'a rien trouvé. (4)

Au deuxième coup de plonge,
L'anneau a ferliné. (5)
Au troisièm' coup de plonge,
L'amant il s'est noyé. (6)

        (Françoise Gillot, femme Menot, Montsauche, 181.).

Variantes :

(1) Derrièr' vez chez mon père,
   Y a-t-un oranger.
        (. . . . .).

Dans l' jardin de mon père...
     (Murlin).

(2) J'irai vous le chercher.
     (Moussy).

Je vais vous le plonger.
     (La Machine).

(3) J' n'en demand' pas tant, la belle,
   Je n' veux qu'un doux baiser.

(4) Le sable a ramené.
     (Dompierre-sur-Nièvre).

(5) L'anneau a voltigé.

(6) Le galant s'est noyé.
     (Murlin).

Faut-il pour une blonde
Qu'un amant soit noyé !
     (Nolay).

Derrière chez mon père
Y a-t-un coulombier.
Y a trois torterelles (1)
Qui demand' à manger.
T'endors-tu là,
    Lonladera,
T'endors-tu là, mon berger ?

Un' qui mange du seigle, (2)
L'autre du blé trié ;
L'autr' qui demande à boire
Dans un bassin doré.
T'endors-tu là, etc.

La bell' s'en va seulette,
S'en va se promener.
Puisant l'eau dans la mer, (e)
Son anneau y est tombé.

Tout aussitôt la belle,
Ell' s'est prise à pleurer.
— Pleurez point tant, la belle,
Je vais le retrouver.

Le galant se débille, (3)
Dans la mer a plongé.
Le premier coup qu'il plonge,
L' galant n'a rien trouvé.

Le deuxièm' coup qu'il plonge,
L'anneau a verdiné.
Le troisièm' coup qu'il plonge,
Le galant y est resté.

(Jean Saujot, Donzy, 1799).

Variantes :

(1) Trois jolies tourterelles
    Ell' venaient y chanter.

(2) Un' qui demand' de l'orge.

(3) Son amant qu'est si sage,
    Dans l'eau il s'est jeté.

        (Beaumont-la-Ferrière).

9

Par un beau clair de lune,
  O joli cœur de rose,
En m'allant promener,   } *bis.*
  Joli cœur de rosier.

Dans mon chemin rencontre,
  O joli, etc.
Un' jeun' fill' qui pleurait,
  Joli cœur, etc.

— Qu'avez-vous donc, la belle,
La belle, à tant pleurer ?

— Je pleur' mon anneau d'or,
Dans la mer est tombé.

— Pleurez point tant, la belle,
Je vous le r'tirerai.

Au premier coup qu'il plonge (1),
L' galant n'a rien trouvé.

Au deuxièm' coup qu'il plonge,
L'anneau a derliné.

Au troisièm' coup qu'il plonge,
Le galant s'est noyé.

Sa mère à la fenêtre, (2)
Ell' se met à pleurer.

— Pour l'amour d'une fille,
Voilà mon fils noyé.

— Pleurez pas tant, sa mère,
Nous l' ferons enterrer.

Nous l' f'rons porter en terre
Par quat' pigeons ramiers.

Aux quat' coins de la fosse,
Un flambeau d'allumé.

Par le mitan d' la fosse,
Un romarin planté.

Sur la plus haute branche,
Le rossignol chantait,

Disait dans son langage :
C'est qu'il a trop aimé !

(Jacques Carroué, Murlin, ...).

Variantes :

(1) Au premier coup de nage.
  (Asnan).

(2) Son pèr' qu'est en fenêtre :
  — Mon garçon s'est noyé !

  — Ne pleurez point, le père,
  Nous le ferons enterrer.

Aux quat' coins de sa fosse,
Les lauriers s'ront plantés.

Par le milieu d' la fosse,
Le coq y chantera.
  (Moussy).

Ces variantes proviennent de :

Dournot, ... 18.. ; Paul Thevenet, La Machine, 1820 ; Jacques Magnand, Murlin, 1812 ; Pierre Hisquin, Dompierre-sur-Nièvre, 1831 ; Jeanne Goux, veuve Brunet, Nolay, 1803 ; Marguerite Ferlet, femme Guillelat, Beaumont-la-Ferrière, 1844 ; Françoise Blateau, femme Gaulon, Asnan, 1806 ; Edmée Lévesque, femme Laville, Moussy, 183..

Voici d'autres versions dont le texte ne diffère que par les quelques variantes précédemment indiquées.

D)

> Un jour l'envie m'a pris,
> *O joli cœur de rose,*
> D'aller me promener,
> *Joli cœur de rosier.*

(Charles Gagnepain, Buley, 1829).

E)
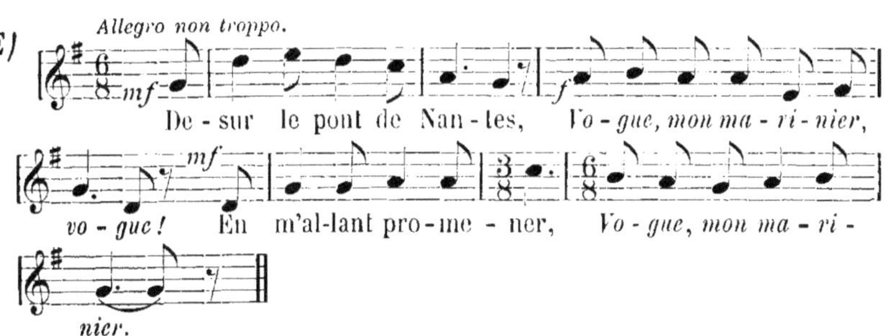

<table>
<tr><td>

Dessur le pont de Nantes, (2)
Vogue, mon marinier, vogue !
En m'allant promener,
Vogue, mon marinier.

</td><td>

J'ai rencontré-t-un' belle,
Vogue, etc.
Qu'est parfaite à mon gré,
Vogue, etc.

</td></tr>
</table>

> Alle m'a-t-aperçu,
> All' s'est prie à pleurer.
> Etc.

(Marie Vailleu, femme Mercier, Dompierre-sur-Nièvre, 1854).

---

(1) Version de la page précédente, avec altérations.

Variantes :

(2) Là-bas, sur la grand' route.
    (Dompierre-sur-Nièvre).

C'était la belle Françoise,
Vogue, mon marinier, vogue.
La fill' d'un cordonnier,
Vogue, mon marinier.

Al se peigne, al se frise,
Vogue, mon marinier, vogue,
Sur le bord d'un rocher,
Vogue, mon marinier.
    (Nolay).

F)

Desur le pont de Nantes,
Vogue, mon marinier, vogue,
Desur le pont d'été,
Vogue, mon marinier,
J'ai rencontré ma blonde,
Vogue, mon marinier, vogue,
Ell' s'est mise à pleurer,
Vogue, mon marinier, etc.

(Edmée Levesque, femme Laville, Moussy, 1846).

G)

Pendant que le four chauffe,
Héla ! Héla !
Pendant que le four chauffe,
Je vas mi promener.
Oh ! le beau boulanger !

Dans son chemin, rencontre,
Héla ! etc.
Dans son chemin rencontre,
Une fille à son gré.
Oh ! le beau, etc.

La prend par sa main blanche,
L'emmène promener.

Tout en passant la mer (e),
Son anneau y est tombé.

Le galant si débille,
Dans la mer s'est plongé.
Etc.

(Françoise Blateau, femme Gaulon, Germenay, 1806).

Renaud le Tueur de Femmes

A)

Renaud voulant si marier
Danvec la fill' d'un chevalier,
La veill' de ses noc's arrivé',
Cent lieu's de loin l'a t'emmené'.

La bell' fut pas milieu du bois,
Elle li dit : Renaud, j'ai soif.
— Beuvez, la bell', votre clair sang,
Jamais vous ni boirez d' vin blanc.

La bell' fut pas trois quarts du ch'min,
Elle li dit : Renaud, j'ai faim.
— Mangez, la bell', mangez vos mains,
Jamais vous n'y mang'rez de pain.

La bell' fut pas à l'arrivé',
La voù qu' sont ceux dames neyé's :
— Et c'est vous, madam' la princess',
La quatorzième vous serez.

Allons, la bell', préparez-vous,
Je vous l'ai dit, débillez-vous,
Posez vot' chemise de lin (1)
Qu'est aussi blanch' que le satin.

— C'est pas la plac' d'un chevalier (2)
De voir les dam's se débiller ;
Mais c'est la plac' d'un chevalier
D'y avoir les deux yeux bandés.

Quand (e) Renaud a vu cela,
Prit son mouchoir, ses yeux banda.
La bell' s'approch' pour l'embrasser,
Dans la rivière ell' l'a jeté.

Renaud creyant d' si rattraper
Après un' branche de laurier,
La bell' tira sa claire épée,
La branch' de laurier l'a tranchée.

— La bell', donnez-moi votre main,
Je vous épouserai demain.
— Pêche, Renaud, pêche z-à fond, (3)
Les dam's que t'as neyées y sont.

— Hélas ! la bell', qui t'emmen'ra ?
— Vraiment, Renaud, ce n' s'ra pas toi ;
Ca sera mon p'tit cheval grison
Qui va plus vit' que l' postillon. (4)

— Que diront donc tous tes parents
De t' voir venir sans ton amant ?
— Je leur dirai qu' j'ai fait de toi
Ce que ti creyais fair' de moi.

(Françoise Gillot, femme Menot, Montsauche, 181.).

Variantes :

(1) Posez vot' chemis' de fil lin.

(2) C'est pas l'état.

(3) Plonge, Renaud...

(4) Ça sera ton p'tit...
    Qui marche comm' le postillon.

E. Martin, Glux, 1856).

Autre version musicale de E. Martin (Glux, 1856) sur les mêmes paroles :

> Par un beau jour l'envie m'a pris
>   D' faire mourir ma maitresse.   } *bis.*
> De grand matin me suis levé,
>   Vers chez son pèr' m'en suis allé.

> — Allons, ma mie, nous promener (1)
>   Dans la prairie de Nantes.   } *bis.*
> Allons-y donc nous promener,
>   En attendant le déjeuner.

Variantes :

(1) Veux-tu venir, belle Jeanneton,
   Là-bas dans la prairie ?

      (Prémery).

Au long de la rivière.

      (Nolay).

Au bord d'la mer coulant'.

      (Martin).

Ell' ne fut point au bord de l'eau,   } *bis.*
    La bell' demande à boire.
— Tu boiras plus d' goutt' de ton sang (1)
    Que tu n' boiras d' goutt' de vin blanc.

— Hé ! mon amant, mon tendre amant, (2) } *bis.*
    Déchauss'-moi, je t'en prie.
Au premier pied qu' fut déchaussé,
    Dedans la mer l'a renversé.

Mais le galant n' fut pas dedans (3)   } *bis.*
    Qu'il attrape une branche.
La bell' deveint son blanc couteau,
    Coupe la branche au bord de l'eau.

— Que diront donc tous mes parents,   } *bis.*
    De t' voir rev'nir seulette ?
— Je leur dirai nous somm' baignés, (4)
    Dedans la mer tu as foncé.

Variantes :

(1) **Tu n'en boiras plus de ton saoul,**
    La belle, de ce bon vin doux.

            (*Talon*).

Plutôt que d' boir' de ce vin blanc,
Belle, il faut voir couler ton sang.

            (*Nolay*).

(2) **Mon cher amant, mon bien-aimé,**
    Tir' mes bas, je t'en prie.
    Au premier bas qu'il a tiré...

            (*Guipy*).

Tir' mes chauss', je t'en prie.

          (*Saint-Gratien*).

Galant, si tu veux me tuer,
    Quitte-moi ma chaussure ;
Débille-moi, déchausse-moi,
Galant, pour la dernière fois.

           (*Murlin*).

Le galant se mit à genoux
    Pour quitter la chaussure ;
La bell' lui lance un coup de pied...

            (*Cuffy*).

Auras-tu le courage
De me quitter mes beaux bas blancs...

De me fair' voir la mer au fond...

           (*Talon*).

(3) **L' galant était si bon nageur,**
    Il rattrape une rame...

           (*Cuffy*).

(4) **Tu leur diras que j'ai péri**
    En allant voir ma bonne amie.

Tu leur diras que j' m' suis noyé
Là-bas, dans ces jolis graviers.

          (*Crux-la-Ville*).

Je leur dirai : mon amant s'est noyé
Dedans la mer en voulant se baigner.

          (*La Charité*).

Rossignolet du bois joli,
  Va-t-en dire à mon père, (1)   } bis.
Va-t-en lui dir' que si j' suis mort,
  Ma bonne amie n'a pas de tort.

(Jean Joly, Vandenesse, 1822).

D)

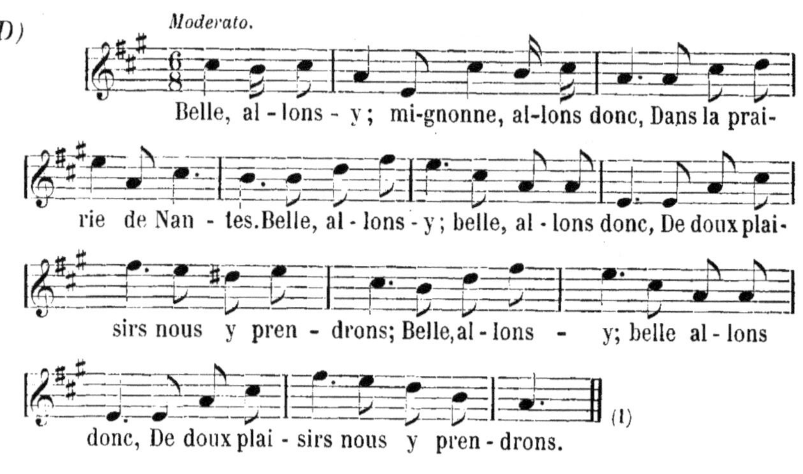

Belle, allons-y ; mignonne, allons donc,
  Dans la prairie de Nantes.
Belle, allons-y ; belle, allons donc,
  De doux plaisirs nous y prendrons.   } bis.

Variantes :

(1) Va-t-en dire à mon père,
  Va-t-en dire à tous mes parents
Qu' la Jeanneton n'a plus d'amant.
    (Crux).

A mon père, à ma mère aussi,
Qu' la Jeanneton n'a plus d'ami.
    (Saint-Gratien).

Si Jeanneton n'a plus d'amis,
  Elle en trouvera d'autres ;
Elle en trouv'ra à son plaisir,
Tant que son cœur sera guéri.

    (Saint-Gratien).

Certains chanteurs remplacent les deux derniers couplets par les suivants :

La bell', qui donc te conduira } bis.
  Au château de ton père ?
— Ce n' sera pas toi, maudit garçon,
Car les poissons te mangeront
    (Nolay).

Mangez, ondill', (*) mangez, poissons,
Dedans la mer tu fonce' au fond.

    (Marlin).

(1) Version musicale moderne qui tend à faire oublier les précédentes.

(*) Anguilles ? Ondines ?

Ell' ne fut pas moitié du chemin,
  La bell' demande à boire :
— Mais tu boiras, bell', de ton sang,
Avant que j' te donn' du vin blanc.   } bis.

— Oh ! va, galant, puisqu'il faut mourir,
  Viens tirer ma chaussure ;
Déchausse-moi, délace-moi,
Si c'est pour la dernière fois.

    Etc.

(Justine Poirier, femme Berger, Arquian, 1867).

Les variantes données sont de :

Veuve Auclair, Prémery, 1816 ; Anne Monsinjon, Nolay, 1864 ; veuve Carroué, Murlin, 1833 ; Jullien Simon, Talon, 1816 ; Marguerite Bezat, veuve Buteau, Guipy, 1815 ; Annette Paradis, Saint-Gratien-Savigny, 1818 ; Antoine Petitjean, Cuffy, 181. ; Madeleine Bouziat, femme Lebas, Crux-la-Ville, 1812 ; Eugénie Perroy, La Charité, 1866.

La triste Noce

Revenant de Paris, (1)   } bis.
De Paris, la grand' ville,
Mon cheval a bronché (2)   } bis.
Sur trois brins de soucis (e).

J'en ai cueilli la fleur   } bis.
Et planté la racine.
J'en ai fait un bouquet   } bis.
Que je porte à ma mie.

Variantes :

(1) En passant par Paris.

    (Varennes-les-Nevers).

(2) Mon cheval a marché.

    (Arbourse).

Mon cheval a passé.

    (Beaumont-la-Ferrière).

— Bell', voilà un bouquet: (1) } bis.
Mon père me marie ;
Un' plus riche que vous, } bis.
Mais non point si jolie. (2)

Bell', je viens vous prier } bis.
De venir à mes noces.
— Aux noc' je n'irai pas, } bis.
Mais j'irai voir les danses.

— Bell', si vous y venez, } bis.
Faites-vous donc bien propre. (3)
La bell' n'a pas manqué, } bis.
Se fit tailler trois robes ;

Un' sur couleur de vin, } bis.
L'autr' sur couleur de rose ;
Et l'autr' bordée en or, (4) } bis.
Montrer qu'elle était noble

De loin la voit venir, } bis.
Lui fait rincer un verre :
— Buvez, belle, mangez. } bis.
— Je n' veux manger ni boire (5)

Le marié la prend } bis.
Par sa douce main blanche :
— Allons, belle, danser, } bis.
Deux ou trois tours de danse.

Au premier tour qu'ell' fait, } bis.
La bell' change de robe.
Au deuxièm' tour qu'ell' fait, } bis.
La belle en change encore.

Au troisièm' tour qu'ell' fait, } bis.
La belle est tombée morte.
Le marié la prend, } bis.
Sur son blanc lit la porte.

— Marguillier, beau marguillier, } bis.
Toi qui sonn' bien les cloches.
Sonn'-les pitieusement : (6) } bis.
Oh ! c'est ma mie qu'est morte !

Fossieur, mon beau fossieur, } bis.
Toi qui fais bien les fosses,
Oh ! fais-moi-z-en donc une, } bis.
Que trois corps y reposent !

Variantes :

(1) Bell', voilà-z-un bouquet.
Un bouquet j' vous apporte :
Nos amours sont dedans.
Le mienn' aussi les vôtres.

J'en ai fait un bouquet,
A ma mie je le porte :
— Ma mie, v'là un bouquet ;
J' vous invite à ma noce.

(*Arbourse*).

(2) La fille que tu prends
Est-elle bien jolie ?
— Pas si jolie que toi,
Mais elle est bien plus riche.

(*Beaumont-la-Ferrière*).

(3) . . . . . bien belle.

(*Prémery*).

(4) L'autr' galonnée en or.

(*Prémery*).

Et l'autre tout en or,
Le soleil qui la borde.

(*La Machine*).

(5) Bonjour, le marié,
Tous les gens de la noce ;
J'oublie la mariée,
C'est moi qui devrais l'être.

(*Arbourse*).

Non pas la mariée,
C'est elle qui caus' ma mort.

(*Beaumont*).

Bonjour, la mariée...
. . . .
Non pas le marié,
C'est lui qui caus' ma mort.

(*Arbourse*).

(6) Sonn'-les tant doucement
Que tout l' mond' s'en étonne.

(*Arbourse*).

Ces variantes sont de :

Anne Boizot, veuve Bernard Varennes-les-Nevers, 1810 ; Solange Mussier, veuve Jeannet, Arbourse, 1835 ; Marguerite Ferlet, femme Guilletat, Beaumont-la-Ferrière, 1844 ; Clémentine Petit, Arbourse, 1861 ; Julie Judas, Prémery, 1860 ; Paul Thevenet, La Machine, 1820.

Fais-la donc assez grande } bis.   L' marié prend son couteau, } bis.
Pour mettre ma mie morte   Dans son cœur se le pose :
Et moi près d'elle aussi } bis.   —Vous mourez pour mes amours, } bis.
Et l'enfant qu'elle porte.   Je mourrai pour les vôtres !

Les gens allaient disant : } bis.
Hélas ! la triste noce,
De voir deux amoureux } bis.
A mourir l'un pour l'autre !

(Pierre Hisquin, Dompierre-sur-Nièvre, 1831).

J'ai fait l'amour sept ans,
Chantons le rossignolet,
J'ai fait l'amour sept ans,
Sept ans sans en rien dire.

Au bout de sept années,
Chantons, etc.
Au bout de sept années,
Le galant se marie.

— Je me marie lundi,
Je t'invite à mes noces.

— J' n'irai pas à tes noces,
Mais j'irai voir les danses.

— Si tu viens voir les danses,
Faut te faire un peu propre.

La bell' n'a pas manqué,
Se fit couper trois robes.

A tout' dans' qu'ell' dansait,
La bell' changeait de robe.

N'eut pas changé trois fois,
La belle est tombée morte.

Tous les gens se disaient :
— Hélas ! la triste noce !

La mariée répond :
— Moi, j' n'en suis pas la cause. (1)

Pourquoi m'épousait-il,
S'il en aimait une autre ?

(Marie Moreau, femme Balet, Prémery, 1817).

(1) *Var :* C'est pas à moi la faute.

Voici, sur les mêmes paroles, une version musicale :

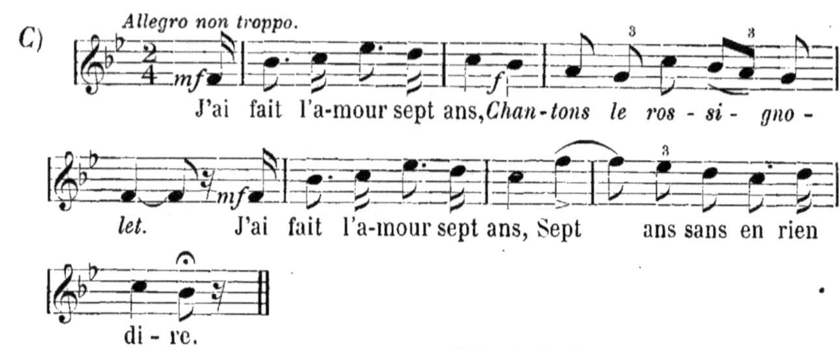

(*Claude Desbrosses, Gâcogne, 1851*).

Autre forme (qui n'a pu être notée) :

D)

J'ons fait l'amour sept ans,	Je mi marie lundi,
Sept ans sans nous déplaire,	Viendras-tu à la noce ?
J'entends le rossignolet.	
J'ons fait l'amour sept ans,	. . . .
Sept ans sans nous déplaire.	. . . .
Tout au bout des sept ans,	La femme que tu prends,
Le galant se marie,	Mais elle est donc bien belle ?
J'entends le rossignolet,	Etc.
Etc.	

(*Louis Dumont, Fâchin, 1861*).

Autre version sur les mêmes paroles, avec un refrain différent :

Je me marie lundi,
Viendrez-vous à mes noces ?   } *bis.*
Viendrez-vous à mes noces ?
    Hélas !
J'aimerai la bell', je l'aurai pas,
    Hélas !
J'aimerai la belle

(Gilbert Thomas, Prémery, 180.).

Autre refrain :

Je me marie lundi,
Viendras-tu z-à mes noces ?   } *bis.*
    Tambour,
Pourquoi caus's-tu d' la peine à nos amours ?

Le Galant assommé

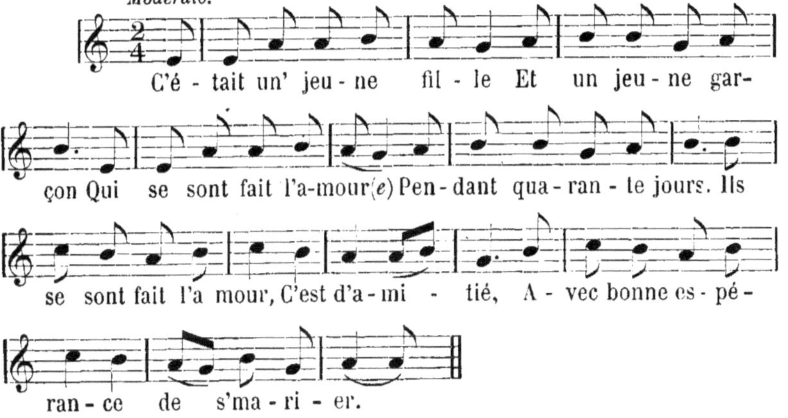

C'est une jeune fille
Et un jeune garçon
Qui se sont fait l'amour (*e*)
Pendant quarante jours.
Ils se sont fait l'amour,
    C'est d'amitié,
Avec bonne espérance
    De s' marier.

Quand (*e*) la quarantaine
S'en allait finissant.
La mèr' dit à sa fille :
— Avertis ton amant,
Avertis ton amant,
    Dans sa maison,
Les garçons de la ville
    Le trahiront. (1)

(1) *Var* : Te le tueront.
    Vous menaçont.

(*Asnan*).

La fill' prend sa coiffure, (1)
Son cotillon joli,
Ell' part à la minute,
Comm' sa mère avait dit.
— Pierre, mon ami Pierre, (2)
   Méfiez-vous :
Les garçons de la ville
   Vous f'ront des tours.

— N'ayez point peur, la belle,
N'ayez point peur de moi !
Les garçons de la ville
N' s'en prendront pas à moi.
Les garçons de la ville
   Sont fort discrets ;
Ne font jamais de mal (e) (3)
   Sans le sujet.

Il prend son épée claire
Et son chapeau joli,
S'en va r'conduir' la belle
Jusqu'auprès d' son logis.
Il tire son chapeau :
   — Ma mie, bonsoir !
— Bonsoir, mon ami Pierre,
   Jusqu'au revoir !

Quand il fut sur ces chaumes,
Là-bas dans ces vallons,
Il a fait la rencontre
De trois jolis garçons. (4)
Lui en ont tant donné,
   Du vert bâton,
Qu'ils l'ont laissé pour mort
   Sur le gazon.

Le samedi au soir,
Le dimanche au matin,
On demande à la belle (5)
Si ell' le savait bien.
— Oh ! oui, répondit-elle, (6)
   Tout en pleurant.
Je voudrais être morte,
   Voilà dix ans.

De la mort de mon père,
J'en ai bien du regret ;
Cell' de mon ami Pierre,
Je crois que j'en mourrai.
Ah ! ceux qui l'ont tué
   M'ont fait grand tort !
Je l'aimerai toujours
   Quoiqu'il soit mort !

(André Brunet, Garchizy, 1835).

Variantes :

(1) La fille prompte, habile,
   Prend son cheval (c) gris,
   S'en va travers ces plaines
   Du droit à son logis.
     (Cuffy).

(2) Ami, prenez bien garde
   A ces garçons ;
   Ils vous joueront sans doute
   Des trahisons.
     (Nolay).

(3) Ne font d' mal à personne
   Sans grand sujet.
     (Grenois).

Dedans leur compagnie,
   Moi, je mi plais.
     (Nolay).

(4) De cinq ou six lurons.
     (Grenois).

(5) Ils s'en vont voir la belle.

(6) Elle répond que non.
     (Beaumont-la-Ferrière).

Ces variantes sont de :

Marguerite Chamoin, femme Guenot, Asnan, 1830 ; G. Guillemin, Cuffy, 1827 ;

La Fille qui se tue pour sauver son honneur

1°

ENLEVÉE PAR LE FILS DU ROI

C'était trois camarades (*bis*)
En s'en allant s' baigner,
   La violette,
Sur l'arrivé' d'un gué,
   La violé.

Le fils du roi qui passe : (*bis*)
— Laquell' veut êtr' ma mie?
   La violette ;
Laquell' veut êtr' ma mie ?
   La violé.

Lui répond la plus jeune : (*bis*)
— Ce ne sera pas moi,
   La violette, etc.

Lui répond la misène : (*bis*)
— Ce n' s'ra pas moi non plus.

Lui répond la plus vieille : (*bis*)
— Faut donc que ça soit moi.

— Donnez-moi votr' main blanche, (*bis*)
Sur mon cheval montez.

La belle a fait cent lieues, (*bis*)
Sans rire et sans plorer.

Tout au bout des cent lieues, (*bis*)
Ell' se prit à plorer.

— Qu'avez-vous donc, la belle, (*bis*)
Qu'avez-vous à plorer ?

---

*Veuve Brunel, Nolay, 1803 ; Marie Gobillot, femme Mouloise, Grenois, 1852 ;
Annette Thomas, femme Renaud, Beaumont-la-Ferrière, 1836.*

Dans la version de Beaumont-la-Ferrière, il n'est pas question de l'avertissement de la mère. Les quatre couplets qui suivent le premier y sont remplacés par les deux suivants :

Il prend son épée claire
Aussi son beau manteau ;
Il s'en va voir sa belle
Du droit à son château.
Il lève son chapeau :
   — Salut, ma mie.
— Bonjour, mon ami Pierre,
   Depuis le r'voir.

Pierre, mon ami Pierre,
Prenez bien garde à vous !
Les garçons de la ville
Veul' vous jouer un tour.
— Les garçons de la ville
   Sont bons enfants ;
Ne font d' mal à personne,
   Leur rien disant.

— Je plor' mes camarades, (*bis*)
Tant loin j' les ai laissé's.

— Que m'donn'rez-vous, la belle ? (*bis*)
Je vous remmènerai.

— Cent écus de ma poche (*bis*)
Seront bientôt comptés.

— M'en faudrait bien cent autres, (*bis*)
Cent autr' pour vous remm'ner.

Débillez-vous, la belle, (*bis*)
C'est temps de nous coucher.

— Ma robe est trop étroite, (*bis*)
Je n' peux point la quitter.

Donnez-moi votre épée, (*bis*)
D'un point j'en découdrai.

Lui donne son épée, (*bis*)
Dans l' cœur se l'est planté'.

— Ah ! voilà ma mie morte ! (*bis*)
Faut la faire sonner !

Nous f'rons sonner les cloches, (*bis*)
Dans deux cent vingt clochers.

Nous lui f'rons fair' sa fosse (*bis*)
Par deux cent vingt pionniers.

Es quatr' coins de la fosse (*bis*)
Bell' pomm' d'orang' y auré.

Tout au mitan d' la fosse (*bis*)
Le rossignol chant'ré.

(Pierrette Gueniau, femme Perraudin, Cercy-la-Tour, 1830).

C'était trois jeunes filles, (*bis*)
Tout' trois vont si baigner,
   Lonla, la violette,
Tout' trois vont se baigner,
   Lonla, la violé.

Le fils du roi qui passe : (*bis*)
— Laquell' vient avec moi ?
   Lonla, etc.

Que lui dit la plus grande : (*bis*)
— Hélà ! ça n' s'ra point moi.

Que dit la mitantienne : (*bis*)
— Hélà ! ça n' s'ra point moi.

Que dit la plus petite : (*bis*)
— Hélà ! ça s'ra donc moi !

La prend par sa main blanche, (*bis*)
Derrièr' lui l'a monté'.

La belle a fait cent lieues, (*bis*)
Sans rire et sans plorer.

— Que plorez-vous, la belle ? (*bis*)
Qu'avez-vous à plorer ?

. . . .

— Est-c' vot' père ou vot' mère, (*bis*)
La bell', que vous plorez ?
   Etc.

(Lazarette Bourgoing, Semelay, 1867).

2ª

ENLEVÉE EN MER

Le début manque.

Quand ell' fut dans la barque,
   Trala lalalala,
Quand ell' fut dans la barque,
Ell' se mit à pleurer. *(bis)*

— Qu'avez-vous donc, la belle,
   Trala la, etc.
Qu'avez-vous donc, la belle,
Qu'avez-vous à pleurer ? *(bis)*

— C'est mon pèr' qui m'appelle :
Ma fille, viens souper. *(bis)*

— Soupez, soupez, le père,
Je mèn' ma mie coucher. *(bis)*

Quand ell' fut dans la chambre :
— Je n' peux me délacer *(bis)*

Prêtez-moi votre sabre,
Pour couper mon lacet *(bis)*

— Mon sabre est sur la table,
Prends gard' de t'y blesser. *(bis)*

La belle a pris le sabre,
Dans l' cœur se l'est passé. *(bis)*

Puisque ma mie est morte,
J'ai bien de quoi pleurer. *(bis)*

Aux quatre coins de sa fosse,
Un romarin planté. *(bis)*

Sur la plus haute branche,
Le rossignol chant'ré. *(bis)*

Chante, rossignol, chante,
Toi qui as d' quoi chanter ! *(bis)*

(Jeanne Bonnin, veuve Baucher, Montigny-aux-Amognes, 1846).

10

Les Danseurs noyés

A)

Sur l' pont du Nord un bal y est donné (1) (*bis*)

Adèl' demande à sa mèr' d'y aller. (*bis*)

— Non, non, ma fill', vous n'irez pas danser. (*bis*)

Ell' monte en haut et se met à pleurer. (*bis*)

Son frère arriv' dans un bateau doré : (*bis*)

— Ma sœur, ma sœur, qu'as-tu donc à pleurer ? (*bis*)

— Maman n' veut pas que j'aille au bal danser. (*bis*)

— Prends ta rob' blanche et ta ceintur' dorée (2) (*bis*)

Les v'là partis dans le bateau doré. (*bis*)

La premièr' danse, Adèle a bien dansé. (*bis*)

La deuxièm' danse, Adèle a refusé. (*bis*)

La troisièm' danse, le pont a défoncé. (*bis*)

Les cloch's du Nord se sont mis' à sonner. (3) (*bis*)

La mèr' demand' pourquoi donc tant sonner. (*bis*)

— C'est que votr' fils et votr' fill' sont noyés. (*bis*)

Voilà le sort des enfants ostinés. (*bis*)

(Anna Bernard, Beaumont-la Ferrière, 1865).

Variantes :

(1) Sur l' pont de Nantes un bal est affiché.
     La bell' demande...

(2) Mon frèr', mon frèr', voulez-vous m'emmener ?
     Ma sœur, ma sœur, allez vous habiller.
     Prenez rob' blanche et ceinture dorée.

(3) Les cloch' de Nantes...

(Louise Goux, veuve Sourdeau, Nolay, 1840).

Au pont du Nord,
  Joli cœur de rose,
Un bal y est donné,
  Joli cœur de rosier.

Adèl' demande,
  Joli cœur, etc.
A sa mèr' d'y aller,
  Joli cœur, etc.

  — Oh ! non, ma fille,
  Vous n'irez pas danser.

Même texte que précédemment, sauf les variantes suivantes :

Ell' fit trois tours
Et la voilà tombé'.

— Mon frèr', mon frère,
Ne me laiss' pas noyer !

    (*Francine Dupieu, Tresnay*).

Cette complainte, sur des airs de ronde, est très répandue.

L'Amante du Dauphin

Bell' Marguerite, ô fleur de mai,   ⎱
La bell' chemis' que vous r'prisez !   ⎰ *bis.*
Reprisez-là à si beau point,
C'est pour votre amant le Dauphin.
Reprisez-la à point surjet,
C'est votre amant qui la port'ré.

(1) **Cet** air n'est qu'une altération de l'air connu : *Ah ! vous dirais-je, maman.*

— Hélas ! grand Dieu ! si je l' savais,
En fil d'argent je la coudrais.   } *bis.*

Hélas ! grand Dieu, si je l' savais,
En fil d'or je la repris'rais.   } *bis.*

Un beau monsieur vient à passer,
Sur son cheval il l'a monté' :   } *bis.*

— Allez, la bell', ne craignez rien,
Vous êt' avec un garçon de bien.   } *bis.*

Ell' fut à pein' milieu du bois,
Son cher parrain qu'elle aperçoit :   } *bis.*
— Bonjour, filleul'. — Bonjour, parrain :
Retirez-moi de d'dans ce bois ;
Retirez-moi, mon cher parrain,
Quoiqu' je sois 'vec un garçon de bien.

— Te retirer, je n'oserais ;
Beaucoup d'argent çà me coût'rait.   } *bis.*

Te retirer, je n'oserais,
Hélas ! la vie, çà me coût'rait.   } *bis.*

De loin aperçoit un' clarté :
— Hélas ! grand Dieu ! qu'est-c' que je vois ?   } *bis.*
— Allez, la bell', n'ayez point peur,
Vous êt' avec un garçon d'honneur,
Allez, la bell', ne craignez rien,
Vous êt' avec un garçon de bien.

Oh ! il l'a pris', l'a renversé'
Dedans le feu l'a fait tomber.   } *bis.*

. . . .
Dedans la flamm' l'a fait brûler.

Le fils du Roi passant par là :
—Hélas ! grand Dieu ! qu'est-c' qui brûl' là ?   } *bis.*
Est-ce ma mie qui brûle ici ?

. . . .
Si c'est ma mie qu'est morte ici,
Moi, je veux y mourir aussi.

— Grand Dieu, si j'en avais tant su,
Qu'ell' lui aurait tant convenu,   } *bis.*
J'aurais consenti à sa loi,
J'aurais mon fils dans mon palais !   } *bis.*

(Marie Mathias, femme Peyronnet, Poiseux, 1850).

De cette chanson qui relate la tragique aventure de l'amante du Dauphin, enlevée par ruse et brûlée ; du Dauphin qui en meurt aussi, et du Roi qui s'en lamente, je n'ai pu trouver que cette version et la suivante, toutes les deux incomplètes.

B)

Bell' Marguerite, ô fleur de mai,
La bell' chemis' que vous cousez !   } *bis.*
Cousez-la bien, r'prisez-la bien,
C'est pour votre amant le Dauphin.   } *bis.*

— Oh ! vraiment, si je le savais,
A tout d'mi-point je la coudrais,   } *bis.*
A tout d'mi-point je la coudrais,
En fil d'argent je la r'pris'rais.   } *bis.*

La belle s'est mise à chanter.
Un cavalier vient à passer.   } *bis.*
— Où allez-vous si joyeus'ment,
Que de tout loin je vous entends ?   } *bis.*

— Monsieur, y a bien le de quoi :
Le fils du Roi qui m' fait d'mander   } *bis.*
Il l'a prise, il l'a t-embrassé',
Desur son ch'val il l'a monté'.   } *bis.*

Quand ell' fut au milieu du bois,
Son cher parrain qu'elle aperçoit   } *bis.*
— Hé ! ma filleule, où allez-vous ?
Triste nouvell' qu'y a pour vous !   } *bis.*

— Hélas ! parrain, retirez-moi, (1)
Eloignez-moi d' la cour du Roi !   } *bis.*
— Hélas ! filleul', pour te r'tirer,
Combien d'argent il en coût'rait !
— Oh là ! la bell', n'ayez point peur,
Moi, je suis un garçon d'honneur.

Quand ell' fut au milieu d' ces prés,
Une grand' flamm' qu'elle aperçoit.   } *bis.*
— Hélas ! mon Dieu, qu'est arrivé ?
Un' si grand' flamm' que j'aperçois !
— Oh là, la bell', n'ayez point peur,
Moi, je suis un garçon d'honneur.

— Puisque mon amant est ici,
Moi, je veux y rester aussi !   } *bis.*
Il l'a prise, il l'a t-embrassé',
Dedans la flamme il l'a jeté'.   } *bis.*

(*Marie Charron, femme Bornet, La Celle-sur-Nièvre, 1861*).

---

(1) *Var* : Embrassez-moi.

Le Roi d'Angleterre et la Bergère

Dedans Paris il y a (1)
Une claire fontaine ;
 Que dites-vous,
Que dites-vous donc ?
Dedans Paris il y a
Une claire fontaine.

Et s'en vont s'y baigner
Trois jolies demoiselles,
 Que dites-vous,
  Etc.

Par là vint à passer
Le p'tit roi d'Angleterre.

Il en salua deux
Et laissa la plus belle.

— Pourquoi m' salues-tu pas,
Moi qui suis la plus belle ?

—Je n' te saluerai pas,
Car tu m'es infidèle.

— Prends ton épée en main,
Et moi ma quenouillette.

Au premier coup donné
Le roi tomba par terre.

Où faut-il l'enterrer ?
Au jardin de son père (2).

(Eulalie Carrue, Colméry, 1872).

Variantes :

(1) De nombreuses versions ne diffèrent que par le refrain :

Dedans Paris il y a
Trois jeunes demoiselles,
 Que di, que don,
Que dit-elle donc ?
Dedans Paris.
 Etc.

La mèr' les envoya
Cueillir la violette.

Dans leur chemin rencontr'
Le beau roi d'Angleterre,
 Etc.

Derrièr' les lauriers blancs
Y a-t-une joli' fontaine,
 Et digue don,
Capitaine don.
Derrière,
 Etc.

Le p'tit roi d'Angleterre,
Rencontra trois d'moiselles,
 Que di, que don,
Que dit-elle donc ?

(2) Certains chanteurs ajoutent ceci, interpolation qui sert souvent dans la même circonstance.

Aux quatr' coins de sa fosse,
Un beau laurier planté.

Sur la plus haute branche,
Le rossignol chantait.

Autre version, pour le refrain, de la chanson ci-dessous :

Le reste, version A.

A Paris il y a (1)
Quatre-vingt-dix bergères,
Queradi, queradon,
  Que dit-elle donc,
A Paris il y a
Quatre-vingt-dix bergères.

Le premier qui passa
Fut le roi d'Angleterre,
  Etc.

Il les salua tout',
Mais laissa la plus belle.

— Si tu n'étais pas roi,
Je te ferais la guerre.

— Malgré que je suis roi,
Fais-moi doncque la guerre.

Au premier coup de lanc'
Le roi tomba à terre.

Notre beau roi est mort
Au bord de la rivière.

— Non, non, je n' suis pas mort
Au bord de la rivière.

Allons, faisons la paix
Au bord de la rivière.

(Anna Bernard, Beaumont-la-Ferrière, 1865).

Variantes :

(1) Dedans Paris y a
    Quatre-vingt-dix bergères,
      Que dit, que don,
    Capitaine, mon roi.
    Dedans....
      Etc.
        (Louise Laville, Beaumont-la-Ferrière, 18..).

A Paris il y a
Trois, quatr' cents fillettes,   } *bis.*
Et les trois, quatr' cents
Dansaient sur l'herbette.
   Pilons, pilons-la,
   L'herbette nouvelle ;
   Pilons, pilons-la,
   L'herbe repouss'ra.

Et les trois, quatre cents (1)   } *bis.*
Dansaient sur l'herbette,
Quand vint à passer
L' beau roi d'Angleterre,
   Pilons,
   Etc.

Quand vint à passer   } *bis.*
L' beau roi d'Angleterre ;
Les embrassa tout'
Laissa la plus belle.

— Qu'est-ce que j' t'ai donc fait,
Beau roi d'Angleterre ?

— Tu ne m'as rien fait,
Tu n'es plus pucelle.

— A quoi vois-tu çà,
Beau roi d'Angleterre ?

— A tes beaux yeux noirs,
Ta bouche vermeille.

— Prends donc ton épée,
Moi ma quenouillette.

— Te voilà tué,
Beau roi d'Angleterre.

Il n'y aura plus
En France de guerre.
   Pilons, pilons-la.
   Etc.

(Recueillie à La Guerche).

La Fille du Prince huguenot

C'était la fill' d'un prince
Qui s'appelait Marie,
Un jour a dit son père :
— A la messe, allez-y.

— A la messe, mon père,   } *bis.*
J'aimerais mieux mourir.

J'aim'rais mieux être morte
Par la main du bourreau
Que d'aller à la messe
Pour fausser mon serment.

Grand' quantité de gens (es)
Son père a t-assemblé :
— Qu'on la mène à la messe
Pour son serment fausser !

Ils l'avont bien fait mettre
Dans une cuve d'eau,
Plutôt de la fair' mettre
Dans un profond caveau.

Les garçons de la ville   } *bis*
De là sont venus voir.

Elle appela son père :
— Otez-moi ces abus,
Apportez-moi mon livre
Que je chant' mon salut !

Tout's les fill's de la ville   } *bis.*
De là sont venu's voir.

— Attendez, pauvres filles,
Attendez à demain,
C'est mon Dieu qui m'appelle,
Y a rien de plus certain.

Le bourreau la regarde :   } *bis.*
— Marie, m' connais-tu pas ?

— Bourreau, fais ton office,
De moi quand tu voudras.
Le fils de Dieu, mon père,
Me tient entre ses bras.

(Druyes, 1799).

Le chanteur, Jean Front, est mort avant qu'on ait pu noter l'air de cette chanson très rare.

(1) Les couplets se croisent.

La Mie qui meurt en mal d'enfant

Hélas ! ma mie, prends tes habits, *(bis)*
Nous en-irons de Lille en Flandre,
Nous tiend(*e*)rons tous les pays.

Ell' ne fut pas meilleu le bois,
Que le grand mal d'enfant lai prit.
— Que j' seus donc loin de mon village !
Encor ben mieux de mon pays !

— Hélas ! ma mie, si tu le veux,
Ta mèr' je vas m'en aller qu'rir.
— Hélas ! ma mère est trop cruelle,
Ell' me laiss'rait plutôt mourir.

— Hélas! ma mie, si tu le veux,
Ta sœur je vas m'en aller qu'rir.
— Hélas ! ma sœur est trop jeunette,
Ell' s'entend pas ce mal *e*-ci.

Petit ruisseau, de l'eau coulante,
Si j'en avais, je s'rais guéri'.
Si j'en avais de l'eau coulante,
Si j'en avais, j' serais guéri'.

— Hélas ! ma mie, si tu le veux,
De l'eau, je vas t'en aller qu'rir.
— Oh ! vas-y donc, n'arrête guère ;
Quand tu r'viendras, m' trouverés-tu ?

Il ne fut pas meilleu le bois,
Le rassignô s' prit à chanter :
— Oh ! va, galant, ta mie est morte,
Un bel enfant entre ses bras.

— Oh ! dis-moi donc, mon bel oiseau,
De cet enfant qu'en ferons-nous ?
— Faut le porter à la nourrice,
Et la nourric' le nourrira.

(Jeanne Gendras, femme Taviot, Cercy-la-Tour, 1833).

Rare.

La sainte mort de la Religieuse

(L'air n'a pu être noté)

Je ne veux plus m'embarrasser
    Du tracas du ménage :
Je veux entrer dans un couvent,
C'est pour y prendr' le voile blanc.

Au bout de quinz'jours à trois semain's,
    La jeun' fille innocente,
Tout en prenant le voile blanc,
Elle est morte si promptement.

Quand la mère entendit parler
    De la mort de sa fille,
Elle frappa si rudement
Qu'ell' fit trembler tout le couvent.

— Madam', ne frappez pas si fort,
    Lui dit la mère abbesse ;
Elle est morte si saintement
Qu'elle voit Dieu présentement.

(Pauline Paon, Nolay, 1868).

Le Capitaine tué par le Déserteur

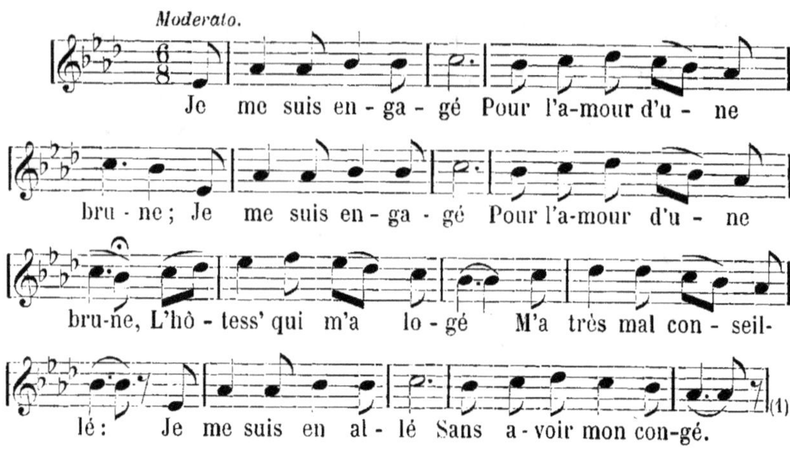

Je me suis engagé
Pour l'amour d'une brune (2). } bis.
L'hôtess' qui m'a logé
M'a très mal conseillé :
Je me suis en allé
Sans avoir mon congé. (3)

Dans mon chemin faisant,
J' rencontr' mon capitaine. } bis.
Mon capitain' me dit :
— Où vas-tu, sans-souci ?
— Je vais dans ces vallons (4)
Rejoindr' mon bataillon.

---

(1) Cet air est à peu près le même que celui de *La Morte qui sort de la tombe* (*La belle Lise*) page 49.

Variantes :

(2) Pour l'amour d'une belle.
      —   —   d'une fille.
      —   —   d'une blonde.
                    (*Chougny*).

C'est là v-où qu' j'ai logé
Qu'on m'a mal conseillé.
Pour moi j'ai déserté.
                    (*Glux*).

J'ai pris l'argent du roi
Pour me faire déserter.
                    (*Saint-Loup*).

J'ai pris l'argent du roi.
Je me suis en allé.
                    (*Martin*).

C' n'est pas pour un baiser
Qu'elle m'a refusé ;
Mais c'est pour l'anneau d'or
Qu'ell' me refuse encor.
                    (*Treigny*).

(3) Un jour l'envie m'a pris
      D'aller voir ma maîtresse.
      J'ai pris l'habillement
      D'un jeune courtisan,
      Pour aller courtiser
      Ma charmante beauté (*).
                    (*Donzy*).

(4) Je vais en garnison...
                    (*Donzy*).

(*) Couplet ajouté par quelques chanteurs.

Mon capitain' me dit : (1)   } bis.
— Ce n'est point là ta route.
J'ai mis mon habit bas,
Mon sabre au bout d' mon bras,
Je me suis battu là
Comme un vaillant soldat.

Au premier coup portant (2)   } bis.
J'ai tué mon capitaine.
Mon capitaine est mort,
Et moi, je vis encor ; (3)
Avant qu'il soit trois jours,
Ce sera z-à mon tour.

M'ont pris, m'ont-emmené (4)   } bis.
Desur la place d'armes.
Ils m'ont bandé les yeux
Avec un mouchoir bleu,
Pour me faire mourir
Sans me faire languir. (5)

Tout le regret que j'ai,   } bis.
C'est de ma pauvre mère,
Ell' qui m'a tant pleuré (6)
Quand je m' suis engagé,
Elle n'aura pas l' plaisir
De me r'voir au pays.

Variantes :

(1) J'ai mis mon chapeau bas
    Et mon fusil par terre.
    J'ai pris mon sabre en main,
    Comme un vrai fantassin ;
    Je me suis battu là
    Comme un vaillant soldat.

           (Arbourse).

Là-bas, dans ces vallons,
Y a-t-une fontaine.

Dedans ces grandes plaines.
        (Donzy).

J'ai mis mon sac à bas.
      (Saint-Loup).

Là-bas, dans ces vallons,
Y a t-un' bataille à faire :
Moi, je prends mon fusil
Et ma giberne aussi.
        (Glux).

(2) Au premier coup tirant.

      (Arbourse).

(3) C'est moi qu'est le plus fort.
        (Prémery).

(4) Celui qui me tuera
    Sera mon camarade.
    On me bandera les yeux.

        (Glux).

(5) Quatr' me tir'ront au cœur
    Et quatre à la cervelle.
    Celui qui me tuera
    Mon ami il sera ;
    Celui qui m' f'ra mourir
    Sera mon favori.

    (Ajouté seulement par Donzy).

(6) Ell' m'a si bien nourri,
    Ell' m'a si bien chéri. .

        (Murlin).

Elle m'a tant aimé,
Si doucement él've...

      (Saint-Bonnot).

Qu'on enloupe mon cœur
Dans un' serviette blanche; (1) } bis.
Qu'on l'envoye à Paris
A ma chèr' bonne amie :
Sitôt qu'ell' le verra, (2)
Ell' se repentira.

Soldats de mon pays,
Ne l' dit's pas à ma mère; (3) } bis.
Mais dites-lui plutôt
Que je suis t-à Bordeaux, (4)
Dans un beau régiment,
Engagé pour longtemps.

(Pierrette Coquillon, femme Guillaume, Planchez, 1809).

La Complainte du jeune Déserteur

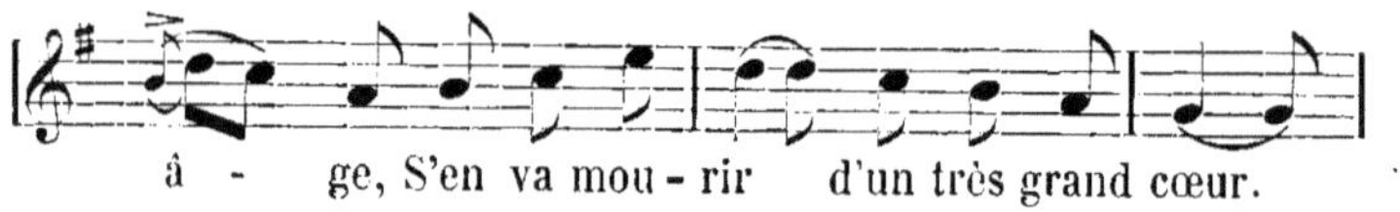

Variantes :

(1) Dans une toile fine.

(*Saint-Bonnot*).

(2) Tenez, voilà le cœur
De votre serviteur.

(*Glux*).

(3) Ecrivez à ma mère.

(Saint-Loup).

(4) Ou bien dans le Piémont
Avec mon bataillon.

(*Donzy*).

Prisonnier des Anglais,
Qu'ell' me r'verra jamais.

(*Treigny*).

Avec les Hollandais.

(*Saint-Bonnot*).

Ces variantes sont de :

Gabrielle Rousseau, veuve Renaud, Chougny, 1822 ; Philippe Doreau, Glux, 1864 ; Théodore Martin, Saint-Loup, 1854 ; ... Dournot, Martin ; Ferréol Petit, Treigny, 1819 ; ... Saujot, Donzy ; Marie Musset, femme Petit, Arbourse, 1827 ; Marie Moreau, femme Balet, Prémery, 1817 ; Pierre Peyronnet, Saint-Bonnot, 1812.

Qui veut entendre le courage (1)
D'un pauvre soldat déserteur ?
Etant à la fleur de son âge,
S'en va mourir d'un très grand cœur.

Il s'en fut à la citadelle (2)
Pour inviter ses compagnons :
— Tirez, tirez une bouteille,
Tous ensemble nous la boirons.

A ta santé, mon caporal (c),
Mon lieutenant pareillement,
Et tout aussi mon porte-enseigne
Qui m' conduisait au régiment !

Oh ! c'est donc toi, cher camarade :
Je n' boirai donc plus avec toi,
Puisqu'il faut enfin que je meure,
Adieu, pour la dernière fois !

Que l'on m'apporte un'chemis'blanche;
Vous, du restant, servez-vous-en :
Puisque c'est mon dernier dimanche,
Je veux paraître proprement.

Que l'on m'apporte une écritoire,
De l'encre, aussi du papier blanc ;
Que j'écrive à ma tendre mère,
Que je suis mort au régiment.

Que va donc dir' ma bonne mère,
Mon petit frère, aussi ma sœur ?
Quand ils sauront l'heur' de ma mort,
Ils pleureront mon triste sort.

(Jeanne Guenot, femme Guillaume, Gien-sur-Cure, 1822).

Le Déserteur et sa Mie

Voilà sept ans que je suis dans les troupes,
Que tous les jours j'y attends mon congé.
L'envie m'a pris de déserter de France,
De m'en aller au pays étranger.

Variantes :

(1) Qui veut savoir une complainte ?

(2) Que l'on m'emmèn' desur la place
Par devant tous ces bons garçons,
Que l'on m'apporte une bouteille...

(Pierre Peyronnet, Saint-Bonnot, 1812).

Dans mon chemin j'ai fait triste rencontre ;
Trois cavaliers, le sabre z-à la main,
M'ont arrêté, ils m'ont mis les menottes,
Tout aussitôt m'ont rendu z-au cachot.

Quand (e) ma belle eût su de mes nouvelles,
Trois fois le jour ell' venait pour me voir,
En me disant : mon amant, prends courage,
Tu n' mourras pas, j'en ai le ferme espoir.

S'en est allée trouver le capitaine,
Le commandant, aussi le lieutenant :
— Hélas ! messieurs, je vous prie de bonn' grâce,
Pour six cents francs rendez-moi mon amant !

— Je suis fâché, répond le capitaine,
Si ce soldat, la belle, est votre amant ;
Il a passé au conseil militaire,
Il va mourir dans ce même moment.

Sitôt qu' la belle eut su cette nouvelle,
En l'entendant tomba mort' sur le champ,
Disant : hélas ! grand Dieu, c'est-il possible
De voir mourir mon amant si chéri !

(Jeanne ... Dompierre, 1800).

————————

Les versions suivantes donnent un dénouement moins tragique.

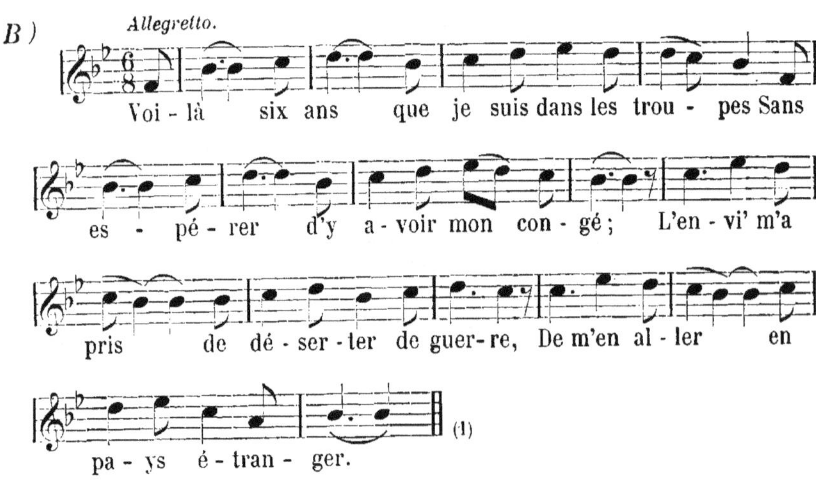

(1) Cet air n'est qu'une altération de la chanson page 154.

Voilà dix ans que je suis dans les troupes
Sans espoir d'y avoir mon congé ; (1)
L'envie m'a pris de déserter de guerre,
De m'en aller en pays étranger.

Dans mon chemin j'ai fait mauvais' rencontre,
Je n'avais rien que le sabre à la main,
Trois cavaliers qui m'ont mis les menottes, (2)
M'ont arrêté, m'ont conduit au cachot.

J'y suis resté un mois ou six semaines,
Sans que personne il ait pensé z-à moi. (3)
J'ai entendu par le conseil de guerre
Que mon procès serait bientôt jugé.

Ils m'ont saisi, m'ont mené par la ville,
Les fers aux pieds, le bourreau à côté.
Tous ces bourgeois, les bourgeois de la ville,
Plaignaient mon sort : — Malheureux, tu es mort !

Quand j' suis monté là-haut sur la potence,
J'ai regardé si j' vois ma mie venir ;
En regardant du côté de la France,
Je la vois v'nir : la v'là, ma bonne amie !

— Bourreau, bourreau, faites-moi cette grâce :
Pour cent louis, rendez-moi mon ami !
— Mais le bourreau, regardant cette belle,
Par compassion, lui rendit son mignon. (4)

— Galant, galant, aime bien ta maîtresse !
Garde-la bien, car c'est un bon soutien.
— Je l'aimerai tout le temps de ma vie,
Tant que j' vivrai, l'aura mes amitiés.

(Jean Millien, Raveau, 1802).

Variantes :

(1) Sans demander d'y avoir.

(Mèves).

Sans désirer d'y avoir.

(2) Trois grenadiers ..

(3) ... il ait parlé de moi.

(4) Pour de l'argent lui rendit son amant.
(Saint-Malo).

Variantes par :

Pierre Choquet, Mèves, ... ; Pierre Bobin, Saint-Malo, 1814.

(Sur l'air de la version précédente *B*)

C)

Approchez-vous, jeun' garçons de la ville,
Pour écouter la tendress' d'un amant :
Ce pauvre amant qui a le cœur si tendre,
Les amitiés l'avont fait désalter.

En voyageant desur la grande route,
Sans y penser a été arrêté :
Dans son chemin a fait mauvais' rencontre,
Trois cavaliers, le sabre z-au côté.

Ils l'avont pris, y avont mis les menottes,
L'ont garrotté, en prison l'ont mené,
L'ont enfermé, en prison, chambre noire,
Mais sans savoir quand il en sortirait.

Quand sa maîtresse eut reçu la nouvelle,
Dix fois du jour l'allait voir en prison,
En lui disant : cher amant, prends courage,
Tu n' mourras pas, sans en avoir raison.

Ils l'avont pris, emmené pour le pendre,
An'c le bourreau le suivant pas à pas,
Accompagné d'une grande assistance,
Ayant regret d'y avoir désalté.

Quand il y fut monté z-à la potence,
Il regardait s'il la verrait venir :
— Oh ! la voilà, ma charmante maîtresse,
Pleurant son sort et regrettant sa mort.

—Bourreau, bourreau, retardez un quart d'heure !
Pour mille écus rendez-moi mon ami !...
Mais le bourreau regardant cette fille,
De compassion lui rendit son mignon.

— Galant, galant, tu as un' bonn' maîtresse,
Oh ! mais toujours, aime-la tendrement !
— Je l'aimerai tout le temps de ma vie,
Je l'aimerai, oui, je l'épouserai !

(Claude Beugnon, Saint-Léger de-Fougeret, 1812).

————————

Autre forme : Les couplets de quatre vers sont coupés en deux et le premier vers allongé de deux syllabes :

Voilà bientôt six ans que je suis dans les troupes,
Sans espérer d'y avoir mon congé.

Un jour l'envie m'a pris. .

Dans mon chemin faisant j'ai fait...

Etc.

(. ., *femme Bobin, Saint-Aubin, 18..*).

Le Déserteur par amour

C'est l'amour et la boisson
M'ont fait faire une folie :
J'ai quitté ma garnison,
Pour l'amour(e) d'une fille. (1)
J'ai traversé les montagnes,
En suivant les p'tits sentiers,
Croyant d'être en assurance
Dans un lieu de sûreté.

Dans mon ch'min j'ai fait rencontr'
De trois jolis cavaliers,
Ils m'ont dit : — Hé ! mon ami,
Avez-vous votre congé ?
— Oh ! oui, je l'avais sans doute,
Mais il m'a été volé,
L'était dans mon portefeuille,
Et plusieurs autres papiers.

— Dans tout ce que vous nous dites,
Il n'y a rien de certain.
M'ont arrêté tout de suite,
Ils m'ont mis les fers aux mains.
Oh ! la plus grand' de mes hontes,
Ils m'ont conduit promptement
Dans la vill' de Lille en Flandre,
Rejoindre mon régiment.

Sitôt arrivé à Lille,
Où j'étais en garnison,
Du droit à la citadelle,
Ils m'ont conduit en prison.
Le grand conseil(le) de guerre,
Il m'a eu bientôt jugé :
C'est d'êtr' passé par les armes,
Hélas ! c'est d'êtr' fusillé !

J'envoie en grand' diligence
Aussitôt ce mot d'écrit,
Dedans la ville de Nantes,
A ma chère bonne amie :
— Garde bien, par assurance,
Ma montre avec mon diamant.
Ah ! pour moi plus d'espérance !
Belle, fais un autre amant.

M'ont conduit sur la plac' d'armes, (2)
Entre quatre grenadiers,
An'c le crucifix en face,
Et le prêtre à mon côté.
Le prêtre est venu me dire :
— Ami, fais un acte d' foi.
— O Jésus, mon divin maître,
Ayez donc pitié de moi !

De tout loin je vois venir,
Je vois venir mon sergent,
Ses deux yeux baignés de larmes, (3)
A sa main un mouchoir blanc.
Le capitaine vient dire :
— Attention, les enfants !
Car le premier qui déserte,
Il y en arriv'ra autant.

Vous verrez dans un moment
Mon corps tout criblé de balles,
Ma personne en un instant
Ne s'ra plus reconnaissable.
C'est donc vous, ô mes chers frères,
Qui allez me fair' mourir !
Oh ! ma mort je vous pardonne,
Ne me faites pas languir !

(..., *Saujot, 18..*).

Variantes :

(1) C'est pour l'amour (e) d'une brune.

(2) En arrivant au Champ de Mars.

(3) Il apporte z-un mouchoir blanc.
(*François Baume, Montigny-aux-Amognes, 1860*).

Pour me servir(e) de voile.
Gilbert Thomas, Prémery, 180.).

Nous donnons, de cette chanson, une seconde version musicale qui n'est qu'une altération de la précédente

B)

(*François Baume, Montigny-aux-Amognes, 1860*).

Les trois Frères écoliers

Nous somm' trois petits frèr' en France,
Allant à l'école à Paris.
On nous a pris pour des voleur, (es)
Dans la prison on nous a mis.

Le plus jeun' dit à ses deux frères :
— Resterons-nous longtemps ici ?
— Oh ! non, oh ! non, mon petit frère,
Nous n' rest'rons pas longtemps ici.

Car nous avons un frère en France
Qui est le plus noble de tous ;
Et s'il savait qu'ici nous sommes,
Viendrait bien vite à not' secours.

Mais la servant' qu'est à la porte,
Qu'entendait tous ces compliments :
— Si vous saviez, seigneur, mon maître,
Ce que vos prisonniers disont.

Disont qu'ils ont un frère en France
Qui est le plus noble de tous,
Et s'il savait qu'ils sont ici
Viendrait bien vite à leur secours.

— Allons donc fair' sonner les cloches
Que je m'en aill' les fair' mourir...
Si haut, si fort sonnaient les cloches,
Que le grand frèr' les entendit.

— Qu'est-c' qu'il y a dedans Pontoise
Que les cloch' mèn' un si grand bruit?
— Hélas! hélas! seigneur, mon maitre,
C'est vos trois frèr' qu'on fait mourir.

— Que l'on me selle mon cheval (e),
Que je m'en aille les secourir!...
Dans son chemin a fait rencontre
D'un postillon qu'il arrètit.

— Beau postillon, porteur de lettres,
Arriverai-j' bien assez tôt
Pour secourir dedans Pontoise
Mes trois p'tits frèr' qu'on fait mourir?

Le plus jeun' montait à l'échelle
En pleurant bien amèrement :
— Ne pleur' point tant, mon petit frère,
Tu seras gracié z-à l'instant.

Nous ferons faire un' couronne d'or (e)
Que mon cheval vir'ra dedans,
Nous ferons dire autant de messes
Qu'y a de jours dedans un an.

Rare.

(*Auguste Bry, Arleuf, 1866*).

Dans une version manuscrite recueillie en Hainaut, le « grand frère » qui trouve ses deux frères « pendants » obtient leur résurrection par l'intercession de Notre-Dame de Liesse, à laquelle il promet la couronne d'or et les messes pour la grâce du miracle, au lieu de les donner pour le repos de l'âme des morts. — Dans une autre version, le « grand frère » met la ville de Pontoise « à feu et à sang ».

Le Larron meurtrier

C'est un' fille, un garçon (1)   } bis.
Revenant de la guerre,
Revenant de la guerre,
Disant une chanson,
Une chanson nouvelle
Au nom d' Napoléon.

— Ma sœur, ma bonne sœur,   } bis.
Apaise donc ta voix, (2)
Apaise donc ta voix
Et ta jolie chanson ;
De dix lieues à la ronde,
On entendrait le son.

Tout au milieu du bois,   } bis.
Ont fait une rencontre,
Ont fait une rencontre
D'un joli bataillon.
Etaient bien vingt ou trente
Assis sur le gazon.

Le capitain' lui dit : (3)   } bis.
— Ta sœur est bien jolie ;
Donne-moi-la, ta sœur,
Ce soir à mon coucher ;
Donne-moi-la, ta sœur,
La vie je te sauv'rai

— Je n'y consentirai   } bis.
Jamais, le capitaine.
Vous n'aurez pas ma sœur,
Ce soir, à vot' coucher.
Pour l'amour de ma sœur,
La vie je perd(e)rai.

L' capitain' s'est levé, (4)   } bis.
A tiré son épée ;
Dedans le côté gauche
Trois coups y a porté :
— Oh ! tiens, voilà Hubert,
Pour ta sœur emmener !

— Ma sœur, ma bonne sœur,   } bis.
Prête-moi ton mouchoir,
Prête-moi ton mouchoir
Pour brider mon côté,
Pour l'amour(e) de toi,
La vie je perd(e)rai.

Quand ils sont arrivés   } bis.
A la vallée du bois,
A la port' de leur père
Ils s'en vont demander
Qu'on les loge en passant
Comm' des pauvr' étrangers.

Variantes :

(1) C'est un jeune garçon,
    Habill' sa sœur en page,
    Habill' sa sœur en page,
    L'emmène en garnison,
    Et tout après la guerre,
    Dans leur pays s'en vont.

    Quand ils furent au bois,
    Ell' se mit à chanter,
    Ell' se mit à chanter
    Un' si belle chanson,
    Que d' trois lieues à la ronde
    On entendait le son.

(2) Ne parlez point si haut,
    Ne parlez point si haut,
    Cy n'est que des larrons.
    Y en a plus de cinquante
    Assis autour d'un tronc.

(3) Le premier qui la voit :
    — Mon Dieu, la jolie fille !
    Le s'cond dit : — Pour l'avoir,
    Ce soir, à mon coucher,
    Hubert, si tu m' la donnes,
    La vie j' te garderai.

    — Non, tu ne l'auras pas,
    Ma sœur, ma bonne sœur.

(4) Le larron s'est louvé,
    Lui donn' trois coups de lance.

(Jacquette Beugnon, veuve Joyaux, Gouloux, 1811).

La mère leur répond :   } bis.   La sœur lui dit : — Ma mère,   } bis.
— Oh ! non, non, mes enfants,   Logeons ces pauvres gens ;
Nous ne pouvons vous loger,   Vous en avez, ma mère,
Nous somm' embarrassés,   Qui sont parmi les champs ;
Allez parmi la ville,   Vous ne savez, ma mère,
Plus tard on vous logeré.   Qui les loge à présent.

  — Si tu n'étais ma fille,
  Épousée d'aujord'hui,   } bis.
  Je te donn'rais mon poing,
  Mon poing parmi les dents :
  Tu mi ramèn' mes peines,
  Mes pein' et mes torments.

(Gabrielle Massé, veuve Lavache, Saint-Aubin-les-Forges, 1816).

B)

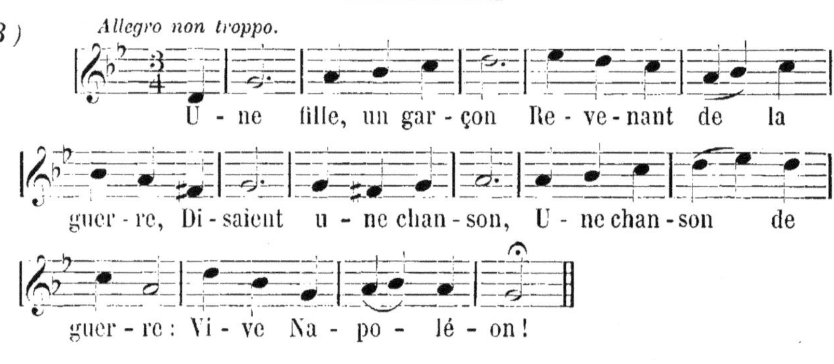

Une fille, un garçon   A l'ombre d'un buisson :
Revenant de la guerre,   Etaient bien vingt ou trente
Disaient une chanson,   Assis sur le gazon
Une chanson de guerre :
Vive Napoléon ! (1)   Le premier dit aux autres :
                                              — Grand Dieu ! la jolie fille !
— Ma sœur, ma bonne sœur,   Hé la ! quelle beauté !
Apaise donc ta voix,   Si elle est jolie fille,
Apaise donc ta voix :   Nous faut donc l'arrêter.

De dix lieues à la ronde   Son frère lui répond :
On t'entend dans le bois.   — Cesse tes badinages...
                                              Apaise tes raisons,
Quand ils furent au bois,   Etc.
Aperçur' tout' la bande

Voir la version précédente. Le couplet suivant n'y figure pas :

  — Ma sœur, ma bonne sœur,
  Reste donc fille sage,
  Partout où tu pass'ras,
  Disant que c'est ton frère
  Qu' t'a tiré' d'embarras.

(Françoise Rougelot, veuve Carroué, Murlin, 1833).

(1) *Var:* Vive le roi Bourbon !

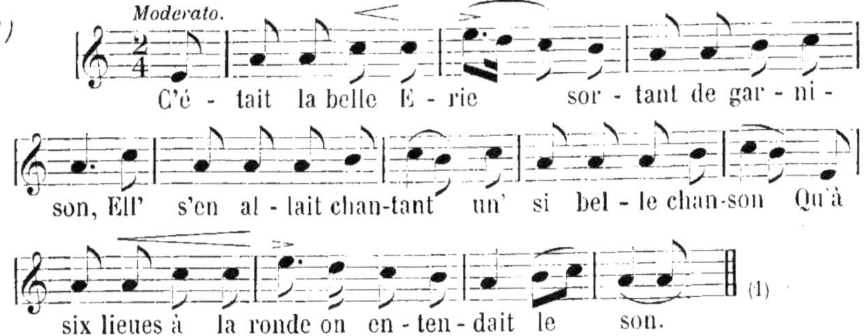

C'était la belle Erie sortant de garnison,
Ell' s'en allait chantant un' si belle chanson
Qu'à six lieues à la ronde on entendait le son.

— Ma sœur, ma très chèr' sœur, apaisez votre voix :
Ici, parmi ces bois, ce n'est que des larrons ;
Ma sœur, s'ils entendont ils vous emmèneront.

La parol' n'est pas dite, en entrant dans le bois,
En entrant dans le bois ont trouvé les larrons ;
Ils étaient bien cinquante, assis sur le gazon

Oh ! le premier a dit : Grand Dieu ! la jolie fille !
Oh ! le second répond : Laissons-les donc passer,
Je connais à leur min' qu'ils sont très chagrinés. (2)

Mais le troisième a dit : Donne-nous donc ta sœur,
Donne-nous la, Robert, si tu n' veux pas mourir ;
Donne-nous la, ta sœur, ta sœur pour une nuit. (3)

Robert, il lui répond, répond très sagement :
— Oh ! non, j'aimerais mieux dix mille fois mourir,
Que vous donner ma sœur, ma sœur, pour une nuit.

Lé larron en colère, s'approche de Robert ;
Il tire son épée, la plonge en son côté :
Voilà le pauv' Robert qui voit son sang couler

— Ma sœur, ma très chèr' sœur, détachez vot' mouchoir,
Bandez bien promptement la plaie de mon côté. (4)
Hélas ! ma pauvre sœur, je ne peux plus parler !

(Anne Davault, veuve Graillot, Vauclaix, 1812).

---

(1) Cet air n'est autre — avec quelques altérations — que l'air célèbre : O ma tendre musette, attribué à Monsigny.

Variantes :

(2) Car cette jolie fill' n'est point à notr' coucher.

(3) Donne-moi donc ta sœur, ce soir, à mon coucher.

(4) Pour essuyer les plaies qui sont dans mon côté,
   Dépêchez-vous, ma sœur, à pein' vous m'emmèn'rez !

(Femme Rabeux, Vauclaix).

La version qui suit ne diffère de la précédente que par la mesure des deux premiers vers de chaque couplet et par le nombre des larrons.

Tant belle Erie sortait de garnison, (*bis*)
Elle chantait un' si belle chanson
Qu'à six lieues à la ronde on entendait le son.

— Ma sœur, ma sœur, apaisez votre voix (*bis*)
Car il y a trois larrons dans ce bois ;
Ma sœur, s'ils entendaient ils vous emmèneraient
    Etc.

(Marie Bard, Vauclaix, 1857).

Une version, moitié récit, moitié chant, est plus riche en détails. Il s'agit de deux enfants, garçon et fille, que leur père, ne pouvant suffire à nourrir sa nombreuse famille, se décide à mener perdre dans la forêt. Les enfants devenus grands arrivent à la maison de leur père, sans la reconnaître, et demandent à loger, le jour même où leur sœur se marie. D'abord, dans l'embarras de la noce, la mère refuse. La sœur intervient :

Hélas ! ma mèr', logeons ces braves gens
J'en avons deux, ma mère, emmi les champs,
Nous n' savons pas qui les loge à présent.

Réplique de la mère, mécontente :

> Tais-toi, ma fille !...
> Je te donn'rais un coup d' poing par les dents,
> Je t'apprendrais à parler à présent !

La mère, enfin, consent à les loger dans l'étable. Mais le frère meurt presque aussitôt. Sa sœur se désole : comment l'ensevelir ? Dans son tablier :

> Ah ! si j'étais dans mon pays perdu,
> Dedans mon coffre il y a de beaux draps d' lin,
> Pour ensev'lir mon très cher frère Andin !

La mère entend et reconnaît ses enfants

(Françoise Durand, veuve Bleuzot, Prémery, 1814).

Le Galant qui voit mourir sa Mie

C'était deux jeunes gens qui s'aimaient bien ensemble (*bis*)
Ils se sont pris tous deux par amitié ; (1)
La mort les a bien séparés.

Variantes :

(1) Sont parvenus tous deux si marier
   Pour accomplir(e) leur pensée.

> *Prémery.*

Ils se sont mis pour être bien heureux.

> *Prémery.*

Sur les onze heur', minuit, la belle si réveille : (*bis*)
    Elle lui dit : — Mon ami, lève-toi !
        Je mi trouv' mal auprès de toi. (1)

Mon ami, lève-toi. Allume-donc le cierge, (*bis* (2)
    Allume-le à la têt' de mon lit,
        Car en bientôt je vas mourir ! (3)

Le jeune époux se lève, il va chercher le prêtre : (*bis*) (4)
    — Monsieur l' curé, hélas ! dépêchez-vous !
        Car à grand' pein' la verrons-nous !

Quand il fut arrivé, sa mie était mourante ! (5) (*bis*)
    Elle a tiré sa main blanche du lit
        Pour dire adieu à son ami.

— Ma mèr', débrodez-moi le ruban de mes manches ; (6) (*bis*)
    Ma mie est mort', j'en ai trop de regret !
        Toujours son deuil je veux porter.

— Ne pleur' pas tant, mon fils ; nous en trouverons d'autres (*bis*) (7)
    Nous trouverons des fill' de gros marchands,
        Qu'auront de l'or et de l'argent.

— J'aim'rais bien mieux ma mie toute nue, en chemise, (*bis*)
    Que tout' ces fill's, ces fill' de gros marchands
        Avec leur or et leur argent !

(Marie Moreau, femme Balet, Prémery, 1817)

Variantes :

(1) Je suis malade auprès de vous.

(2) Allume la chandelle.

(3) Dans un instant je vas mourir.

(4) Le beau galant se lève.

(Prémery).

    Galant fut diligent, s'en va.

(5) Sa mie n'était pas morte.

    Il trouva sa mie mort'. Le galant se chagrine.

(Beaumont).

    Quand il fut arrivé, il trouva sa mie morte.
    Il lui tira sa main blanche du lit,
        En lui disant : adieu, ma mie !

(Prémery).

(6) ... décousez-moi le velours...

(7) Reconsol'-toi, mon fils...

    Un' fill' de gros marchand, qui porte la fontange,
        Oui, la fontange avec de beaux rubans,
            Belle boursett', de l'or dedans.

(Prémery).

Ces variantes sont de :

Gilbert Thomas, Prémery, 180. ; Françoise Durand, veuve Bleuzot, Prémery, 1814 ; Annette Thomas, femme Renaud, Beaumont-la-Ferrière, 1836.

C'est un' fille, un garçon qui se sont mis ensemble, *(bis)*
Ils se sont mis pour être laboureux
    La mort les dispart tous les deux.

Dès la première nuit qu'ils ont couché z-ensemble, *(bis)*
Elle lui dit : — Mon amant, levez-vous !
    Je suis très mal auprès de vous.

Mon amant, levez-vous, allez chercher le prêtre, *(bis)*
En lui disant : monsieur, dépêchez-vous,
    Peut-être la trouverons-nous.

Arrivé au logis, il trouve sa mie morte. *(bis)*
— Ma mie est mort', faut la faire enterrer ;
    Hélas ! son deuil il faut porter !

— Dites-rien, mon ami, nous en trouverons d'autres, *(bis)*
Nous trouverons des fill' de gros marchands,
    Qu'auront de l'or et de l'argent.

— Les fill' de gros marchands ne me conviennent guère, *(bis)*
Elles port'nt des coiffur' à rubans,
    Souvent des bours' et rien dedans

J'aimerais mieux ma mie toute nue en chemise ; *(bis)*
J'aimerais mieux ma mie et rien vaillant
    Que tout' ces fill' de gros marchands

(Claude Beugnon, Saint-Léger de-Fougeret, 1812).

(Air de la version A)

C)

Je plains ces jeun' garçons qui n'ont pas de maitresse : (*bis*)
Moi, j'en ai une à quelques lieues d'ici,
    Je vais la voir dans son logis.

J'apprête mon cheval, la selle aussi la rène (*bis*)
Et mes ép'rons dorés bien aiguisés ;
    Vers ma maitress' je veux aller.

Quand j'arrive là-bas, j' la trouve au lit malade ; (*bis*)
Je fais au moins trois fois le tour du lit,
    Sans pouvoir parler à ma mie.

Ell' dit tout bas : — Ami, tu ne me parles guère. (*bis*)
— Je n' peux parler, mon cœur est trop serré
    De voir ma mie dans son blanc lit.

Ell' dit tout bas : — Ami, fais-moi faire ma tombe (1) (*bis*)
Fais-la moi faire auprès de mon blanc lit,
    Car mon p'tit cœur il va mourir.

La tomb' ne fut pas fait', la belle a rendu l'âme (*bis*)
Elle a rendu son âme à Jésus-Christ.
    Et son p'tit cœur à son ami.

(Victorine Peyronnet, Dompierre, 186.).

Le Laboureur dont le Camarade est mort

Allegretto moderato, avec le genre campagnard bien caractérisé.

C'est deux jeunes garçons
Qui leu sont mis tous deux,
    Hélas !
Qui leu sont mis tous deux
Pour fée deux laboureux,
    Hélas !

Ils leu sont mis tous deux
Pour 'ler à la charrue,
    Hélas !
La premiée nuit couchint tous deux,
La mort les séparit,
    Hélas !

(1) Lit mortuaire, — explique la chanteuse.

Le lendemain matin,
Sus le coup de trois heures,
    Hélas !
L' pus jeune i si ravoille :
— Leuv'-toi, cher camarade,
    Hélas !

C'est temps d' panser les bœufs...
Le pus jeune i si leuve,
    Hélas !
Il allum' la chandelle,
S'en va panser les bœufs,
    Hélas !

Prend sa carde et sa brosse,
Prend soun étrille itou,
    Hélas !
Il étrille les bœufs
Et pis i s'en artourne,
    Hélas !

— Leuv'-toi, cher camarade,
V'là déjà l' jour qué doune.
    Hélas !
Il a pris la chandelle,
Argard' dedans le lit,
    Hélas !

Son camarade est mort !...
Vrai Dieu que de malheur.
    Hélas !
Que de s'êtr' mis tous deux
Pour être laboureux,
    Hélas !

Que de s'êtr' mis tous deux,
Creyant d' bin travailler,
    Hélas !
A c't heur' tout est brisé,
Faut s' tenir sans rin fée,
    Hélas !

(François Franchard, Champlemy, 18..).

Celle qui meurt de regret et d'amour

L'autre des jours me promenant
  Tout le long de la prairie, (1)
Dans mon chemin j'ai rencontré
Un' tant joli' fill' parfaite à mon gré. (2)

Variantes :

(1) Tout le long de ces rivages.
       (Dompierre).
  —   — de la rivière.
       (Prémery).

(2) Une jolie brun' parfaite à mon gré.
  Un' jeun' demoisell' qu'allait si promener.
       (Dompierre).

Je lui ai dit, tout en riant :
   — Belle, êtes-vous mariée ?
La belle a répondu que non, (1)
Mais qu'elle en avait bonne intention.

— La bell', si tu voulais m'aimer.
   Je te ferais des promesses : (2)
Les anneaux d'or que j'ai au doigt,
Si tu veux, ma mie, ils seront pour toi.

— Vos anneaux d'or n' sont pas pour moi, (3)
   Car je suis encor trop jeune.
— Mais je te donnerai du temps, (4)
Je m'en vais rejoindr' mon beau régiment.

Au bout de six s'main', tout au plus,
   V'là que son pèr' la marie :
Un vieillard il lui a donné (5)
Qui n'est pas du tout à sa volonté.

Ne fut pas à l'heur' de souper,
   La belle qui monte en chambre,
Toujours pleurant et soupirant,
Toujours regrettant son très cher amant.

Ne fut pas dans la chambre entré',
   La belle entend la trompette,
Qu'elle sonnait si joliment :
 — Ah ! je crois entendr' mon très cher amant !

Variantes :

(1) Oh ! non, oh ! non, je le suis pas,
   J'ai peur de me mettr' dans les embarras.

                           (Prémery).

(2) Mes amours seraient les tiennes.

                           (Corancy).

(3) Votre anneau d'or n' m'appartient pas.

   . . . .

   Je n'ai pas encore quatorze ans,
   Allez faire un tour dans votr' régiment.

                 (Dun-sur-Grandry).

   Je n'ai qu' seize ans pour le moment,
   J' n'ai pas eu le temps d' plaire à un amant.

                      (Prémery).

(4)   Si tu es jeun', je t'attendrai,
   Dans mon régiment, bell', je m'en irai.

(5)   Avec un vieux grison tout blanc,
   Le cœur de la belle en était pas content.

   A un bon vieillard mal peigné.

                      (Corancy).

Hors de la chambre elle sortit
   Pour lui ouvrir(e) la porte.
Ell' s'est jeté' pour l'embrasser,
Mais entre ses bras elle a trépassé.

-- Valet, valet, laiss'-moi mourir,
   Tu prendras mon équipage !
Va-t-en dire à tous mes parents
Que ton maitre est mort dans son régiment...(1)

(Jean Diot, Saint-André-en-Morvan, 1832).

Dans la version qui suit, c'est la jeune fille elle-même qui raconte sa rencontre :

B)

    L'autre jour en me promenant
      Le long de la rivière,
    En mon chemin j'ai rencontré
    Trois beaux grenadiers, la pipe allumée (2).

    Le plus jeune il m'a demandé :
      — Belle, es-tu mariée ?
    — Oh ! non, oh ! non, je la suis pas,
    J'ai bien l'temps de m' mettr' dans les embarras.

    — Belle, si tu voulais m'aimer,
      Je te donn'rais un gage :
    Un anneau d'or que j'ai au doigt,
    Tire-le, la belle, il sera pour toi.

    — Gardez, gardez votre anneau d'or,
      Je suis encor trop jeune :
    Je suis encor trop jeun' d'un an ;
    Allez faire un tour dans votre régiment.

    Au bout de six mois tout au plus,
      Son père la marie
    A un vieillard de quatre-vingts ans,
    Qui n'est pas du tout à ses agréments.

Variantes :

(1)   Mon maître que j'ai tant servi,
     Est-il donc possibl' de le voir mourir ?

Variantes de :

Pierre Hisquin, *Dompierre, 1831 ; Marie Paulus, Prémery, 185. ; Etienne*
Desmoulins, Corancy, 1827 ; veuve Girard, Dun-sur-Grandry, 1819.

(2) Trois jeun' officiers, la pipe allumée.
        (La Charité).

   Trois beaux matelots, la pipe allumée.
        (Prémery).

— Oh ! mon père, si je le prends,
     Ce n'est que pour vous plaire ;
Oh ! oui, oh ! oui, je l'épous'rai,
Mais jamais d' la vie je ne l'aimerai. (1)

Le soir de ses noces venu,
     Son beau galant arrive.
Il ne fut pas demi-entré,
Se jette en ses bras, elle a trépassé ! (2)

(Jacques Magnand, Murlin, 1812).

Variantes :

(1) Oh ! je vous jure desur ma foi,
     Que jamais d' la vie je ne l'aimerai.

Couplets ajoutés quelquefois :

— Hélas ! hélas ! faut aujord'hui
     Que j'écrive une lettre,
Une lettre à mon cher amant,
Pour savoir s'il est à son régiment.

Quand l' beau galant eut la lettre en main.
     Il(e) fondit en larmes :
— Mon Dieu ! que j'ai donc de malheur !
Voilà ma chère amie qui me fait ses adieux !

Oh ! la belle, fais-moi mourir,
     T'auras mon héritage,
Tu diras à tous mes parents
Que je suis mort dans mon régiment.

(2) Au bout de huit mois tout au plus.
     V'là son amant qu'arrive :
— Bien le bonjour. ma bien-aimé',
J'ai entendu dir' qu' vous êt' marié'.

— Oh ! oui, mariée, je le suis,
     Mal à ma fantaisie ;
Un bon vieillard mon pér' m'a donné.
Qui n'est pas du tout parfait à mon gré.

(Nolay)

Mais quand ce fut sur la minuit,
     Elle entend un' trompette :
— C'est la trompett' de mon cher amant,
C'est lui qui revient de son régiment.

— Oh ! de tout loin m'a demandé :
     — Etes-vous mariée ?
— Oui, mariée, oui. je le suis.
Je ne suis pas moins dans les grands ennuis.

— Hélas ! la bell', permettez-moi
     Qu' pour adieu j' vous embrasse.
La belle est mort' sur le moment,
Morte dans ses bras, tout en languissant.

(La Celle).

Variantes de : Eugénie Perroy, La Charité, 1867 ; femme Balet, Prémery, 1817 ;
Jean Goux, Nolay, 1798 ; femme Langout, La Celle-sur-Nièvre, 182..

La Fille qu'on enlève et qui meurt

Ma petite brunette
Que j'ai tant fait l'amour ! (1)   } bis.
L'amour m'a bien fait faire
Cinquante mille tours,
Tant la nuit que le jour.

Ma petite brunette,
Quitte donc ton pays,   } bis.
Quitte donc père et mère
Et ton pays aussi
Pour me venir servir.

Monte à cheval, brunette,
L'heure vient de sonner,   } bis.
Mon cheval à la porte,
Bien sellé, bien bridé,
Bell', pour nous en aller. (2)

— Comment veux-tu que j'fasse
Pour quitter mon pays, (3)   } bis.
Mon père aussi ma mère ?
Ils m'ont si bien nourri,
Pour moi, les faut servir.

— Ton père aussi ta mère
N'ont pas que toi d'enfant :   } bis.
Ta sœur, aussi ton frère
Qui restent les servant :
Bell', suis donc ton amant.

Sur la route d'Azare (4)
Nous f'rons bâtir château ;   } bis.
Les port's soufflées en or,
Les chevrons en argent ;
Bell', suis donc ton amant.

Variantes :

(1) Y a bien longtemps, brunette,
   Que je te fais l'amour.
         (*Ph Blanchot, Glux, 1860*).

(2) Bell', pour nous emmener.
                  (*Glux*).

(3) Grand Dieu ! qu' çà m' fait d' la peine
   De quitter mon pays !
(*Nicolas Bertin, Fleury-sur-Loire, 1865*)

(4) Sur la route de Rennes
   Nos canons sont braqués.
   Si quelqu'un nous attaque,
   Nous les ferons rouller :
   Bell', faut nous en aller.
         (*Fleury-sur-Loire et Glux*).

Sur la route d'Anselle.
         (*Fleury-sur-Loire*).

Là-haut, sur ces chaumettes, } bis.
J'entends ma mie chanter.
Je m' suis approché d'elle,
Voulant la caresser :
Ma mie a trépassé.

Faut fair' sonner les cloches } bis.
De quatre-vingts clochers ;
Faut fair' chanter les prêtres,
Les moin' et les curés,
Pour ma mie enterrer.

Et voilà ma mie morte ! } bis.
Faut la faire emporter
En l' jardin de son père ;
Faut la faire emporter,
Pour ma mie enterrer !

Aux quatr' coins de sa fosse, } bis.
Quatr' flambeaux d'allumés ;
Tout au mitan d' la fosse,
Beau romarin planté,
Pour ma mie enterrer.

Sur la plus haute branche, } bis.
Le rossignol chanté.
Chante, rossignol, chante ;
Tu as de quoi chanter,
Et moi de sopirer.

(Madeleine Bouziat, femme Lebas, Crux-laVille, 1812).

Autre version musicale :

B)

(Philibert Blanchot, Glux 1860).

Le Soldat qui trouve sa Mie morte

C'était un beau dragon (1) } bis.
Revenant de la guerre,
Revenant de la guerre
Du service du roi,
Pour aller voir Prospère,
Prospèr' sa bien-aimée.

Son capitain' lui dit : } bis.
— Voilà ta carte blanche, (2)
Voilà ta carte blanche,
Ton joli passeport,
Va-t'en revoir Prospère
Et reviens-t'en d'abord.

Le beau dragon s'en va } bis.
Au château de son père.
— Bonjour donc, père et mère,
Frères, sœurs et parents,
Sans oublier Prospère (3)
Que mon cœur aime tant.

Son père, il lui répond : } bis.
— Ta Prospère elle est morte,
Ta Prospère elle est morte,
Morte et ensevelie,
Son corps est dans la terre, (4)
Son âme au paradis.

Le beau dragon s'en va (5) } bis.
Sur la foss' de Prospère.
— Adieu donc, ma Prospère,
Pour la dernière fois !
Oh ! puisque tu es morte,
Je veux mourir pour toi. (6)

Variantes :

(1) C'est un jeune dragon.

(2) Voilà ton portefeuille.

(3) Là-voù donc qu'est Prospère ?
(*Saint-Malo*).

(4) Tout autour de sa tombe,
Les rosiers sont plantés.
(*Semelay*).

(5) Pleurer desur sa tombe.

Relève-toi, Prospère,
Relève-toi d'ici.

Puisque Prospère est morte,
Moi, je m'en vais mourir.
(*Montsauche*)
— Oh ! parle-moi, Nannette,
Une dernière fois !
Car mon cœur si désole
De ne plus te revoir.
(*Fours*).
Prospère, parle-moi,
Mon cœur est en tristesse.
(*Semelay*).

(6) Je r'tourn' servir le roi.
(*Montsauche*).

Le beau dragon s'en va   } bis.   Le beau dragon s'en va   } bis.
Au château de son père :   Trouver son capitaine :
— Adieu donc, père et mère,   — Bonjour, mon capitaine,
Frères, sœurs et parents,   Me voilà de retour :
Puisque Prospère est morte,   Puisque Prospère est morte,
Je r'tourne au régiment.   Je veux servir toujours.

(*Pierre Hisquin, Dompierre-sur-Nièvre, 1831*).

Certains chanteurs ajoutent ce couplet final :

Son capitain' lui dit :
— Va-t'en au corps de garde (1)
Va-t'en au corps de garde,
Va-t'en te reposer.
Tu reprendras les armes,
Tu seras grenadier (2)

D'autres débutent ainsi :

C'était trois jeun' garçons, (3)   Le plus jeune des trois,
Tous trois vont à la guerre,   Il aime fort la sienne,
Tous trois vont à la guerre,   Il aime fort la sienne,
A la guerr' pour longtemps,   Il avait bien raison,
Laissant chacun maîtresse   C'est la plus jolie fille
Qu'ils aiment tendrement.   De tous les environs.

Le beau galant s'en va
Trouver son capitaine :
— Bonjour, mon capitaine,
Donnez-moi mon congé,
Pour aller voir ma blonde,
Qu' mon cœur a tant aimé' (4).

Son capitaine lui dit :
Etc.

Variantes :

(1) Comme un brave homm' de guerre :   C'est un garçon de cœur
— Va-t-en à la caserne.   Regrettant sa maîtresse, (*bis*)
                                             N'avait-il pas raison ?
(2) Comme un vaillant guerrier.
            (*Montsauche*).   (*Montsauche*).

Tu pass'ras officier.
            (*Saint-Aubin*).   (4) Tant loin je l'ai laissé'.
                                                         (*Fours*).
(3) Nous somm' trois bons garçons
Ayant chacun maîtresse, (*bis*)   Après je reviendrai.
Dans la guerr' nous en vons.   (*Glux*).
            (*Glux*).

La version de Françoise Martin (Semelay, 1843) se termine ainsi :

Le jeune soldat s'en va
Du droit au corps de garde :
— Bonjour, mes camarades,
Mi voici de retour.
Oh ! j'ai un' grande tristesse
Qui me dur'ra toujours !

Ses camarad' ont dit :
Qu'est-c' qui ti fait d' la peine ?
Qu'est-c' qui ti fait d' la peine,
Puisque t' viens du pays ?
C'est donc de ta maitresse
Ou bien de tes amis ?

Le jeune soldat répond :
— Oh ! ma maitresse est morte,
Oh ! ma maitresse est morte,
J'ai perdu mes amours.
Comment vivre sans elle ?
Je servirai toujours.

Enfin quelques chanteurs intercalent un couplet comme réponse de la morte, sotte interpolation qui n'est pas dans le ton de la chanson :

Nannette lui répond : (1)
— T'en trouveras bien d'autres,
T'en trouveras bien d'autres
A l'âge de quinze ans,
Qui feront ton affaire
Dans ton beau régiment.

(Fours. — Saint-Aubin).

(1) *Var :* Une voix lui répond.

(Fours).

Ces variantes sont de :

Louise Malville, veuve Martin, Saint-Malo, 1817 ; Françoise Martin, Semelay, 1843 ; Cl. Bizot, femme Bourgeois, Montsauche, 1853 ; ... Grisard, femme Rosier, Saint-Aubin, 185 ; Ch. Martin, Glux, 1861 ; Jeanne Boulanger, femme Couror, Fours, 1817.

C'est trois jeunes garçons
Qui s'en y vont en guerre,
Qui s'en y vont en guerre,
Ces trois jolis garçons.
Ceux qu'auront des maitresses,
Ils les regretteront.

Le plus jeune des trois
Regrette fort la sienne,
Regrette fort la sienne
Sans pouvoir la quitter ;
Il s'en va dans les iles (1)
Sans si reconsoler.

Quand il fut dans les iles,
Dans les il's hors de France,
Un grand mal (e) de tête,
Un grand point de côté :
— C'est donc dedans les iles
Qu'il me faudra rester !

Mais j'entends une voix,
La voix d'une hirondelle,
La voix d'une hirondelle
Qui me parle d'amour :
Je crois qu' c'est ma Nannette
Qui vient à mon secours.

Le capitain' leur dit :
— Enfants, prenons courage !
Enfants, prenons courage !
En Franc' nous rentrerons ;
Nous irons voir nos blondes,
Nos petits cœurs mignons.

Sitôt fut arrivé,
Demandit sa Nannette :
— Oh ! ta Nannette est morte,
Nannett' n'est point ici ;
Son corps est dans la terre,
Son âme en paradis.

Que Dieu béniss' l'amour !
Que Dieu maudiss' la guerre !
Que Dieu maudiss' la guerre !
Si loin m'a-t-emmené !
Et ma Nannette est morte,
Est morte de regret !

(Gilbert Thomas, Prémery, 181.).

-----

(1) *Var* : S'en va long d' la rivière
     Pour si reconsoler.

(Veuve Bleuzot, Prémery, 1814)

Ce couplet, ajouté le plus souvent, me semble une brutale interpolation :

> Si ma Nannette est morte,
> J'irai desur sa tombe,
> J'irai desur sa tombe,
> Toujours le verre en main,
> Et la pipe à la bouche,
> Abolir mon chagrin.

Pour clore la série des « tragiques dénouements », je mentionnerai deux chansons célèbres dans le Romancero populaire, *les* Faux Anneaux *et la* Pernette. *La première a pour thème l'innocence et l'injuste et cruelle punition par son mari, d'une femme qu'accuse d'adultère, au moyen de faux anneaux, un séducteur évincé. Je n'en ai pas trouvé la forme ancienne en Nivernais ; je n'en ai entendu (à* Planchez, *femme Guillaume, 1809 ; à* Menestreau, *veuve Moreau, 1828), qu'une fade transformation :* La Sensible claire, *interminable rhapsodie, style « dessus de pendule », mise sur un air ancien qu'on indiquera plus loin :*

> Prêtez-moi, belle Claire,
> Vos trois jolis anneaux
>
> . . . .
>
> Oh ! mon Fernand, dit-elle,
> En a paré mes doigts...

et une version en prose (à Montigny-aux-Amognes) *où rien ne subsiste de la forme chantée.*

Quant à la Pernette, *je n'en ai découvert chez nous aucune version, sauf celle qui m'a été dite par M. Favret, l'habile mosaïste, étranger à notre province, et momentanément fixé à Nevers, lequel l'a apprise à Saint-Étienne. Je la donne ici sous la réserve de cette explication :*

La Pernette

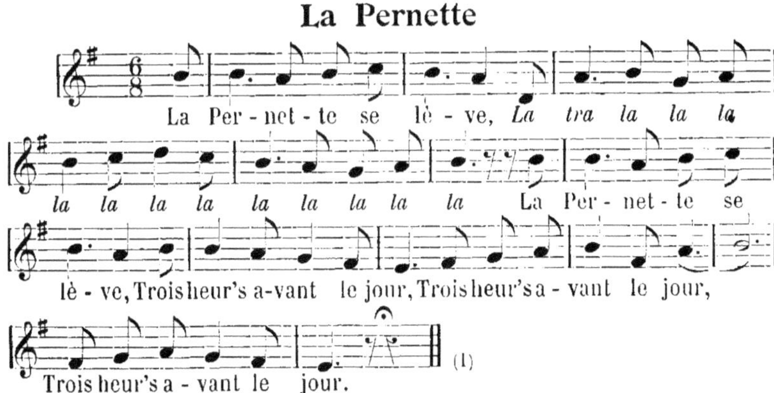

La Pernette se lève,   Ell' fait trois bobinettes,
Latra lalalala lala lala lalalala   *Latra, etc.*
La Pernette se lève,   Ell' fait trois bobinettes,
Trois heur's avant le jour *(ter)*.   Et il n'était pas jour *(ter)*.

(1) Air noté par M. Ernest Fischer.

— Qu'avez-vous donc, Pernette ?
Qu'avez-vous à pleurer ? *(ter)*.

Avez-vous mal à la tête
Ou bien le mal d'amour ? *(ter)*

— J' n'ai pas mal à la tête,
Mais j'ai le mal d'amour *(ter)*

— Ne pleurez pas, Pernette,
Nous vous marierons, *(ter)*.

Au fils *(e)* d'un grand prince
Ou celui d'un baron *(ter)*.

— Je n' veux pas l' fils d'un prince
Ni celui d'un baron. *(ter)*.

Je veux mon ami Pierre
Qui est dans la prison. *(ter)*.

— Vous n'aurez pas votr' ami Pierre,
Nous le pend *(ele)* rons. *(ter)*.

— Si vous pend'lez mon ami Pierre,
Pend *(el)* ez-moi aussi. *(ter)*.

Moi, sur un tronc d'arbre,
Et lui au pilori. *(ter)*.

Vous l' garnirez de roses,
Et moi de fleurs aussi. *(ter)*.

Nous trouverons plus loin d'autres « aventures tragiques » : exécution de déserteurs, duels de soldats, ou de filles trompées qui s'engagent pour rejoindre à l'armée leur séducteur et le provoquer, etc. Mais ces chansons n'ont pas l'allure ni le ton des complaintes.

La Fille du Roi dans la tour

C'était le roi dessur son pont (1)
Tenant sa fille en son giron :
Ma fill', quittez ce chevalier
Qui n'a ni maille ni denier.

— J'aime Dijon, je l'aimerai,
J'aime Dijon pour sa beauté,
Je l'aime plus que mes parents
Et vous, mon pèr', que j'aime tant (2).

---

(1) *Var :* C'était le roi dans son château,
　　　Appelant sa fille Isabeau :
　　　Il la prenait sur ses genoux
　　　En lui parlant de ses amours.

　　　— Ma fill', n'écoute pas Dijon,
　　　Ma fill', n'écoute pas Dijon ;
　　　Il n'a ni maille ni denier,
　　　Ni cheval *(e)* pour ti mener.

(2) *Var :* Et vous, mon pèr', qui m'aimez tant.

　　　Le roi appell' ses chevaliers :
　　　— Emm'nez ma fille emprisonnée.
　　　Mettez-la dans la plus bass' tour
　　　Qu'ell' ne voie ni la nuit ni l' jour !

　　　Menez-la si loin de ma cour
　　　Que je n' la voie ni nuit ni jour.
　　　(Eugénie Perroy, La Charité).

— Qu'on aille chercher mes cavaliers
Pour mett' ma fill' emprisonnée.
Qu'on la mène dans une tour
Que l'on n'y voit ni nuit ni jour.

La belle y est resté' sept ans
Sans voir aucun de ses parents.
Au bout de la septième année
Son pèr' s'en fut la visiter.

— Bonjour, ma fill'! — Bonjour, papa! (1)
— Comment ça va ? — Ça va bien mal.
J'ai un côté blessé des fers
Et l'aut' qui est mangé des vers.

Mon cher papa, n'auriez-vous pas
Quelques deniers à me donner ?
J'en ferais part à mon geôlier
Qu'il me desserre un peu les pieds.

— Oh ! oui, ma fille, oh ! oui, j'en ai
Quinze boisseaux bien mesurés
Qui sont tout prêts à te donner,
Si tes amours tu veux changer.

— J'aim'rais mieux pourrir dans la tour
Que d'abandonner mes amours.
— Dedans la tour tu pourriras
Ou tes amours tu quitteras.

Le beau Dijon passant par là
Un mot d'écrit il lui jeta :
Faites-vous morte, ensevelie,
Que l'on vous porte à Saint-Denis.

La belle n'y a pas manqué,
S'est faite morte et emportée :
Cinquante prêtr', autant d'abbés, (2)
Pour mener la belle enterrer.

Le beau Dijon passant par là :
— Arrêtez, prêtr', arrêtez là !
Puisque ma mie est trépassée,
Permettez-moi de l'embrasser.

Il a tiré ses ciseaux fins
Pour découdre les draps de lin.
A chaque point qu'il décousait,
Voyait sa mie lui souriait (3)

Voyez, voyez la trahison
De ma fille et du beau Dijon !
Faut à présent les marier,
Qu'on n'en entende plus parler.

Garçon et fill' qui veulent s'aimer,
Personn' ne peut les empêcher...
— Cinquante prêtr', autant d'abbés
Pour mener la bell' marier.

(Marguerite Nugues, femme Bongars, Dommartin, 1817).

*Dans d'autres versions, la fille du roi devient la fille d'un prince, d'un seigneur
ou simplement une jeune fille amoureuse, mise dans la tour avec les prisonniers
et que « son cher amant » en tire par son stratagème.*

Certains chanteurs (tels que Étienne Plisson, *Tresnay, 1872) adaptent bon gré
mal gré les paroles à l'air donné page 113.*

Variantes :

(1) — Bonjour, ma fill', comment ça va ?
    — Mon cher papa, ça ne va pas.
    J'ai les côtés mangés des vers
    Et les deux pieds rouillés aux fers.

(2) Par trente prêtr' et trente abbés
    Et trent' flambeaux bien allumés.

(3) A chaque. . . . .
    Son petit cœur il soupirait.

Les variantes sont de Marie Dufond, Sermoise, 1868.

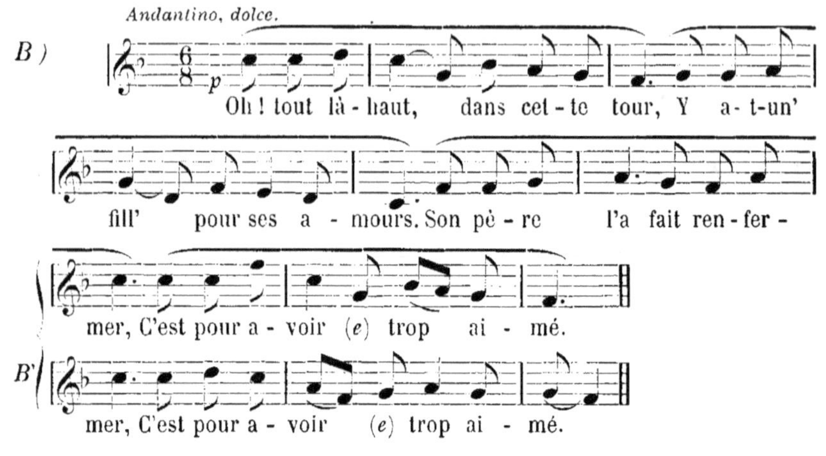

Oh ! tout là-haut, dans cette tour, (1)
Y a-t-un' fill' pour ses amours.
Son père l'a fait renfermer,
C'est pour avoir (e) trop aimé.

Variantes :

(1) La fill' d'un princ' voulant s' marier.
     (*Guipy, Saint-Saulge*).

C'était un' fill' voulant s' marier,
Son pèr' l'en a bien empêché'.
Il l'a renfermé' dans la tour
Pour lui faire passer ses amours.
     (*La Machine*).

C'était un' jeun' fill' de Dijon,
Mais qui aimait trop les garçons.
Son père qui ne voulait pas
Dedans la tour la renferma.
     (*Gouloux*).

C'était la fill' d'un gros seigneur
Qui v'lait abandonner son cœur ;
Son pèr' l'a mis' dedans la tour
Pour la priver de ses amours.
     (*Sully-la-Tour*).

La fill' d'un princ' voulant m'aimer,
Son pèr' l'en a. . . . .

. . . .
Pour qu' les garçons lui fass' l'amour.
     (*Nolay*).

La fill' d'un princ' voulant aimer.
     (*Colméry*).

C'était une fille du roi
Qu'aurait voulu se marier.
Ell' voulait bien se marier,
Mais son pèr' l'en a t-empêché'.
     (*Beaumont-la-Ferrière*).

Qu'avait abandonné son cœur.
     (*Nolay*).

Y a-t-un' fill' dedans la tour,
Elle est plus belle que le jour.
Son père l'a fait enfermer
C'est pour (e) l'empêcher d'aimer.
     (*Pougues*).

C'était un' fille d'Orléans,
On dit qu'elle est plein' d'agréments.
Son pèr'. . . . .
     (*Chantenay*).

Son pèr' dans la tour l'a menée,
C'était pour l'empêcher d'aimer.
     (*Fours*).

Qu'on ne la voie ni nuit ni jour.

La fill' du roi voulant aimer.
     (*Saint-Franchy*).

C'est un' jeun' fille de quinze ans.
     (*Saint-Franchy*).

C'est une fille de Lorient.
     (*Moussy*).

Elle y fut bien cinq, six années (1)
Sans que personn' l'ait visitée.
Au bout de la sixième année,
Son père y fut pour lui parler.

— Bonjour, ma fill', comment ça va? (2)
— Mon cher papa, ça va comm' ça.
J'ai les pieds pourris dans les fers
Et les côtés percés des vers.

N'auriez-vous pas dans votr' gousset
Cinq ou six sous à mi donner (3)
Pour y payer les prisonniers
Qu'ont bien voulu panser mes pieds?

— Oh! oui, ma fill', je t'en donn'rai, (4)
Tant qu'il faudra pour te soigner :
Si tu veux quitter tes amours
Je te r'tir'rai de d'dans la tour.

Variantes :

(1) Cinq à six mois s' sont bien passés
Sans que personne aille la voir.

(*Saint-Malo*).

La belle y fut bien sept années.

Elle y fut bien cinq à six ans.

(*Fours*).

Ell' fut bien six ans isolée
Et sans y être visitée.

(*Saint-Franchy*).

Y est bien restée cinq à six mois
Sans que personne aille la voir.
Mais au bout de six mois passés,
Son père alla la visiter.

(*Sully la-Tour*).

(2) — Hélas! mon pèr', ça va comm' ça :
J'ai les côtés mangés des vers...

(*Bitry*).

J'ai les mains clouées, les fers aux pieds,
Et des blessur' dans les côtés.

(*Pougues*).

J'ai les pieds génés dans les fers
Et les côtés percés des vers.

(*Nolay*).

(3) Cinq à six louis à mi donner
. . . .
Qu'il me dégène un peu les pieds.

(*Glux*).

Pour donner à ces prisonniers
Qui m'avont tant complimentée.

(*Dun-sur-Grandry*).

Pour mi faire desserrer les pieds,
Pour mi faire décourouiller.

(*Saint-Pierre*).

(4) — Oh! oui, ma fill', nous en aurons,
Et des milliers et des millions;
Nous en aurons à ti donner
Si tes amours tu veux quitter.

(*Saint-Malo*).

. . . . nous en avons,
Autant de mill' que de millions,
Nous en avons à vous donner,
Si vos amours vous ont quitté'.

(*Luthenay*).

Si t'abandonnes tes amours,
Je te mettrai dehors la tour.

(*Lurcy-le-Bourg*).

Si vos amours ils sont passés.
De cette tour vous sortirez.

(*La Machine*).

Si tu promets de n' plus l'aimer
De la tour je te sortirai.

(*Tresnay*).

—Non, mes amours je n'quitt'rai pas.(1)
— Dedans la tour tu resteras
— J'aim'rais mieux pourrir dans la tour
Que de r'noncer à mes amours.

Son cher amant passant par là (2)
Un bout de lettr' lui écriva :
— Bell', fait' vous morte, ensevelie,
Fait's vous conduire à Saint-Denis.

La belle n'y a point manqué,
Le lendemain a trépassé :
Ell' se fait morte, ensevelie, (3)
Se fait conduire à Saint-Denis.

Les prêtr's y vont devant chantant,
Son père y va derrièr' pleurant.
Plus de cent prêtr' et cent abbés, (4)
Autant de flambeaux d'allumés.

Son cher amant passant par là :
— Arrêtez, prêtr', arrêtez-là !
Vous portez ma mie enterrer,
Permettez-moi de l'embrasser.

Variantes :

(1) J'aime mieux mourir dans la tour
Que d'abandonner mes amours.
— Eh bien ! dans la tour vous mourrez
Point d' guérison que vous n'aurez.

(*Langeron*).

Dedans la tour tu pourriras,
De guérison tu n'auras pas.
Plutôt que mes amours quitter,
Dedans la tour je périrai.

(*Guipy*).

Eh bien ! ma fill', tu y mourras,
Point de secours (e) tu n'auras.

(*La Machine*).

(2) Le fils du duc vient à passer,
Un mot de lettre il a posé :
— Faites-vous mort' dans votre lit,
Qu'on vous conduise à Saint-Denis.

(*Fours*).

Le fils du princ' passant par là,
Un bout de lettre il lui jeta.

(*Saint-Malo*).

Le fils du princ' passant par là,
Une lettre il lui écriva.

(*Lurcy-le-Bourg*).

Il y avait sur cet écrit :
Faites-vous morte ensevelir.

(*Lurcy*).

Fais donc la morte ensevelie,
Pour qu'on te porte à Saint-Denis.

(*Saint-Franchy*).

(3) La belle est morte, ensevelie,
V'là qu'on la porte à Saint-Denis

(*Beaumont-la-Ferrière*).

(4) Soixante prêtr', autant d'abbés.

(*Lurcy-le Bourg*).

Par quinze prêtr' et quinze abbés,
Cinquante flambeaux d'allumés.

(*Saint Malo*).

Quatre beaux cierges allumés,
C'est pour la belle l'éclairer.

(*Nolay*).

Il tire son couteau d'argent, (1)   Garçon et fill' qui veul' s'aimer,
Découd le drap bien vitement ;   Y a personn' pour les empêcher...
Il lui donne un si doux baiser   S'il faut les marier à présent,
Que la belle en a soupiré. (2)   Marions-les donc bien promptement !

[André Champeroux, Saint-Aubin-les-Forges, 1822).

La variante musicale B' est de Marie Bernier, Saint-Pierre, 1869.

Variantes :

(1) Qu'on m'apporte mes ciseaux d'or,   Tous les prêtres, tous les abbés
   Que je décous' le drap de mort.   En sont restés là sans parler.
                                             Il nous faut donc les marier,
                         (Fours).   Qu'on n'en entende plus parler.

                                                                 (Moussy).
   Qu'on m'apporte des ciseaux fins.
                     (Saint-Franchy).   Le prince avec tous ses valets
                                             Mena la belle en son palais.
                                                               (La Machine).
(2) La bell' fit un si grand soupir
   Que tout le mond' se mit à rire.   Oh ! il l'a prit, il l'emmena,
   Voilà tous ces jeunes abbés   Dans son carrosse il la monta.
   Disaient : c'est un tour bien joué.   Cinquante prêtr'. . . . .

                     (La Charité).   *(Saint Malo).*

Ces variantes sont de :

Marguerite Bezat, veuve Buteau, Guipy, 1815 ; Anne Perret, femme Perruchot, Saint-Saulge, 1838 ; Claude Barbotte, La Machine, 1826 ; Alphonse Laboureau, Gouloux, 184. ; François Villain, Sully-la-Tour, 1818 ; Louise Goux, veuve Soudeau, Nolay, 1810 ; Eulalie Carrue, Colmèry, 1872 ; Marie Lasne, femme Musset, Beaumont-la-Ferrière, 1859 ; Pauline Paon, Nolay, 1868 ; Catherine Bourdier, femme Simonet, Pougues, 1845 ; veuve Mirault, Chantenay, 1802 ; Gabrielle Roy, femme Valet, Fours, 1868 ; Jeanne Renaud, veuve Lutereau, Saint-Franchy, 1837 ; Jeanne Bourdier, femme Geoffroy, Saint-Franchy, 1854 ; Edmée Lévesque, femme Laville, Moussy, 1846 ; Louise Malvy, veuve Martin, Saint-Malo, 1817 ; Louise Guellet, femme Guellet, Bitry, 1827 ; Anne Monsinjon, Nolay, 1864 ; Philibert Blanchot, Glux, 1860 ; Marie Jadet, veuve Girard, Dun-sur-Grandry, 1819 ; Marie Bernier, Saint-Pierre-le-Moûtier, 1870 ; Antoinette Bertrand, femme Quoy, Luthenay, 1829 ; Madeleine Guyoux, veuve Beaume, Lurcy-le-Bourg, 1791 ; Eugénie Perroy, La Charité, 1866.

Dans les versions de Glux et La Charité, Dijon est devenu P'tit-Jean.

La Fille du Maréchal de France

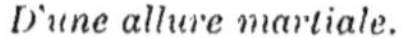

D'une allure martiale.

Jeune capitaine (1)
Revenant de guerre,
Cherchant ses amours,
Les a tant cherchées,
Les a retrouvées
Dedans une tour.

— Dites-moi, la belle,
Qui vous a fait mettre
Dedans cette tour ?
— C'est mon très cher père
Qui m'y a fait mettre
Par rapport à vous.

— Maréchal de France, (2)
Votre fill' demande
Quand ell' sortira.
— Jeune capitaine, (3)
N'en sois pas en peine,
Tu ne l'auras pas.

— Je l'aurai par terre,
Je l'aurai par mer (e)
Ou par trahison...
Allons, partons, belle !
Partons pour la guerre,
Car il y fait bon.

Variantes :

(1) Brave capitaine,

        (Planchez).

C'est un capitaine
De Tours, en Touraine.

Au fond d'une tour.

        (Moraches).

C'est monsieur mon père.

      (Moraches, Grenois).

(2) Général de France.

     (Planchez, Moraches).

Brave capitaine,
Demande à mon père

Quand je sortirai.
— Général de France,
Votre fill' vous mande
Quand ell' sortira.

(3) — Jeune capitaine,
N'en sois pas en peine,
Ell' n'est pas pour toi.
— Je l'aurai par force,
Je l'aurai par mer (e)
Ou par trahison.

        (Planchez).

Jamais tu n' l'auré.

       (Moraches).

Le pèr' tout en rage,
Prend sa fill', l'embrasse (1)
Et la jette à l'eau.
Son amant plus sage, (2)
Se jette à la nage,
La retir' de l'eau.

A la première ville,
Son amant l'habille
Tout en satin blanc ;
A la second' ville,
Son amant l'habille
En or, en argent.

A la troisièm' ville (3)
Son amant l'habille
Tout en diamant
Elle était si belle
Qu'ell' passait pour reine
Dans le régiment.

(Pierre Hisquin, Dompierre-sur-Nièvre, 1829).

La Femme enlevée par les Sarrasins

Variantes :

(1) Le père en colère
Embrasse sa fille.
(Planchez).

Prend sa fille sage.

(2) Son amant volage.
(Grenois).

Son amant fidèle :
— Marions-nous, belle,
Tout présentement.

(3) Allons, partons, belle,
Partons pour la guerre,
Car il y fait bon.
Elle était si belle
Qu'elle passait pour reine
Dans le régiment.

(Saint-Aubin-les-Forges).

Variantes de :

*Pierrette Coquillon, femme Guillaume, Planchez, 1809 ; Jeanne Gautier,
veuve Gaulon, Moraches, 1816 ; Marie Gobillot, femme Mouloise, Grenois, 1852 ;
André Champéroux, Saint-Aubin-les-Forges, 182.*

C'est aujourd'hui la veille,
Demain sera le jour.
Je serai sarrasine
De chez le sarrasin,
Je serai sarrasine
S'il ne me vient secours. *bis.*

En le servant à table,
La bell' l'a reconnu :
— Ah ! c'est donc toi, Flacone ?
Es-tu donc si hardi
De v'nir de la Lorraine
Dans ces pays ici ? *bis.*

De dix lieues à la ronde,
Son amant l'entendit.
Quitte sa cotterise, (?)
S'habille en pèlerin,
Pour aller joindr' sa belle
De chez le sarrasin. *bis.*

— Je suis venu, la belle,
Voir si tu veux rev'nir.
— Ce dit-elle, de suite,
Je vais changer d'habits,
Et tout à la minute
Tous deux allons partir. *bis.*

Sarrasin lui demande :
— D'où viens-tu, mon ami ?
— Je viens de la Lorraine
Dans ce pays ici,
Je viens de la Lorraine
Pour voir ma bonne amie. *bis.*

La belle a mis en bourse (2)
Plus de mille louis ;
Ell' prend par dessous robe (3)
Un jupon de velours,
Couronn' desur sa tête,
Voilà la bell' partie. *bis.*

— Qu'on le serve à ma table
De mon pain, de mon vin ;
Et qu'on lui verse à boire (1)
Dans mon gob'let d'or fin.
Il couchera, ce soir,
Dedans mes beaux draps fins. *bis.*

Sarrasin se réveille
Comme un homme étourdi,
Monte sur les remparts (4)
Pour voir la bell' partir,
Partir dans la Lorraine
Avec son bon ami. *bis.*

— Si j'avais su, la belle,
Que tu m'aurais trahi
Je n' t'aurais pas nourri'
De mon pain, de mon vin ;
T'aurais pas couché seule (5)
Sept ans dans mes draps fins ! *bis.*

(Catherine Mercier, femme Gilbert, Arbourse, 1848 .

Variantes :

(1) Et qu'il mange à ses forces
Et à ses appétits.

(2) Ell' met dans sa pochette.
(Veuve Carroué, Murlin, 1833).

(3) Ell' prend sa belle robe,
Sa robe de velours.

(4) Monte sur la muraille.

(5) T'aurais pas eu la clef,
La clef de mes louis.
(Veuve Brunet, Nolay, 1803).

Autre version musicale :

(*Françoise Rougelot, veuve Carroué, Murlin, 1833*).

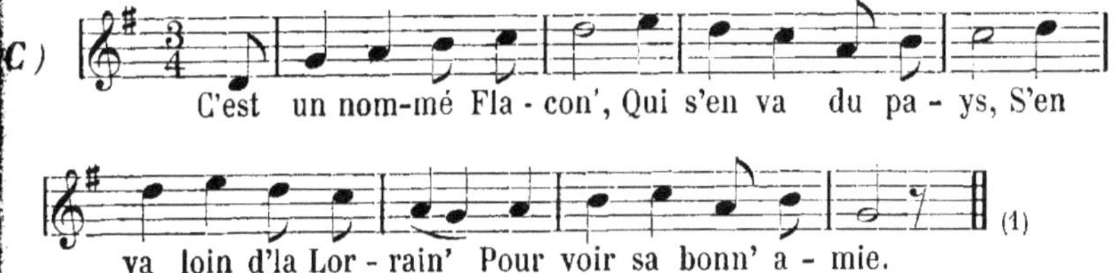

(1)

C'est un nommé Flacon',
Qui s'en va du pays,
S'en va loin d' la Lorrain'
Pour voir sa bonn' amie.

Il quitt' sa conterie, (?)
S'habille en pèlerin,
Il s'en va voir sa blonde
Qu'est chez le sarrasin.

En entrant dans la cour,
Sarrasin le salue.
Dedans un corridor,
Sa bell' a t-aperçu.

Sarrasin lui demande :
— Qui donc cet homme-là ?
Lui répondit la belle :
— Je ne le connais pas.

— Qu'on lui porte à ma table
Du bon pain, du bon vin
Et qu'il boive et qu'il mange,
Qu'il mange à son dessein.
Etc.

(*Jeanne Chandillon, femme Bonnard, Bulcy, 1830*).

Air noté par M. J.-B. Garsonnin.

— Dis-moi donc, ma servante,
Là-voù qu'est ma Florenc'
Là-voù qu'est ma Florenc',
La violette lonla,
Florenc' du roi Zauri. } *bis.*

La servant' lui répond :
— Les Sarrasins l'ont pris',
Les Sarrasins l'ont pris',
La violette lonla,
Les Sarrasins l'ont pris'. } *bis.*

Le roi se met en marche,
Sept ans pour la chercher,
Sept ans pour la chercher,
La violette lonla,
Sans pouvoir la trouver. } *bis.*

Dans son chemin rencontre
Des laveus' de filet,
Des laveus' de filet,
La violette lonla,
Des laveus' de filet. } *bis.*

— Dites-moi, lavandières
Pour qui ce filet-là ?
Etc. } *bis.*

— Oh ! c'est pour la Florence,
Florenc' du roi Zauri,
Etc. } *bis.*

— Dites-moi, lavandières,
Comm' fair' pour lui parler ?
Etc. } *bis.*

— Faut s'habiller en pauvre,
En pauvre, en pèlerin,
Etc. } *bis.*

Sarrasin sur la porte
Le regardait venir,
Etc. } *bis.*

— Oh ! dites-moi, le pauvre,
De quel pays êt' vous ?
Etc. } *bis.*

— Du pays d' la Florence,
Florenc' du roi Zauri,
Etc. } *bis.*

— Oh ! viens donc voir, Florence,
Un homm' de ton pays,
Etc. } *bis.*

— Comment pourrait-il faire
Pour y venir ici ?
Etc. } *bis.*

N'y a que les hirondelles
Roulant par tout pays,
Roulant par tout pays,
La violette lonla,
Qu'y peuvent bien venir. } *bis.*

— Va lui dire qu'il entre
Et donn'-lui à manger,
Etc. } *bis.*

En regardant le pauvre,
Ell' s'est mise à pleurer,
Etc. } *bis.*

— Oh ! dites-moi, madame,
C' qui vous fait tant pleurer.
Etc. } *bis.*

— Oh ! dites-moi, le pauvre,
J' crois que vous êt' mon mari, } *bis.*
   Etc.

—Oh ! oui, je l' suis, Florence,
Sept ans je t'ai cherché', } *bis.*
   Etc.

— Sarrasin à la chasse,
A la chasse est allé,
A la chasse est allé, } *bis.*
   La violette lonla,
Vous me pouvez parler.

— Prends de l'argent, Florence.
Prends-en vite et partons,
Prends-en vite et partons, } *bis.*
   La violette lonla,
Le chemin est bien long !

Sarrasin r'vient d' la chasse :
— Là-voù qu'est la Florenc', } *bis.*
Là-voù qu'est la Florenc',
   La violette lonla,
Florenc' du roi Zauri ?

La servant' dit : — Le pauvre
Etait bien son mari, } *bis.*
Etait bien son mari,
   La violette lonla,
L'a pris', l'a t-emmené'.

— Si j'avais pu l' savoir,
J' l'aurais mise à quartiers, } *bis.*
J' l'aurais mise à quartiers,
   La violette lonla,
Dans la rivièr' jetée.

(Marie Jardet, veuve Girard, Dun sur-Grandry, 1819).

Le Retour du Mari [1]

1°

LA PORCELETTE

C'était le p'tit Pied-Blanc,
Voulut se marier ;
A pris femme si jeun',
N'a pas quinze ans passés.
Le soir (c) de ses noces,
En guerre il fut mandé :
Oh ! le petit Pied-Blanc
Etait bien désolé !

— Adieu donc, mon époux !
— Adieu, mon épousée !
A qui je donnerai
Ma femm' pour la garder ?
— Oh ! va, mon enfant, va !
Moi, je la garderai:
Avec nos demoiselles
Je la ferai coucher.

(1) Nous retrouverons plus loin ce thème du retour du mari soldat, présenté sous une autre forme, d'un ton moins relevé.

Il ne fut point parti,
En guerr' n' fut point allé,
Les brebis de la cour
Lui donna t-à garder.
— La bell' fut bien sept ans
Sans rire et sans chanter :
Tout au bout des sept ans
Ell' se mit à chanter.

Revenant de la guerre,
Entendit une voix,
Une voix qui chantait
Là-bas, dedans ces bois :
— Ecoute, écout', mon page,
Entends-tu cette voix ?
C'est la voix de ma mie
Qui chante dans ces bois

— Hé là ! ma p'tit' bergère,
Donne-moi de ton pain.
— Je ne refuse pas (1)
De vous donner d' mon pain ;
Mais vous n'en voudrez pas,
Il est fait sans levain ;
Les chiens de chez mon père
Ils n'en mangeraient point.

— Hé là ! ma p'tit' bergère,
Emmène tes moutons.
— Je ne refuse pas (2)
D'emmener mes moutons ;
Mais ce n'est pas midi,
Si j'arrive trop tôt,
Les gens de la maison,
Oh ! oui, me batt (e) ront.

La petite bergère,
Fut pas (en) la cour entrée,
Voilà un' des servantes
Qui sort pour la frapper :
— Bell'ment, bell'ment, servante, (3)
Ah ! ne frappez point tant,
Car la petit' bergère
A beaucoup de torment.

— Hé là ! ma p'tit' bergère,
Que tu as les pieds noirs !
— Hé là ! monsieur, dit-elle,
Je peux bien les avoir !
Voilà juste sept ans,
Ni chausses ni souliers,
Je peux bien vous le dire,
Ne m' sont rentrés aux pieds.

— Hé là ! madam' l'hôtesse,
Ce soir à mon souper,
Laquell' de vos servantes
Allez-vous me donner ?
— Je n'ai pas de servantes,
Ce soir, à vous donner :
Mais la petite bergère,
Monsieur, si vous la v'lez.

— Hé là ! ma p'tit' bergère,
Va-t-en laver tes mains :
Avec le capitaine
Tu vas venir souper.
— Je ne refuse pas (4)
D'aller laver mes mains,
Mais ma soupe est trempée
Avec cell' de mes chiens.

Variantes par Jeanne Gendras, femme Taviot, Cercy-la-Tour, 1833 :

(1) Je ne différ'rai pas...

(2) Je ne différ'rai pas
D'emmener mes moutons.
Mais ce n'est pas midi,
Battue, je le serai.
— Ma petite bergère,
Je te revengerai.

(3) — Tout beau, tout beau, servante.
Ah ! ne frappez pas tant,
La petite bergère
Etait très mal aux champs.

(4) Je ne différ'rai pas...

— Hé là ! madam' l'hôtesse,
Ce soir, à mon coucher,
Laquell' de vos servantes
Allez-vous me donner ?
— Je n'ai pas de servantes,
Ce soir, à vous donner :
Mais la petit' bergère,
Monsieur, si vous la v'lez.

— Hé là ! ma p'tit' bergère,
Va t-en laver tes pieds :
Avec le capitaine
Tu vas venir coucher.
— Je ne refuse pas (1)
D'aller laver mes pieds,
Mais le chevet d' mon lit,
C'est l' toit de mes brebis.

— Voyez cette salope,
Comme elle se défend !
Ell' croit que l' capitaine (2)
Lui f'rait passer son temps...
— Oh ! viens, oh ! viens, ma mie,
Approche vite ici :
J'ai bien tout entendu
Ce que ma mère a dit.

Regarde l'anneau d'or
Que je t'ai mis au doigt,
Le jour (e) de nos noces,
V'là aujord'hui sept ans.
Tu en as la moitié ;
L'autre, je l'ai gardé'.
Console-toi, ma mie,
Tes tourments sont finis.

— Si vous n'étiez ma mère,
Je vous ferais brûler.
Quoiqu' vous soyez ma mère,
Je n' sais c' que je ferai.
— Bellement, mon ami,
Ne faites point cela ;
Dieu, comme ell' le mérite,
La récompensera !

(Jeanne Boulanger, femme Couron, Fours, 1817).

Variantes :

(1) Je ne diffèr'rai pas
    D'aller laver mes pieds,
    Mais j' n'ai pas d'autre lit
    Qu' la l'tièr' de mes brebis.

(2) Comm' si le capitaine
    Il était son amant.

C'était monsieur Beauvais (1)
Voulant si marier
A un' jeun' demoiselle
Qu'a pas quinze ans passés.

Le soir (e) de ses noces,
Une lettre arrivé',
Qu'il faut aller en guerre
Au service du roi.

— A qui donc j' vas donner
Ma mignonne à garder ?
Sa mèr' lui dit : mon fils (e),
Moi, je la garderai.

Je la mettrai en chambre,
Je la ferai filer. (2)
Aussi bien que ma fille,
Je te la soignerai.

Fut point au port de Mise, (?) (3)
Les porcs y envoie garder.
Fut bien sept ans sans rire,
Sans rire et sans chanter.

Voilà sept ans qu'arrive,
Ell' se met à chanter.
Son amant qu'est en guerre
L'entendait bien chanter.

Dit à son capitaine :
— Donnez-moi mon congé,
Que j'aill' voir ma petite,
Je l'entends bien chanter.

— Comment peut-il se faire
Que tu l'entend's chanter ?
— Mettez vot' pied su' l' mien (ne),
Vous l'entendrez comm' moi.

Mit son pied sur le sien,
Il l'entendit chanter :
— Tiens, voilà, colonel,
Tiens voilà ton congé.

— Bonsoir, ma p'tit' porchère,
Quels porcs que vous gardez ? (4)
— Sont à monsieur Beauvais ;
Dieu lui donn' la santé !

Dieu lui donn' la santé,
Aussi un bon retour !
Mais à sa méchant' mère,
Dieu lui envoie la mort !

— Donn'-moi, ma p'tit' porchère, (5)
Donn'-moi de ton goûter.
— J' mang' que du pain d'avoine,
Vous n'en pourriez manger.

Variantes :

(1) C'était monsieur Beaulouis.
                    (*Murlin*).

C'était monsieur Desvosges...
                    (*La Marche*).

C'était monsieur Bouloy.
                    (*La Celle-sur-Nièvre*).

Voulant si marier,
Il a pris une femme...

(2) En chambre à bien filer.

(3) Bouloy fut point en guerre,
    Les porcs l'envoie garder ;
    Lui donn' du pain d'avoine
    Trempé de jus d' fumier.

(4) A qui ces cochons-là ?
    — C'est à monsieur Beaulouis ;
    Dieu y envoie la santé !..
                    (*Murlin*).

Petite porcelette,
A qui ces pourceaux-là ?
— Sont à monsieur de Bourges :
Que Dieu y envoie l' bon jour !
                    (*Bitry*).

(5) Petite porcelette
    Donne-moi z-à manger.
    — Mon pain, al est trop pauvre,
    Vous n'en pourrins manger.
                    (*Bitry*).

J' mang' que du pain d'avoine, (1)
Encor n'est pas sassé ;
Si je le donne aux chiens,
N'en velont pas manger.

— Allons, ma p'tit' porchère,
Emmèn' tes porcs au tect. (2)
— Mes sept fusées sont pas faites,
Mon fagot point cherché.

Il a tiré son sabre,
Son fagot il a fait : (3)
— Allons, ma p'tit' porchère,
Emmèn' les porcs au tect.

— Monsieur le colonel (e),
Ne v'nez point avec moi ;
Passez donc par la rue, (4)
Moi, j' pass'rai par les prés.

— Bonjour, madam' l'hôtesse,
Pourriez-vous me loger ?
— Entrez, le colonel (e), (5)
J'ai un lit pour vous coucher.

— Dit'-moi, madame l'hôtesse,
Qu'y a-t-il pour mon souper ?
— Un' perdrix, un' bécasse, (6)
Un bon chapon lardé.

— Viens donc, ma p'tit' porchère, (7)
Avec nous viens souper.
— J' m'en pass'rai bien ce soir (e),
Comme les autres fois.

— Y a des os sous la table
Que nos chiens ont rongés ;
Et y a du pain d'avoine,
Si elle en veut manger.

Variantes :

(1) C'est rin qu' du pain d'avoine,
  Encor n'est pas sassé,
  Encor cuit sus la braise,
  Encor toujours fumé.
          (*Bitry*).

(2) Emmèn' donc tes cochons.
          (*Murlin*).

  Mon faix pas fagoté.
          (*La Marche*).

  Mon fagot n'est pas lié.
          (*La Celle*).

(3) Son faix y a fagoté.
          (*Murlin*).

  Filez vos sept fusées,
  Vot' fagot je ferai.
          (*La Celle*).

  Petite porcelette,
  Allons nous-en nous deux.
  — J'ai sept fuées à fée,
  Mon faix à fagoter.
          (*Bitry*).

(4) Passez par la grand' sente,
  J' passerai par le sentier.
          (*La Celle*).

(5) — Monsieur le militaire,
  Entrez, je vous log'rai.
          (*La Celle*).

(6) Un bon chapon routi,
  Monsieur, si vous velez.
          (*Bitry*).

  Y a rôti, bécasse,
  Aussi chapon lardé.

(7) — Hé là ! hé là ! madame,
  N'allez-vous pas aider
  A la petite porchère
  Mettr' les cochons au toit ?

  — Monsieur le militaire,
  Voilà sept ans passés
  Qu' son amant est en guerre,
  L'est bien accoutumé'.

  — Hé là ! hé là ! madame,
  Ne fait'-vous pas sécher
  La petite porchère,
  Si moule et si gouille' ?

  — Monsieur le militaire,
  Voilà sept ans passés
  Qu' son amant est en guerre,
  L'est bien accoutumé'.

  — Hé là ! hé là ! madame,
  Ne fait'-vous pas souper
  La petite porchère ?
  C'est bien temps de manger.

  — Monsieur le militaire,
  Quand ell' voudra manger,
  Y a des os sous la table :
  Qu'elle en fass' son souper.
          (*La Celle*).

  Y a du bouillon dans l'arche,
  Que les chiens ont laissé.
          (*Murlin*).

  — Hélà ! madam' l'hôtesse,
  . . . .
  — Y a des os sous la table
  Si ell' veut les manger.
          (*Bitry*).

— Dit'-moi, madame l'hôtesse,
Qu'y a-t-il pour mon coucher ?
— Y a la Marguerite, (1)
La Marie à vot' gré.

— Je n' veux de la Marguerite,
Ni la Marie à mon gré ;
Je veux la p'tit' porchère,
Bien sale et bien gouillée.

Quand fut pour se coucher,
Ell' se mit à pleurer :
— Craignez point, p'tit' porchère,
C' n'est point la premièr' fois...

— Lève-toi donc, salope ! (2)
La grand' truie défonc' le toit.
— Laissez, madam' l'hôtesse,
Laissez-la défoncer !

Si vous n'étiez ma mère, (3)
Je vous ferais brûler !
Quoiqu' vous soyez ma mère,
Je n' sais pas c' que j' vous f'rai !

(*Jeanne Chandillon, femme Bonnard, Bulcy, 1830*).

La variante B' est de Marie Sarriau, Murlin, 184.

Variantes :

(1) — La demoisell' Marie,
Monsieur, si vous velez.

(*Bitry*).

— Hé là ! hé là ! madame,
Qui pouvez-vous trouver,
Pour que j'aie une femme
Ce soir à mon coucher ?

Jeann'ton, je n' m'en soucie ;
Marguerite, encor moins...

— Hé ! maudit' porcelette,
Tu n'as pas mérité
D'avoir ce militaire,
Ce soir, à ton coucher !

(2) Le matin, avant jour,
La grand' truie défonçait l' toit :
— Hé ! maudit' porcelette,
Lève-toi pour les lâcher !

(*La Celle*).

(3) Si v' étins pas ma mée,
Je vous ferais brûler.
La demoisell' Marie,
Je la f'rai pendiller.

(*Bitry*).

Mais comm' vous êt' ma mère,
Il faut vous pardonner !

(*Murlin*).

Ces variantes sont de :

Jeanne Fouchère, veuve Fuseau, Murlin, 180. ; Pierre Brossard, La Marche, 1808 ; Marie Charron, La Celle-sur-Nièvre, 18.. ; Marie Sarriau, Murlin, 184 ; Louise Gueullet, femme Gueullet, Bitry, 1827.

Variante musicale de Louise Gueullet, femme Gueullet, Bitry, 1827 :

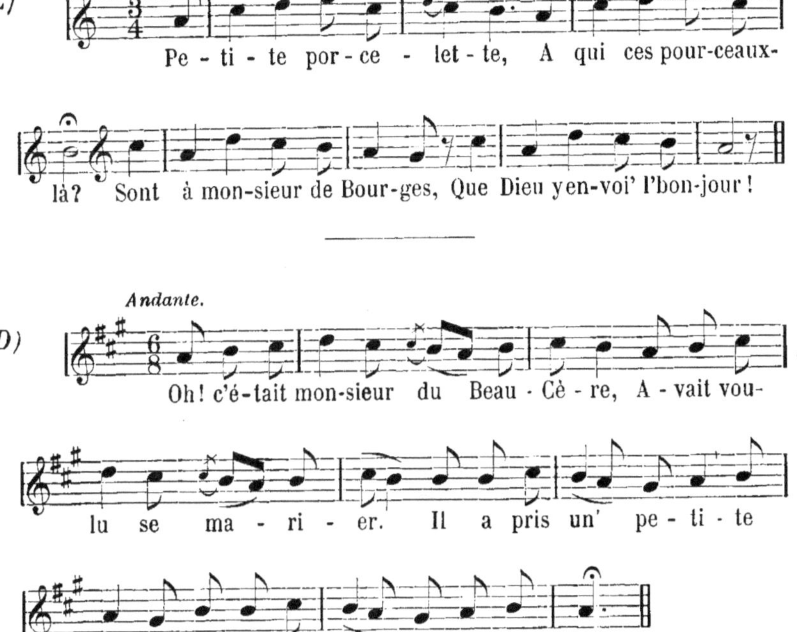

Oh ! c'était monsieur du Beau-Cère,
Avait voulu se marier.
Il a pris un' petite femme
Qui n'avait pas quinze ans passés.

Mais pour le jour (e) de ses noces,
A la guerre il fut demandé.
Hélas ! hélas ! sa petit' femme
Ne faisait rien que de pleurer.

— Ne pleurez pas, ma petit' femme :
Quand vous aurez besoin de moi,
Tenez, tenez, voilà mon *siffle* ;
Vous n'aurez rien qu'à me siffler.

Ne pleurez pas, ma petit' femme,
Je vous donn'rai pour vous garder.
— Donnez, donnez-moi-la, mon fils (e)
Donnez-moi-la pour la garder.

— Vous n' lui f'rez pas tirer les vaches,
Vous n' lui f'rez pas couler le lait ;
Vous n' lui f'rez pas couler la l'sive,
Et jamais non plus la laver.

Vous la ferez broder et coudre,
Broder et coudre et festonner,
Vous n'lui donn'rez pas d'autre ouvrage,
C' que ma mie est accoutumé'.

Mais le lendemain de ses noces,
Les cochons l'envoya garder.
Elle y resta bien sept années,
Oh ! mais sans rire et sans chanter.

Au bout de la septième année,
S'est tout d'un coup mise à chanter ;
Au bout de la septième année,
S'est tout d'un coup mise à siffler.

— Ecoute, écoute, écout', mon page :
J'entends là-bas ma mie chanter.
Ecoute, écoute, écout', mon page,
J'entends là-bas ma mie siffler.

Allons plus vite, allons, mon page,
Allons chacun de notr' côté :
Tu passeras par (c) les champs,
Par les buissons je passerai.

— Bien le bonjour, petit' porchère,
Hé ! à qui donc ces cochons-là ?
— Ils sont à monsieur du Beau-Cère ;
Que Dieu lui envoie la santé !

Ils sont à monsieur du Beau-Cère,
Que Dieu lui envoie la santé !
Oh ! mais à sa vilaine mère,
Que Dieu la mort puiss' lui donner !

— Oh ! dites-moi, petit' porchère,
Qu'avez-vous donc pour vot' dîner ?
—Mon beau monsieur, du pain d'avoine,
Que la farin' n'est point passé'.

— Hé ! allons donc, petit' porchère,
Il est bien temps de t'en aller.
— Mon beau monsieur, mes fusées n' sont pas faites,
Et mon fagot pas fagoté

Le beau monsieur tira son sabre,
Son fagot lui a fagoté.
— Hé ! allons donc, petit' porchère,
Il est bien temps de s'en aller.

— Mon beau monsieur, si ça vous presse, ⎱
Allez devant, je vous suivrai.   ⎰ *bis.*

— Bien le bonsoir, madam' l'hôtesse,
Qu'est-c' qu'il y a pour mon souper?
— Mon beau monsieur, perdrix et dindes,
Aussi un bon chapon lardé.

— Et pour la petite porchère,
Qu'est-c' qu'il y a pour son souper?
— Y a la lavur' de la vaisselle
Où qu'ell' pourra son pain saucer.

— Oh ! dites-moi, madam' l'hôtesse,
Quell' fill' j'aurai à mon coucher ;
— Mon beau monsieur, y a la Mad'leine,
La Jeanneton, vous choisirez.

— Je ne veux pas de la Mad'leine
Ni d' la Jeann'ton à mon coucher ;
Je veux la petite porchère
Et je la veux et je l'aurai.

— Je veux la petite porchère,
Oh ! je la veux et je l'aurai
— Mon beau monsieur, elle a les pieds trop sales.
— Eh bien ! nous les ferons laver.

— Y a du *glas* pour les laver,
De la paill' pour les essuyer.
— Y a de l'eau chaud' pour les laver,
Du ling' blanc pour les essuyer...

— Te souviens-tu, petit' porchère,
Quand nous nous sommes mariés ?
Y avait ton père, aussi mon père,
Et par la main ils nous tenaient.

— Te souviens-tu, petit' porchère,
Comment nous étions habillés ?
— Oh ! vous étiez en satin ver (e),
Et moi j'étais en satin gris...

— Hé ! lève-toi, chienn' de salope,
Et les cochons va-t-en garder !...
Le beau monsieur il prend son sabre,
Tous les cochons voulait tuer.

— Oh ! ne tuez pas la truie caude,   — Ah ! si vous n'étiez pas ma mère,
C'est elle **qui** m'a réchauffé'.   Tout d' suit' je vous ferais brûler.
Oh ! ne **tuez** pas la truie caude,   Et quoique vous soyez ma mère,
Car sans elle j'aurais gelé.   Encor je n' sais c' que je ferai.

(Jean Vincent, Varennes-les-Nevers, 1829).

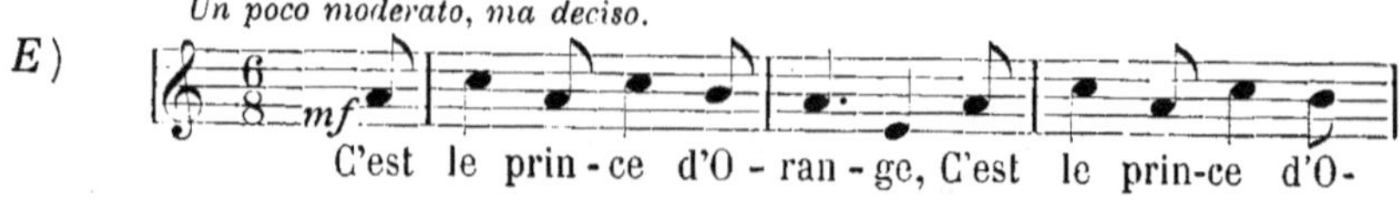

C'est le prince d'Orange, (*bis*)
A la guerr' s'en est allé,
   Rizon, rizonette,
A la guerr' s'en est allé,
   Rizon, rizoné.

A qui j' doù'rai ma mie, (*bis*)
Ma mie, pour (*e*) la garder ?

Dounez-moi là, mon fils (*e*), (*bis*)
Moi, je vous la garderai

Fut point parti z-en guerre, (*bis*)
Les couchons y envoie garder.

Tout au bout de sept ans (*bis*)
Le prince il est arvenu.

— Dis-moi, ma p'tit' pourchière, (*bis*)
A qui donc ceux couchons-là ?

— I sont au princ' d'Orange, (*bis*)
Que Dieu y envoie la santé !

— Hélà ! ma petit' pourchière, (*bis*)
Doune-moi d' ton dajeuner.

— Hélà ! mon biau monsieur, (*bis*)
Vous n'en pourins point tàter.

Ce n'est qu' du pain d'aveine, (*bis*
Encor' n'est-il pas passé

— Hélà ! ma p'tit' pourchière, (*bis*)
Est bin temps de t'en aller.

— Mes sept fuées sont point faites, (*bis*)
Mon fagot point fagoté

Il (*e*) prend soun épée, (*bis*)
Son fagot y a fagoté.

— Dis-moi, ma p'tit' pourchière, (*bis*)
La voù qu'on va mi loger ?

— Cheuz le prince d'Orange, (*bis*)
C'est là qu'on vous va loger.

— Oh ! va-t-en par les vallons, (*bis*)
Moi, j'irai par les verts prés.

— Dit'-moi, madame l'hôtesse, (*bis*)
Quis que gnié pour mon souper ?

— Gnié ein' boun' poule au pot, (*bis*)
Du bon bœuf enterlardé.

— Dit'-moi, madam' l'hôtesse, (*bis*)
Laquell' vous m'doù'rez à mon coucher.

— J' vous doù'rai la Cath'rine, (*bis*)
La belle Onie ou moi.

— Je n' veux point d' la Cath'rine (*bis*)
Ni d' la belle Onie, ni d' vous.

Oh ! j' veux la p'tit' pourchière (*bis*)
Qu'est desur la port' soyée.

— Al a les pieds trop sales (*bis*)
Pour (*e*) vez vous y coucher.

— Qu'on m'appourte de l'iau, (*bis*)
De l'iau pour les y laver.

Qu'on m'appourte un' sarviette, (*bis*)
Ein sarviett' pour les assuyer.

V'là la viell' que y appourte, (*bis*)
Y appourt' des calop' de pois.

— Que n'on m'appourte ein' sarviette, (*bis*)
Je sais ben qu' vou en avez.

Quand souvint l' matin-jour, (*bis*)
La grand' truie fait que d' gronder.

— Oh ! leuve-toi, pourchière, (*bis*)
Tes couchons t'en vas garder.

— Allez-y, c'est vout' tour, (*bis*)
Moi, je les ai ben assez gardés.

— Si v' étins pas ma mée, (*bis*)
Tout à l'heur' j' vous ferais brûler.

(Louise Goux, veuve Sourdeau, Nolay, 1810).

La version suivante, moitié récit, moitié chanson, donne quelques détails de plus :

F)   *Un jeune roi se marie malgré sa mère, et est appelé au service du roi. Sa femme reste confiée à la belle-mère qui, tout aussitôt, l'envoie aux champs garder les porcs. Elle la dépouille de ses bagues, de ses robes de soie qu'elle donne à ses deux filles. La pauvre reine, couverte de vêtements sordides, serait morte de froid sans la « grand' truie » dont le contact la réchauffait.*

Ell' fut sept ans sans rire,
Sans rire et sans chanter.
Au bout de la septième,
Ell' se prit à chanter.

— Mon page, mon beau page,
J'entends ma mie chanter ..

« Comment pouvez-vous l'entendre d'ici? ». — « Mets ton pied sur le mien ». ... Ils arrivent près de la porchère : « A qui ces porcs ? ».

A monsieur du Bois-Fort,
Qu'à la guerre est allé.

Le récit suit la chanson dans ses incidents divers : les fusées, le fagot, le *mauvais pain donné au chien qui le refuse, etc. « Allons-nous-en » :*

Passez par la grand' rue
Et moi par le grand pré.
Si ma mèr' m'avait vue,
De p.... ell' me trait'rait.

On arrive : « Madam' l'hôtesse, la porchère a bien froid ! ». — « Qu'elle se pende à la crémaillère ». — « Elle a bien faim ! ». — « Il y a des os sous la table ». etc. « Madame l'hôtesse, puis-je avoir une femme à mon coucher ? ». — « Oh ! oui, mes deux filles ou moi ». — « Je voudrais la porchère ». — « Ses pieds sont si sales ! ». — « Fais chauffer de l'eau pour te laver », dit-il. — Mais la porchère se prend à pleurer : « Console-toi ! et reconnais-moi. Mais où sont tes bagues, tes belles robes que je t'avais données ? ». — « Ta mère me les a ôtées et les a données à tes sœurs ». — Le matin, la belle-mère crie : « Lève-toi, p ..., et va au champ ! » etc

(Marie Brassière, veuve Péchaud, Mornay, 1830).

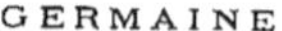

GERMAINE

C'était un jour Germaine (1)
Dans son jardin joli.   } *bis.*
Par là vint à passer
Trois jolis cavaliers ;
Ont dit : — Bonjour, fillette,
Fillette à marier !

— Je ne suis point fillette, (2)
Messieurs, je vous le dis.   } *bis.*
Mon pèr' m'a marié'
A quinze ans et demi ;
Voilà bientôt sept ans
Que j' n'ai vu mon mari.

— Dites-moi donc, madame, (3)
Le nom de vot' mari.   } *bis.*
— Il se nomme le comte,
Le comte de Lyon,
Le meilleur gentilhomme
De tous les environs.

— Dites-moi donc, madame, (4)
Pourrez-vous nous loger ?   } *bis.*
— Oh ! non, oh ! non, messieurs,
Je n' peux pas vous loger ;
La foi que j'ai jurée,
Je ne peux la fausser.

Variantes :

(1) C'était la bell' Germaine
Assis' desur un banc.
    (Saint-Aubin).

Assis' desur son lit.
    (Prémery).

Que fais-tu là, fillette.
Dans son jardin fleuri ?
    (La Charité).

Trois jeunes cavaliers
Ont salué pucelle,
Pucelle que voici.
    (Saint-Aubin).

Qui lui ont dit: la belle,
Etes-vous mariée ?

(2) — Oh ! oui, oh ! oui, messieurs,
Mariée, je le suis.

(3) — Dites-nous donc, Germaine,
Comment le nommez-vous ?
    (Pougues).

Comment se nomme-t-il ?
— Il se nomme le comte,
Le comte Barbion,
Le plus beau des gendarmes
Qu'y a dedans Lyon.
    (La Charité).

C'est le plus honnête homme
Qu'il y a dans le canton.
    (Pougues).

(4) Peut-on loger   ici ?
    —   coucher —
Oh ! non, mes trois gendarmes,
Vous n' couch'rez pas ici ;
J'ai promis d'êtr' fidèle
Et je veux le tenir.
    (Prémery).

Je n' log' pas d' cavaliers,
J'ai promis d'êtr' fidèle,
Et je le tiend (e) rai.
    (Asnan).

— Dites-moi donc, madame, } *bis.*
Où nous pourrons loger.
— Montez, montez là-haut
Dans ce château joli ;
Vous y trouv'rez la mère,
La mèr' de mon mari.

Elle a de belles chambres } *bis.*
Et de beaux lits carrés,
Et de bell' écuries
Pour vos chevaux loger ;
Vous direz qu' c'est Germaine
Qui vous a envoyés.

— Bonjour, bonjour, madame, } *bis.*
Pouvez-vous nous loger ?
— Entrez, entrez, messieurs,
A boire et à manger,
Aussi des jolies brunes (1)
Pour vous accompagner.

Et quand ce fut à table, } *bis.*
A table pour souper :
— Nous ne pouvons ni boire,
Ni boire ni manger
Sans que Germaine soit là
Pour nous accompagner.

— Buvez, mangez, messieurs, } *bis.*
Je vais l'aller chercher.
Je ferai mon possible
Pour (e) vous l'amener,
Mais je ne réponds pas
Que je réussirai.

— Bonjour, bonjour, Germaine, } *bis.*
Y a trois messieurs chez nous ;
Ils ne peuvent ni boire,
Ni boire ni manger
Sans que Germain' soit là
Pour les accompagner.

— Si vous n'étiez la mère, } *bis.*
La mèr' de mon mari,
Je vous ferais manger (2)
Par mes grands chiens-lions ;
Je vous ferais conduire
Sous le pont de Lyon.

La dame s'en retourne } *bis.*
Dans son château, pleurant :
— Buvez, mangez, messieurs,
Ell' ne veut pas venir ;
C'est la plus méchant' femme (3)
Qu'il y ait dans le pays.

— Restez, restez, madame, } *bis.*
Moi, j'irai la quérir...
Quand ils eurent soupé,
Bien bu et bien mangé,
A la port' de Germaine,
Ils se sont en allés.

— Germaine, ouvre la porte, } *bis.*
La porte à ton mari !
— Si vous voulez que j' croie
Que vous êt' mon mari,
Donnez-moi des indices (4)
De la première nuit.

Variantes :

(1) S'il vous faut des fillettes,
  Je vous en trouverai.
(*Saint-Aubin*).

J'ai trois joli's d'moiselles
Pour vous accompagner.

(2) Je vous ferais conduire
  Par mes deux chiens-lions
  Et je vous ferais boire
  De l'eau dessous le pont.
(*La Charité*).

Je vous ferais conduire
A Lyon sous le pont,
Pour vous faire manger
Par ces petits poissons.
(*Murlin*).

(3) C'est la plus dure femme. .
  — — mauvaise —

(4) Donnez-moi des nouvelles...
(*Prémery*).

Je n'ouvre pas ma porte,
A l'heure que voici,
Sans qu'il me donn' d'indiques.
(*Chasnay*).

— Te souviens-tu, Germaine, } *bis.*
De la première nuit ?
En te serrant les doigts (1)
Ton anneau d'or cassa ;
Tu en as la moitié
Et l'autre la voilà.

— Te souviens-tu, Germaine, } *bis.*
De la seconde nuit ?
En montant sur le lit,
Ton pied gauche a glissé ;
Ton pied gauche a glissé,
Germain', tu es tombé'.

— Germaine, ouvre la porte, } *bis.*
La porte à ton mari.
— Si vous voulez que j' croie
Que vous èt' mon mari,
Donnez-moi des indices
De la seconde nuit.

— Oh ! lève-toi, servante, } *bis.*
Allume les flambeaux,
Allume les flambeaux
Aux quat' coins du logis,
Pour recevoir le comte,
Le comte, mon mari !

(Jacquette Beugnon, veuve Joyaux, Gouloux, 1811).

Certains chanteurs terminent par les deux couplets suivants, ajoutés mal-encontreusement :

Elle allum' la chandelle, } *bis.*
Ell' le regarde entrer.
— Je ne peux toujours croire
Que vous èt' mon mari :
Vous èt' parti tout jeune,
Vous revenez tout gris.

— Pourquoi n' veux-tu pas croire } *bis.*
Que je suis ton mari ?
Tu n' sais donc pas, Germaine,
Ce qui m'a fait vieillir ?
J'ai couché sur la dure,
Et toi sur un bon lit.

(Claude Barbotte, La Machine, 1826).

Variantes :

(1) En te marrant les doigts.
        (Saint-Aubin).

Ton anneau d'or est tombé
Par terre, il s'est cassé ;
Tu en as la moitié,
Voilà l'autre que j'ai.
        (Prémery).

Ces variantes sont de :

Marguerite Petit, veuve Rolland, Saint-Aubin, 1815 ; Eugénie Perroy, La Charité, 186. ; Mérite Ranvier, Pougues, 1842 ; Marie Moreau, femme Balet, Prémery, 1817 ; Marie Blateau, femme Gobillot, Asnan, 1830 ; Marie Rougelot, femme Bornet, Murlin, 1828; C.-Henri Bonnet, Chasnay, 1866.

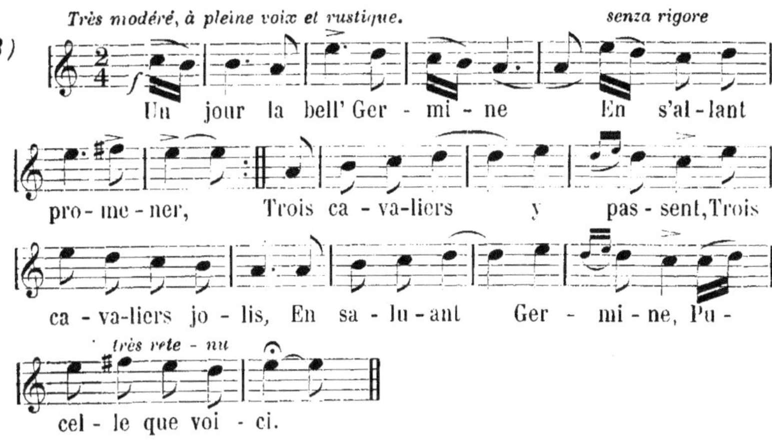

Un jour la bell' Germine
En s'allant promener,   } bis.
Trois cavaliers y passent,
Trois cavaliers jolis,
En saluant Germine,
Pucelle que voici.

—Je ne suis pas pucelle,
Messieurs, je vous le dis :   } bis.
Je suis fille d'un prince,
Mariée à quinze ans ;
J' n'ai pas vu mon mari,
Y aura demain sept ans.

— Dites, belle Germine,
Peut-on loger chez vous ?   } bis.
-- Oh ! non, mes trois gendarmes,
J'en ai juré ma foi,
Que pas un militaire
Ne logerait chez moi.

Allez, mes trois gendarmes,
Dans ce château joli.   } bis.
C'est là-haut que demeure
La mèr' de mon mari ;
Ell' pourra vous loger
En l'honneur de son fils.

— Bien le bonjour, l'hôtesse,
Pourrez-vous nous loger ?   } bis.
— Oh ! oui, mes trois gendarmes,
J'ai du logis assez,
Aussi deux demoiselles
Pour vous accompagner.

Et quand ce vint le soir (e),
Le soir (e) pour souper,   } bis.
Y en a deux qui soupent,
L'autr' qui ne peut souper
Sans avoir la Germine
Pour (e) l'accompagner.

— Dites-moi donc, l'hôtesse,
V'lez-vous l'aller chercher ?   } bis.
— Oh ! oui, mon beau gendarme,
J'irai bien la chercher,
Mais je n' vous réponds pas
Que je l'amènerai.

— Bien le bonjour, Germine,
Y a trois gendarm' chez nous ;   } bis.
Y en a deux qui soupent,
Et l'autr' qui n' peut souper
Sans avoir la Germine
Pour (e) l'accompagner.

— Ma mèr', ma bonne mère,
Que me dites-vous là ?   } bis.
J'ai mon honneur gardé
Pour mon très cher époux ;
Je lui serai fidèle
Le restant de mes jours.

—Bonsoir, mon beau gendarme,
Je n'ai pu l'amener.   } bis.
C'est la plus honnêt' femme
Qu'y ait dans le canton ;
C'est la plus honnêt' femme
De tous les environs.

14

Le plus jeun' des gendarmes, } bis.
Monta sur son cheval.
A la port' de Germine,
Trois petits coups frappit :
— Ouvre la port', Germine,
Ouvre, c'est ton mari !

— Pour que je puisse croire } bis.
Que vous èt's mon mari,
Donnez-moi connaissance
Du jour qu'on m'épousit :
Cela me fera voir (e)
Si vous èt's mon mari.

— Te souviens-tu, Germine, } bis.
Quand ce fut le lundi,
Que tu étais montée (1)
Sur mon cheval roussin,
Entre deux de mes oncles,
Moi, deux de tes cousins ?

— Pour que je puisse croire } bis.
Que vous èt's mon mari,
Donnez-moi connaissance
De la première nuit :
Cela me fera voir
Si vous èt's mon mari.

— Te souviens-tu, Germine, } bis.
Le soir, à notr' coucher,
Ton anneau d'or cassé
En deux morceaux rompit :
Tu en as la moitié ;
La mienne, la voici !

— Ouvrez, ouvrez les portes, (2) } bis.
Baissez le pont-levis !
Préparez le repas,
Eclairez le logis :
Avec grand' réjouissance,
Je reçois mon mari !

(Charles Gagnepain, Bulcy, 1829).

Variantes :

(1) Sur un cheval (e) gris
     Entre deux de tes frères
     Et moi, ton cher ami.
               (Dompierre).

     Et moi ton favori.
          (Grenois).

(1) Je m'en fus acheter
     Un habit de drap gris,
     Le tien était de même
     Qui coûtait le mêm' prix.
                    (Grenois).

(2) Elle appell' la servante :   } bis.
     — Marguerit', levez-vous !
     Faites bon feu qui flambe,
     Et ne retardez pas,
     Car voilà mon mari
     Que je n'attendais pas.
          (Dompierre).

Variantes de :

Julie Lauverjon, femme Lauverjon, Dompierre-sur-Nièvre, 1866 ; Marie Gobillot, femme Mouloise, Grenois, 1852.

Allegro moderato.

— Bonjour, madam' Germaine,   } *bis.*
Logez-vous les passants ?

— Oh ! non, ce lui dit-elle,   } *bis.*
D'puis aujord'hui sept ans.

Montez là-haut où reste   } *bis.*
La mèr' de mon mari ;

Ell' vous log'ra peut-être   } *bis.*
Pour l'amour de son fils.

— Bonjour, madam' l'hôtesse,   } *bis.*
Logez-vous les passants ?

— Oh ! oui, ce lui dit-elle,   } *bis.*
Quand ils ont de l'argent

— Hé là ! madam' l'hôtesse,   } *bis.*
Qu'y a-t-il pour mon souper ?

— Y a perdrix, bécasses,   } *bis.*
Un bon chapon lardé.

— Hé là ! madam' l'hôtesse,   } *bis.*
Qu'y a-t-il pour mon coucher ?

— Y a bien Claudinette   } *bis.*
Ou sa sœur Jeanneton.

— Je n' veux pas d'Claudinette   } *bis.*
Ni d' sa sœur Jeanneton :

Je veux madam' Germaine   } *bis.*
Qu'est là-bas sur ces ponts.

Hé là ! madam' l'hôtesse,   } *bis.*
Envoyez-moi la qu'rir ;

Dites-lui qu'elle vienne   } *bis.*
Chez vous à son loisir.

— Bonsoir, madam' Germaine,   } *bis.*
Venez donc voir chez nous :

Y a-t-un gentilhomme   } *bis.*
Qui veut parler à vous.

— Bonsoir, madam' Germaine,   } *bis.*
Je suis votre mari.

— Hélas ! je ne peux croire   } *bis.*
Que vous êt' mon mari.

Non, je ne peux pas croire   } *bis.*
Que vous êt' mon mari,

Si vous n' pouvez me dire   } *bis.*
Quel jour ma noc' se fit.

— Hé là ! madam' Germaine,   } *bis.*
Le matin du lundi.

— Hélas ! je ne peux croire   } *bis.*
Que vous êt's mon mari.

Non, je ne peux pas croire   } *bis.*
Que vous êt's mon mari,

Si vous n' pouvez me dire   } *bis.*
Quel habit j'avais pris.

— Hé là ! madam' Germaine,   } *bis.*
Habit de satin gris.

— Hélas ! je ne peux croire   } *bis.*
Que vous êt's mon mari.

Non, je ne peux pas croire   } *bis.*
Que vous êt's mon mari,

Si vous n' pouvez me dire   } *bis.*
C' qu'est arrivé la nuit.

— Hé là ! madam' Germaine,
Votre anneau s'est cassé ;   } bis.
Mon nom, aussi le vôtre,
Etaient dessus signés.   } bis.

— Hé là ! faut donc que j' croie
Que vous êt' mon mari ?...   } bis.
Qu'on mette tout en fête,
En fêt' dans mon logis !   } bis.

(Françoise Durand, veuve Bleuzot, Prémery, 1814).

3"

LE PAUVRE SOLDAT

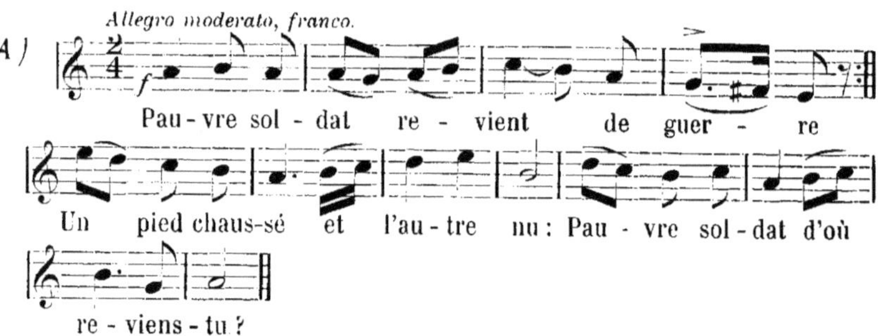

Pauvre soldat revient de guerre (bis) (1)
Un pied chaussé et l'autre nu :
Pauvre soldat, d'où reviens-tu ?

Il s'en va chez madam' l'hôtesse : (bis)
— Madam', tirez-moi du vin blanc.
— Soldat, avez-vous de l'argent ? (2)

— Pour de l'argent, je n'en ai guère : (bis)
J'engagerai mon blanc manteau
Et la bride de mon chevau.

Quand le soldat se mit à table, (3) (bis)
Il s'est mis à rire, à chanter ;
Madam' l'hôtesse, elle, à pleurer.

Variantes :

(1) Quand le soldat revient d' la guerre,
Revient tout noir, tout déchiré,
Sans savoir où aller loger.

(Sichamps).

Trois soldats revenant de guerre,
Bien mal vêtus, mal habillés...

L'un des trois s'en va chez l'hôtesse...

(Dompierre-sur-Nièvre).

Un vieux soldat venant d' la guerre,
Si mal vêtu, mal habillé,
Que personn' le reconnaissait.

(Nolay).

(2) Oui, soldat, mais faut de l'argent.

(3) Quand le soldat se mit à table,
L'hôtess' se mit à tant pleurer,
Et le soldat la regardait.

(Sichamps).

— Qu'avez-vous donc, madam' l'hôtesse ? (*bis*)
Est c' pour vot' vin que vous pleurez ? (1)
J'ai quelques sous, j' vous les donn'rai.

— C'est qu' j'avais mon homme à la guerre ; (*bis*)
Monsieur, vous m'y faites penser, (2)
Par votre voix vous lui r'semblez.

— Oh ! c'est donc toi, malheureus' femme ! (3) (*bis*)
Je t'avais laissé deux enfants,
En voilà quatre maintenant.

— On m'a écrit un' fausse lettre (*bis*)
Que t'étais mort et enterré ;
Et je me suis remarié'. (4)

— Dans le Piémont il y a grand' guerre, (5) (*bis*)
Il y a grand' guerre et grand torment :
Adieu, ma femme et mes enfants !

(Jean Millien, Raveau, 1802).

Variantes :

(1) Qu'avez-vous donc à soupirer ?

(*Saint-Aubin*).

C'est-il vot' vin qu' vous regrettez ?

(*Dompierre*).

(2) Oh ! je pleur' mon premier mari,
Voilà sept ans qu'il est parti.

(*Sichamps*).

(3) Quand j'ai parti pour l'Amérique
Je t'ai laissé que deux enfants...

(*Sichamps*).

(4) Eh bien ! nous ferons le partage.
Le partage de tes enfants,
Toi les petits et moi les grands.

(*Sichamps*).

(5) Dedans Paris c'est grande guerre...

(*Sichamps*)

Ces variantes sont de :

Nouvel Annet, Sichamps, 186. ; Victorine Peyronnet, Dompierre-s.-Nièvre, 186 ; André Goby, Nolay, 1865 ; Jean Picoche, Cuffy, 1823 ; Jacques Champeroux, Saint-Aubin-les-Forges, 1818.

Quand le dragon va-t-à la guerre, (*bis*)
Tout bien chaussé, tout bien vêtu ;
Quand il revient, revient tout nu.

Pauvre soldat revient de guerre (*bis*)
Pour voir sa femme et ses enfants
Qu'il a laissés voilà quinze ans.

Il s'en y va chez une hôtesse : (*bis*)
— Madam', avez-vous du vin blanc ? (1)
— Oh ! oui, soldat, pour de l'argent.

Il s'en va faire un tour en ville, (*bis*)
Il a vendu son blanc manteau, (2)
Son épée, aussi son fourreau.

Le soldat revient chez l'hôtesse : (*bis*)
— Madam', tirez-moi du vin blanc,
Voici de l'or et de l'argent

Sitôt qu'il eût bu sa chopine, (*bis*) (3)
Le soldat s'est pris à chanter,
Et l'hôtess' s'est prise à pleurer.

— Qu'avez-vous donc, madam' l'hôtesse ? (*bis*)
C'est-il de m'entendre chanter ?
Si c'est moi, j' vas me retirer.

— Oh ! non, mon brave militaire, (*bis*)
C'est qu' vous ressemblez mon mari,
Voilà quinze ans qu'il est parti.

Variantes :

(1) Pourriez-vous m' loger en passant,
Moi et aussi mon cheval blanc ?
         (*Murlin*).

Entrez si vous avez de l'argent...

(2) . . . . son blanc cheval.
         (*Saint-Malo*).

(3) N'en eut pas bu cinq ou six verres ..
         (*Cuffy*).

— Oh ! tais-toi donc, méchante femme ! (bis)
J' n'avais laissé qu'un p'tit enfant
Et t'en voilà deux à présent.

— J'ai tant reçu de fausses lettres (bis) (1)
Que tu étais mort à l'armée,
Et je me suis remarié'.

— J'avais laissé du vin en cave (bis)
Et cent boisseaux de bon froment,
Pour nourrir la mère et l'enfant. (2)

Adieu donc, malheureuse femme ! (bis)
J'ai bien regret de mon enfant,
Mais j' m'en vais r'joindr' mon régiment.

(Madeleine Guyon, veuve Beaume, Lurcy-le-Bourg, 1791).

Variantes :

(1) Si tu m'avais écrit un' lettre.
    Je n' me serais pas remariée.

(2) Si je savais qu'en est le père,
    Je tuerais l' père et les enfants,
    Avant de r'joindr' mon régiment.
        (Colméry, Gâcogne).

Certains chanteurs terminent par un tout autre dénouement :

Tiens, je te laisse six cents francs
Pour marier mes deux enfants.

— De six cents francs je n' me soucie :
J'aimerais mieux cent mille fois
Que tu restes auprès de moi.
        (Saint-Aubin).

Ailleurs il n'est pas question d'enfants ; le soldat n'est pas le mari, mais l'amant.

Pleurez-vous donc votre vin blanc ?

Ce n'est pas mon vin que je pleure.
Je n' pleur' que mon très cher amant
Qui est parti depuis sept ans.

— Ne pleure point. . . . . .
C'est moi, c'est ton très cher amant
Qui r'vient te voir, c'est pour longtemps.
        (Beaulieu).

Ces variantes sont de :

Françoise Rougelot, veuve Carroué, Marlin, 1833 ; Pierre Bobin, Saint-Malo, 1814 ; Jean Picoche, Cuffy, 1823 ; Marie Carrue, femme Feix, Colméry, 1862 ; Claude Desbrosses, Gâcogne, 1857 ; Marie Colas, veuve Goby, Beaulieu, 1815.

Soldat revenant de la guerre   } bis.
     Et tout doux
Un pied chaussé et l'autre nu,
Pauvre soldat, d'où reviens-tu ?
     Et tout doux.

             (Françoise Blateau, femme Gaulon, Asnan, 1806).

La gauloiserie de notre race ne pouvait manquer de s'exercer aux dépens du « pauvre soldat », mari malheureux. La triste et belle complainte s'est agrémentée d'un refrain narquois qui en change absolument le caractère. Ainsi modifiée, elle serait mieux à sa place dans la série des chansons ironiques et plaisantes. Toutefois, je ne séparerai pas des versions principales ces variantes facétieuses qui ne diffèrent d'ailleurs que par le refrain.

C'est un soldat venant de guerre,   } bis.
    Coucou,
Mais un soldat mal habillé
Qui ne sait où aller loger,
    Coucou, cornard et coucou.

        (Marie Colas, veuve Goby, Beaulieu, 1815).

D')   Quand le soldat revient de guerre,
    Coucou,
Tout mal chaussé, tout mal vêtu,
Pauvre soldat, d'où reviens-tu ?
    Cornard et coucou, cornard et jaloux et coucou !

        (Jean Picoche, Cuffy, 1823).

D")   Quand le dragon revient de guerre,
    Coucou,
Un pied chaussé et l'autre nu,
Pauvre dragon, d'où reviens-tu ?
    Coucou, coucou,
Cornard et jaloux, coucou.

        (Louise Gueullet, femme Gueullet, Bitry, 1827).

Les variantes du texte ont été données aux pages précédentes.

La Princesse de France mariée à l'Anglais

Mon pèr' m'a voulu marier, (1)
Un roi z-anglais il m'a voulu donner.   } bis.
 Empêch', empêch', mon petit frèr',
  De m'emmener :
 J'aimerais mieux soldat français
  Que roi z-anglais.

Ils l'ont prise, ils l'ont emmené',
Dedans Paris ils l'ont mené' passer.   } bis.
 Toutes les dames de la vill' (2)
  Font que d' pleurer
 De voir la fill' du roi français
  A un Anglais.

Quand ce vint la mer à passer,
Le roi z-anglais les yeux veut lui bander } bis.
 — Bande les tiens, laisse les miens,
  Maudit Anglais !
 Puisque j'ai la mer à passer,
  Je la verrai.

Variantes :

(1) Le roi a fille à marier ;
 A un Anglais il l'a donné'...

   (*La Fermeté*).

C'est un Anglais veut lui donner.
— Défendez-moi, mon très cher père.
 De cet Anglais.

   (*Luthenay*).

(2) Toutes les dames de Paris
  Font les hauts cris,
 D'avoir donné la fill' du roi
  A un Anglais.

   (*Prémery*).

Quand (*e*) la mer ell' fut passé', (1)   } *bis.*
Tambours, violons de tous les côtés :
   — Apaisez-vous, maudits tambours,
     Apaisez-vous !
   Oh ! ce n'est pas ça les tambours
     Du roi français.

Quand c'est venu pour le souper,   } *bis.*
Le roi z-anglais du pain veut lui couper :
   — Coupe pour toi, mais non pour moi,
     Maudit Anglais !
   Je ne peux ni boir' ni manger,
     Quand je ti vois.

Quand c'est venu pour le coucher, (2)   } *bis.*
Le roi z-anglais voulait la déchausser :
   — Déchausse-toi, et laisse-moi,
     Maudit Anglais !
   J'ai bien du mond' de mon pays
     Pour me servir

Quand c'est venu sur les minuit, (3)   } *bis.*
La belle pousse un grand soupir :
   — Retourne-toi, embrasse-moi,
     Mon cher Anglais,
   Puisque Dieu nous a mariés,
     Faut nous aimer.

(*Jacques Champeroux, Saint-Aubin-les-Forges, 1818*).

Variantes :

(1) Quand (*e*) la bell' fut arrivé',
   Tambours, violons de tous les côtés :
     — Touche, touche, beau pagelot.
      Touch' les chevaux !
    De tout loin je vois mon pays,
     Mon cœur soupir'.
      (*Montigny-aux-Amognes*).

   Les yeux veut lui boucher.

  Moi, je n'ai plus ni faim ni soif
    Quand je te vois.
      (*Druyes*).

(2) Quand ce fut le soir au coucher,
   Ses bas l'Anglais lui voulut tirer:
     — Tire les tiens, laisse les miens ..

(3) Quand (*e*) ce fut sur la minuit,
   La belle reine se réveillit.
      (*Montigny*).

  L'Anglais faisait semblant de dormir.
      (*Nolay*).

  Retourne-toi et vire-toi.
      (*Montigny*).

  Puisqu'un Anglais on m'a donné,
    Faut bien l'aimer.
      (*Prémery*).

Variantes extraites des versions de :

François Montupet, La Fermeté, 1808 ; Pierre Tholet, Luthenay, 1807 ; veuve Auclair, Prémery, 1816 ; Jeanne Bonnin, veuve Baucher, Montigny, 1846 ; Vincent Nicole, Druyes-les-Belles-Fontaines, 1808 ; veuve Sourdeau, Nolay, 1810.

Il y a-t-un' fill' dans nos quartiers,
Son pèr' l'a voulu marier,
Son pèr' l'a voulu marier
    A un Anglais ;
Sa mère voulait lui donner
    Maître français *(bis)*

Quand ils fur' en voitur' montés,
L'Anglais la voulait embrasser :
— Retire-toi, retire-toi,
    Maudit Anglais !
Ce n'est point çà l'embrassement (2)
    De mon Français *(bis)*

Quand ils fur' à l'église entrés,
L'eau bénit' lui a présenté :
— Retire-toi, retire-toi,
    Maudit Anglais !
Ce n'est point çà l'eau bénit'
    De mon français. *bis*

Quand ils fur' à l'autel montés,
L'anneau d'or lui a présenté :
— Retire-toi, retire-toi,
    Maudit Anglais !
J'aimerais bien mieux l'anneau d'or
    De mon français. *(bis)*

Quand ils fur' pour aller manger,
L'Anglais son pain voulait couper :
— Coupe pour toi, mange sans moi,
    Maudit Anglais !
Si je savais d' m'empoisonner,
    J'en mangerais *(bis)*

Quand ils fur' pour aller danser,
L'Anglais, la main lui présentait :
— Danse tout seul, danse sans moi,
    Maudit Anglais !
Si je savais mes jamb' casser, (3)
    Je danserais. *bis*

Quand ils fur' pour aller coucher,
L'Anglais la voulait déchausser :
— Déchausse-toi, débille-toi,
    Maudit Anglais !
Quand je voudrai m' fair' déchausser,
    J'ai des laquais. *(bis)*

Quand ils fur' en le lit couchés,
L'Anglais virait, toujours virait :
— Retourne-toi, approche-toi,
    Ami z-Anglais ;
Puisque nous voilà mariés,
    Faut nous aimer. *(bis)*

(Marie Gobillot, femme Mouloise, Grenois, 1852).

---

(1) Cette version n'est qu'une altération de la version *A*.

(2) *Var :* Un Anglais on veut me donner,
    Jamais j' l'aim'rai.
    Vincent Nicole, Druyes, 1808).

(3) *Var :* Si je savais de m' casser le cou,
    Je danserais.
    (Veuve Brunet, Nolay, 1803).

La courte-paille

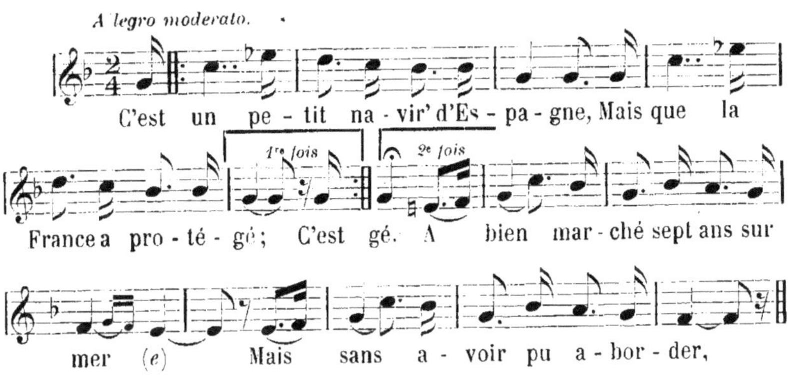

C'est un petit navir' d'Espagne, (1   } *bis.*
Mais que la France a protégé ;
A bien marché sept ans sur mer (e) (2)
Mais sans avoir pu aborder.

Au bout de la septième année,   } *bis.*
Le pain, le vin vient à manquer :
Il faut tirer la courte-paille
Lequel de nous sera mangé.

Le capitaine a fait les pailles,   } *bis.*
La plus courte lui a resté :
— Faut donc manger notre capitaine
Qu'a si bien su nous protéger (3

— Celui qui mont'ra à la hune,   } *bis.*
Un beau cadeau je lui ferai ;
J' lui donn'rai ma fille en mariage,
Le beau navir' qu'est sous nos pieds.

Variantes :

(1) C'était un beau navir' de guerre,
Pendant sept ans a navigué.
A navigué desur les mers.
    (Saint-Aubin).

(2) A bien vogué sept ans...
La terr' sans pouvoir aborder.
    (Fours).

(3) Qu'a eu pour nous tant de bonté.
    (Fours).

C'est le plus jeun' de l'équipage,
C'est le plus jeun' qui y est monté.   } *bis*.
— Courag' ! Courag' ! mes camarades, (1)
Je vois la terr' de tous côtés.

Je vois les moutons dans la plaine,
De bell' bergèr' qui les gardont ;   } *bis*.
Je vois la tour de Babylone,
Des pigeons blancs qui voltigeont

Je vois la fill' du capitaine
Dessous un oranger fleuri.   } *bis*.
Je vois la fill' du capitaine
Qui nous regarde et nous sourit.

(Marie Lasne, femme Musset, Beaumont-la-Ferrière, 1859).

La Fille qui fait la morte pour son honneur garder

Variantes :

(1) O capitain', beau capitaine.
    Il n' faut pas tant vous désoler.
            (Saint-Aubin).

Je vois la tour de Babylone,
Trois beaux pigeons qui voltigeaient.
Je vois des moutons dans la plaine,
De beaux bergers pour les garder.

Je vois la fill' de notre maître,
Qui si peigne sous le laurier :
Oh ! c'est donc vous, beauté suprême,
Vous que mon cœur doit épouser !

                    (Fours).

Variantes de :

Jeanne Boulanger, femme Couron, Fours, 1817 ; F. Hugon, Saint-Aubin-les-Forges, 182..

Dessous les rosiers blancs, (1) } bis.
La belle se promène,
Blanche comme la neige,
Belle comme le jour.
Trois jolis capitaines
S'en vont lui fair' l'amour.

Le plus jeune des trois } bis.
La prend par sa main blanche :
— Montez, montez, la belle,
Sur mon cheval (e) gris :
A Paris je vous mène (2)
Dans un fort beau logis.

Ne fut pas arrivée, (3) } bis.
L'hôtesse lui demande :
— Dites-moi donc, la belle,
Dites-moi sans mentir,
Et's vous ici par force
Ou bien par vos plaisirs ?

La belle lui répond } bis.
Comme une honnête fille :
— Je suis ici par force
Et non par mes plaisirs ;
Au château de mon père (4)
Trois capitain's m'ont pris'.

Quand ce fut au souper, (5) } bis.
La bell' ni boit ni mange :
— Buvez, mangez, la belle,
Prenez de l'appétit.
Avec trois capitaines
Vous passerez la nuit.

Variantes :

(1) Dessous le rosier blanc.
   (Arleuf, La Collancelle, Cercy).

Dessous trois lauriers blancs.
   (Prémery).

Dessous les lauriers gris.
   (Marzy).

Tout' parfait' en beauté.
Trois jolis capitaines
Y vont la demander.
   (Beaumont.)

Y a-t-un' jeun' demoiselle,
Fraîche comme une rose.
Jolie comme l'amour.
   (Arleuf).

Belle comme la lune,
Blanche comme le jour.
   (La Collancelle).

Claire comme la lune.
   (Cercy).

Belle comme la rose.
Parée comme le jour.
   (Grenois).

Trois fils d'un capitaine.
   (Saint-Aubin).

(2) En un demi-quart d'heure
   Nous serons à Paris.
      (Semelay).

   Dans un riche logis.
      (Beaumont).

(3) Oh ! tout en arrivant
   L'hôtesse...
      (Arleuf).

   L'hôtesse la regarde.
      (Grenois).

(4) C'est les trois capitaines.
   M'ont emmenée ici.
      (Arleuf).

(5) En contant leurs discours,
   V'là que l' souper s'apprête.
      (Marlin).

   Le mot ne fut pas dit,
   Les trois capitaines entrent :
   — Soupez, soupez...
      (Beaumont).

   Quand ce fut au souper.
   La belle fait l'honteuse.
      (Semelay).

Le mot ne fut point dit, (1)   } *bis.*   Où l'enterrerons-nous,   } *bis.*
La belle est tombé' morte :   Cette joli' princesse ? (2)
— Sonnez, sonnez, trompettes,   — Au jardin de son père,
Tambours du régiment.   Dessous les fleurs de lys ;
Puisque ma mie est morte,   Nous prierons Dieu pour elle,
J'en ai le cœur dolent.   Qu'elle aille au Paradis

                Tout au bout de trois jours,   } *bis*
                Son père se promène :
                — Ouvrez ouvrez ma tombe, (3)
                Mon pèr', si vous m'aimez
                J'ai fait trois jours la morte
                Pour mon honneur garder.

(Jacques Guémain, Saint-Quentin, 1820).

Variantes :

(1) La belle lui répond.
Comme une honnête fille :
— J'aim'rais mieux être morte,
Morte, cent fois mourir, (*)
Qu'entre trois capitaines
Devoir passer la nuit !

(*) Morte et ensevelie.

(Beaumont).

Au milieu du souper
La belle tomba morte.

(Arleuf).

Quand ce fut au coucher
La belle fait la morte.

(Semelay).

Au milieu du repas
La belle fit sa morte.

(Beaumont).

Sonnez, sonnez mes frères.
Trompettes et violons.

Sonnez, sonnez, trompettes,
Tambours, languissamment.

(Menestreau).

Sonnez, sonnez les cloches,
Sonnez languissamment.

(La Celle, Fours).

Sonnez, sonnez, musettes,
Trompettes et violons.

(Murlin).

Sonnez, sonnez, musettes,
Tambours, en languissant.

(Montambert).

Puisque ma mie...
Je r'tourne au régiment.

(Grenois).

(2) Cette aimable princesse.

(Beaumont).

Sous un bel oranger.

(Murlin).

(3) Ouvrez, ouvrez la porte,
Mon père bien-aimé.

(Beaumont).

Venez me déterrer.

(La Celle).

Les variantes sont de :

Jeanne Gendras, femme Taviot, Cercy, 1833 ; Louise Joubert, Arleuf, 1867 ; Catherine Marguerot, La Collancelle, 1864 ; Marguerite Sourdeau, femme Rabdeau, Prémery, 1832 ; Louis Ranvier, Marzy, 1859 ; Anne Perruchot, Beaumont, 186. ; Marie Gobillot, femme Mouloise, Grenois, 1852 ; Grisard, femme Rosier, Saint-Aubin, 185. ; Lazarette Bourgoing, Semelay, 1867 ; Catherine Septier, veuve Normand, Menestreau, 1835 ; ... Gilbert, La Celle-sur-Nièvre, 1802 ; Veuve Carroué, Murlin, 1833 ; Gabrielle Roy, femme Valet, Fours, 1868 ; Jeanne Fournet, femme Béni, Montambert, 1829.

Quelques chanteurs dénaturent cette belle complainte en y ajoutant une plate et sotte conclusion :

Au bout de quelque temps
Les cavaliers repassent :
— Oh ! va, petit' coquette,
Nous te rattraperons ;
Nous t' ferons fair' la morte
Là-haut sur le gazon.
                        (*Thaix*).

Au bout d' sept ou huit jours,
Son amant la rencontre,
Lui dit : — Petite sotte,
Je te rattraperai.
J'aurai ton cœur en gage
Ou bien je te tuerai.
                        (*Arleuf*).

Modérément.

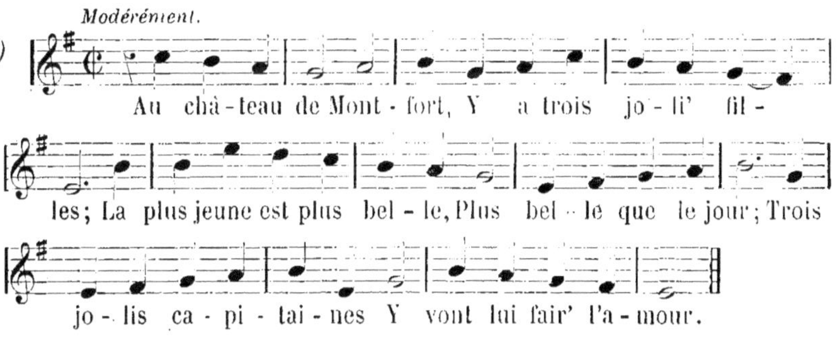

Variante de la 6e mesure :

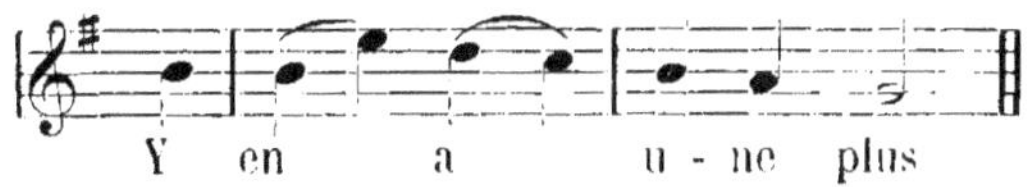

Au château de Montfort, (1)
Y a trois joli' filles :
La plus jeune est plus belle,
Plus belle que le jour ;
Trois jolis capitaines
Y vont lui fair' l'amour.

Variantes :

(1) Là-haut sur la montagne,
Y a t-un' bell' princesse.

Dans la vill' de Provence.
                        (*Saint-Aubin*).

Au château de Lyon.
(*La Celle, Murlin, Dompierre*).

Au château d'Ulançay.
                        (*La Charité*).

Au château d'Irondel
Y a-t-un' jolie fille.
                        (*Nevers*).

Trois capitain' de guerre. .
                        (*Beaumont*).

Le plus jeune des trois,   Quand ce fut au souper
C'est celui qui l'emmène ; (1)   La belle se chagrine :
Il la prend, il la monte   — Soupez, soupez, la belle,
Sur son cheval grison ;   Soupez à vos plaisirs ;
Il la conduit en Flandre   Nous somm' trois capitaines
Dans un' très bell' maison.   Pour vous passer la nuit.

Quand ce fut au coucher, (2)
La belle tomba morte ;
— Sonnez, sonnez, musettes, (3)
Violons, doucement !
Voilà·qu' ma mie est morte,
Que mon cœur aimait tant.

Variantes :

(1) Celui qui la dérobe.

(Pougues)

Celui qui la caresse.

(Nevers).

Sur son cheval (e) blanc ;
Il la prend, il l'emmène
Du droit au régiment.

(La Charité)

Sur son cheval (e) gris ;
La mèn' du droit en France,
En Franc' dans son pays.

(Murlin).

Sur son ch'val l'a montée.
A la première auberge
Du droit l'y a menée.

(Saint-Aubin)

Fait trois tours dans la ville,
La mène en son logis.

(Nolay).

(2) Quand elle entend cela,
La belle tombe morte.
Oh ! elle tombe morte.

Tout' raide des deux pieds.
Voilà trois capitaines
Bien tristes, désolés.

(Saint-Aubin).

C'est les trois capitaines,
Tous trois bien étonnés
De voir (e) leur mie morte,
Sans pouvoir la sauver.

(Saint-Aubin).

Le plus jeune des trois
Va faire un tour en ville.

(Saint-Aubin).

(3) Jouez, jouez, trompettes,
Tambours, piteusement !

(Saint-Aubin).

Sonnez, trompettes ;
Jouez, beaux violons !
C'est ma mie qui est morte
Et nous l'enterrerons.

(Semelay).

Voilà donc ma mie morte,
J'en ai le cœur mourant.

(Thaix).

Nous la f'rons enterrer
Au château de son père,
En la couvrant de roses (1
Et de rubans jolis ;
Nous remmèn'rons la belle
Là-voù qu' nous l'avons pris' !

Par un beau clair de lune,
Son père se promène.
— Levez, levez, ma tombe, (2'
Mon pèr', si vous m'aimez ;
J'ai fait trois jours la morte,
Mon honneur j'ai gagné.

(Anne Boizot, veuve Bernard, Varennes-les-Nevers, 1810).

La variante musicale B' est de Louise Picard, femme Bourdier, Semelay, 1829. *Dans cette version, le troisième vers de chaque couplet est réduit à quatre syllabes au lieu de six :*

Au château de Lyon,
Y a trois jolies filles ;
Y en a une
Plus belle que le jour.
Trois jolis capitaines
S'en vont lui fair' l'amour.

Variantes :

(1)   Dessous un arbre,
Couvert' de fleurs de lys,
En priant pour son âme
Qu'ell' soit dans le paradis !
     (Semelay).

Au jardin de son père.
En la couvrant de roses,
De romarin fleuri,
Priant Dieu qu'il conduise
Son âme au paradis.
     (Pougues).

De romarin nouveau.
     (Saint-Aubin).

Au jardin de son père,
Y a-t-un rosier fleuri ;
Nous y mettrons la belle
Pour n'en jamais sortir.
     (Thaix).

(2) Bonjour, bonjour, mon père.
Bonjour vous soit donné !
J'ai fait trois jours...
     (Saint-Aubin)

Ouvrez, ouvrez la porte.
Mon père...
     (Thaix ; — Nevers).

Ces variantes sont de :

Victorine Peyronnet, Dompierre, 186. ; Gabrielle Massé, veuve Larache, Saint-Aubin-les-Forges, 1816 ; veuve Pigoury, La Celle, 1810 ; femme Chatillon, Murlin, 182. ; Marie Lasne, femme Musset, Beaumont-la-Ferrière, 1859 ; Eugénie Perroy, La Charité, 1867 ; Emmelina Graillot, Nevers, 1862 ; Angélique Malon, veuve Gautier, Pougues, 1815 ; Pauline Paon, Nolay, 1868 ; femme Bourdier, Semelay, 1829 ; Thaix, communiqué par M. J. de L.

Voici d'autres versions musicales. Celle qui suit n'est qu'une altération de la précédente, mais en rythme ternaire :

Marie Gobillot, femme Mouloise, Grenois, 1852).

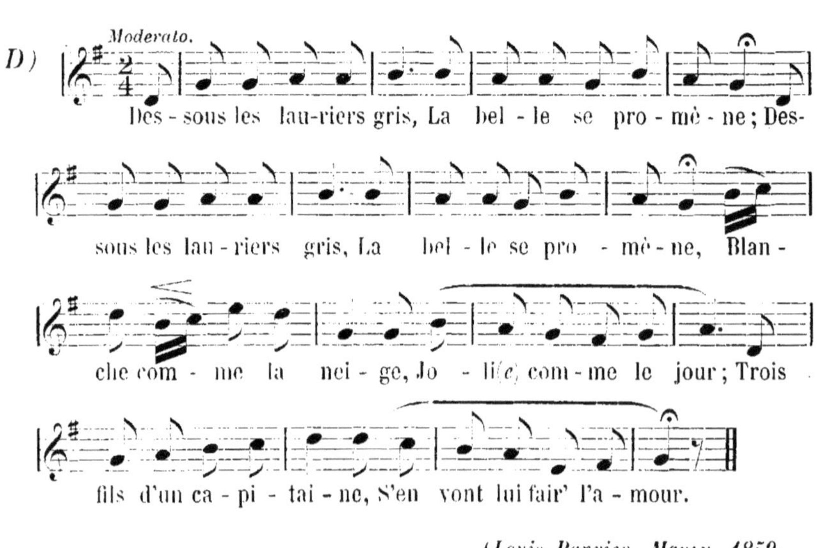

(Louis Ranvier, Marzy, 1859).

La jolie Fille du Geôlier

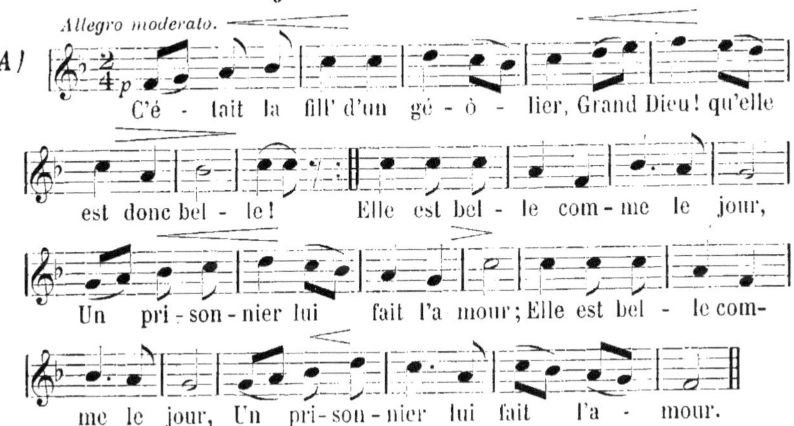

Dans certaines versions, le dernier vers de chaque couplet est allongé de deux syllabes ; il faut lire ainsi :

C'est un prisonnier qui lui fait l'amour.

13e et 14e mesures :

21e et 22e mesures :

C'était la fill' d'un géôlier, (1)
Grand Dieu ! qu'elle est donc belle ! (2)
Elle est belle comme le jour,
Un prisonnier lui fait l'amour   } bis.

Variantes :

(1) Oh ! c'est la fille d'un geôlier.
   Grand Dieu ! qu'elle est jolie !
   Jolie et parfaite en beauté,
   A pris envie d'un prisonnier.

(*Nolay*).

(2) Qui s'appelait Françoise.

Saint-Martin.

Par un dimanch', de grand matin, (1)
S'en va vers chez son père.
Ell' l'a trouvé bien endormi,
Les clés de la prison a pris.   } bis.

S'en va tout droit à la prison :
— Pierre, mon ami Pierre,
Sortez, sortez de la prison, (2)
Les portes sont à l'abandon.   } bis

— De la prison je sortirai,
François', belle Françoise,
De la prison je sortirai
Quand mon procès sera jugé.   } bis.

Etant assis desur un banc, (3)
Causant, riant ensemble,
Tourne la têt' derrière lui,
Aperçoit le bourreau venir.   } bis.

— C'est aujourd'hui qu'il faut mourir, (4)
François', belle Françoise,
Prends l'anneau d'or que j'ai au doigt,
Et cherche un autre amant que moi   } bis.

Variantes :

(1) C'est pour un dimanche au matin.
                    (*Saint-Martin*).

A mis la main sous l'oreiller,
A pris la clé du prisonnier.
                    (*Saint-Léger*).

De grand matin ell' s'est levée.
Ell' s'en va chez son père ;
Dessous le traversin du lit
Les clés de la prison a pris.
                    (*Cercy*).

Son père lui dit un matin :
— Françoise, ma mignonne,
Va prendr' les clés sous l'oreiller.
Porte à manger au prisonnier.

La Françoise a mal entendu (*)
A bien fait autre chose :
Prend les clés sous la tête du lit,
Ouvre la porte à son bon ami.

(*) Mais la Françoise a mal compris.

(2) — Sortez, sortez vit', mon mignon.
Les portes sont ouvertes.
Sortez, sortez de la prison...
                    (*Nolay*).

Sortez, sortez, beau prisonnier,
Les portes sont abandonnées.
                    (*Nolay*).

Sortez, sortez si vous voulez,
Les portes sont en liberté.
                    (*Ourouër*).

Vous en avez la liberté.
                    (*Cercy*)

(3) N'eur' pas causé quelques instants,
Voilà son pèr' qu'arrive ;
Voilà son père et le bourreau,
Pour le mener à l'échafaud.
                    (*Nolay*).

Parlant des amours tendres.
                    (*Nolay*).

A vu venir le grand prévôt,
Les quatre archers et le bourreau.
                    (*Ourouër*).

(4) Il faut maintenant nous quitter.
Françoise, ma mignonne ;
Tire l'anneau...
                    (*Nolay*).

— Un autre amant je n' ferai pas, (1)
Pierre, mon ami Pierre,
Un autre amant je n' ferai pas,
Je veux mourir entre tes bras !   } bis.

Quand (e) la belle a vu cela,
S'en va trouver le juge ;
A ses genoux ell' s'est jeté' :
— Ah ! faites grâce au prisonnier !   } bis.

Le juge la prend par la main :
— Relevez-vous, Françoise ; (2)
Il est jugé, il en mourra,
Vot' petit cœur s'en passera.   } bis.

Quand il y fut sur l'échafaud, (3)
Tout auprès à s'étendre,
Le prisonnier dit au bourreau :
— Couvrez ma mie de mon manteau.   } bis.

Mais le juge dit au bourreau : (4)
— Que leur amour est tendre !
Qu'on les mèn' vite marier,
Qu'il n'en soit plus jamais parlé !   } bis.

(Veuve Auclair, Prémery, 1816).

Quelques rares versions de cette chanson très répandue donnent un dénouement tragique : le condamné est exécuté :

Le juge la prend par la main :
— Relevez-vous, Françoise,
Si j'avais su tant d'amitié,
La mort n'y aurait point passé.

(Veuve Sourdeau. Nolay, 1810).

Variantes :

(1) Un autre amant je n' ferai point,
  Pierre, mon ami Pierre ;
Je m'en irai dans un couvent,
  Priant Dieu pour mon cher amant.
(Couplet final)   (Ourouër).

  Non, je n'en veux pas d'autre.

(2) Qu'avait le cœur si tendre.
(Bulcy).

(3) Prêt à se laisser pendre.
(Nolay).

Tout en montant sur l'échafaud,
La belle est tombée morte :
— Cachez, cachez, ma bonne amie,
Qu'ell' ne puiss' pas me voir mourir !
(Nolay).

(4) Dévalez vite, dévalez,
  Et qu'on les mène marier !
(Varennes).

Les bourgeois d' la vill' sont touchés
D'une amitié si tendre :
— Il faut les mener marier...
(Chantenay).

Variantes par : Veuve Sourdeau, Nolay, 1810 ; Louis Michot, Saint-Martin-du-Tronsec, 1837 ; Louis Mangin, Saint-Léger, 1858 ; Maurice Renon, Cercy, 1820 ; Marie-Louise Garnier, Nolay, 186. ; Anne Monsinjon, Nolay, 1864 ; Louis Morisot, Ourouër, 1864 ; veuve Mirault, Chantenay, 1802 ; Charles Gagnepain, Bulcy, 1829 ; veuve Bernard, Varennes-les-Nevers, 1810.

Allegro, ma cantando.

B)

C'est dans la ville de Lyon,
Y a-t-une geôlière. } *bis.*

Elle est joli' comme le jour,
Un prisonnier lui fait l'amour. } *bis.*

Un dimanche, de bon matin,
Ell' s'en fut chez le juge. } *bis.*

A ses genoux ell' s'est jeté' : (1)
— Oh ! faites grâce au prisonnier ! } *bis.*

Le juge la prend par la main :
— Relevez-vous, Françoise. } *bis.*

Il est jugé, il en mourra,
Votre cœur s'en consolera. (2) } *bis.*

Ell' s'en y va sans plus tarder
Au logis de son père ; } *bis.*

Ell' prend les clés sous l'oreiller,
A son amant les a portées. } *bis.*

— Sors vite, sors de la prison,
Pierre, mon ami Pierre, } *bis.*

Sors vite, sors de la prison,
Les portes sont à l'abandon ! } *bis.*

— De la prison je n' sortirai,
Françoise, ma mignonne ; } *bis.*

De la prison je n' sortirai,
Que mon procès ne soit jugé. } *bis.*

Ils se sont assis sur un banc,
Contant leurs pein' ensemble. } *bis.*

Ils ne fur' pas sitôt assis,
Ils ont vu le bourreau venir, } *bis.*

---

(1) *Var :* Monsieur, voulez-vous me donner
Ce beau garçon qu'est prisonnier ?   (2) *Var :* Ou la justic' lui pardonn'ra.

Prenez pitié d'un prisonnier !

— Oh ! voici l'heur' qu'il faut mourir, } bis.
Françoise, ma mignonne.

Tir' l'anneau d'or que j'ai au doigt } bis.
Et cherche un autre amant que moi.

— Un autre amant je n'aurai pas, } bis.
Pierre, mon ami Pierre ;

Un autre amant je n'aurai pas, } bis.
Je veux mourir entre tes bras.

En arrivant sur l'échafaud, } bis.
Avant que de s'étendre,

Le patient dit au bourreau : } bis.
— Couvrez ma mie de mon manteau.

Le grand juge qui était là, } bis.
Voyant ces amours tendres :

— Oh ! puisqu'ils se sont tant aimés, } bis.
Il nous faut donc les marier.

(Michelle Paulard, veuve Philippe, Corbigny, 1807).

Le Voyageur sauvé par la Servante

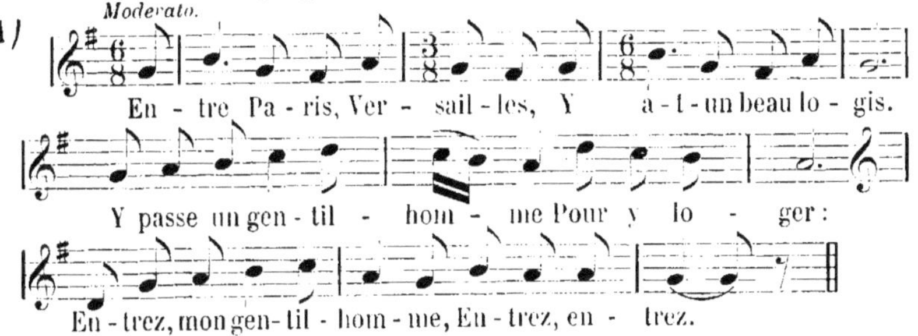

Entre Paris, Versailles, (1)
Y a-t-un beau logis.
Y passe un gentilhomme
    Pour y loger :
— Entrez, mon gentilhomme,
    Entrez, entrez

Appelle sa servante :
— Petite Jeanneton,
Mène coucher cet homme
    Là où tu sais,
Dans la plus haute chambre,
    Là où tu sais

----

(1) *Var.:* Dedans Paris il y a
Un voyageur passant :
— Logerons-nous, madame,
    Logerons-nous ?
- Oh ! oui, mon gentilhomme,
    Sans plus tarder.

Et quand ce fut à l'heure,
A l'heur' du déjeuner :
— Déjeun'rons-nous, madame.
    Déjeun'rons-nous ?
— Oh ! oui, mon gentilhomme,
    Sans plus tarder.

Et quand ce fut à l'heure.
A l'heure du souper :
Souperons-nous, madame.
    Souperons-nous ?
— Oh ! oui, mon gentilhomme,
    Sans plus tarder.

Et quand ce fut à l'heure,
A l'heure du coucher :
— Coucherons-nous, madame.
    Coucherons-nous ?
— Oh ! oui, mon gentilhomme,
    Sans plus tarder.   *Nolay*.

Tout en montant, la belle,
Ell' se prend à pleurer :
— Que pleurez-vous, la belle,
    A tant pleurer ?
Dedans ma compagnie (1)
    Y a pas d' danger

— Hélas ! ce que je pleure,
Y a bien de quoi pleurer !
Dans la plus haute chambre
    Où vous allez, (2)
Y a pour sûr trois hommes
    Assassinés.

— Comment faut-il donc faire
Pour y passer la nuit ?
— Faut prendre un de ces hommes,
    Le mettre au lit (3),
Et vous, derrièr' la porte,
    Pour le trahir.

Sur le coup de onze heures,
Onze heur' ou la minuit,
Le bourgeois, la bourgeoise
    Montent en haut
Pour égorger cet homme,
    Leur grand couteau.

Sur le coup de six heures,
Gentilhomm' s'est levé.
Le bourgeois, la bourgeoise
    Bien étonnés
De voir levé cet homm',
    L'avoir tué.

Appelle la servante :
— Petite Jeanneton,
Tu m'as sauvé la vie
    Pour cette nuit,
Tu auras récompense
    Du roi Louis.

(Anne Boisot, veuve Bernard, Varennes, 1810).

B)

Variantes :

(1) Vous êt's avec un homme
        Qu'y a pas d' danger.
    (Veuve Brunet, Nolay, 1803).

Que pleurez-vous, la belle,
        Tant chagrinée ?
C'est-y donc ma personne
Qu' vous fait pleurer ?
(Veuve Peyronnet, Poiseux, 1850).

(2) Y a cinq ou six hommes
        D'assassinés.

(3) . . . et le coucher,
    Et vous, derrièr' la porte,
        Vous vous sauv'rez.
            (Veuve Brunet).

Un jeune militaire   } bis.
Revenant de l'armée
S'en fut chez Jean-des-Places,
    Pour y loger,
Croyant qu' c'était un' place
    Bien assurée.

Il donne son cheval (e)   } bis.
Au maître du logis :
— Tiens, voilà mon cheval, (e)
    Traite-le bien.
Je suis un gentilhomme,
    Je paierai bien.

S'en vient sur les huit heures,   } bis.
L' militair' veut souper.
Il demande à l'hôtesse :
    Souperons-nous ?
— Oh ! oui, jeun' militaire,
    Approchez-vous.

S'en vient sur les dix heures,   } bis.
L' militair' veut s' coucher :
Il demande à l'hôtesse :
    — Coucherons-nous ?
— Oh ! oui, jeun' militaire,
    Débillez-vous.

Elle appell' sa servante :   } bis.
— Petite Jeanneton,
Menez le gentilhomme
    Là-haut coucher,
Là-haut dedans la chambre,
    Où vous savez.

Elle allum' la chandelle,   } bis.
Ne fait que de plorer :
— Que plorez-vous, la belle,
    Que plorez-vous ?
— Hélas ! jeun' militaire,
    Je plor' pour vous.

— Que v'lez-vous dir', la belle,   } bis.
Que vous plorez pour moi?
— Là-haut, dedans la chambre,
    Où vous couch'rez,
Il y a trois corps morts
    Sur le pavé.

— Hélas ! ma pauvre fille,   } bis.
Comment ferons-nous donc ?
— Nous mettrons un corps mort
    Dedans le lit,
Nous coucherons ensemble
    Pour cette nuit.

Le lendemain matin,   } bis.
L' militair' s'est levé.
Le maître et la maîtresse
    Bien étonnés
De voir le militaire
    Si bien levé.

Il appell' la servante :   } bis.
— Petite Jeanneton,
Tiens, voilà cent pistoles,
    Cinq cents louis ;
Tu m'as sauvé la vie
    Dans cette nuit.

— Oh ! non, mon gentilhomme,   } bis.
Mes maîtres me tueraient.
— Prends ton bagag', la belle,
    Fais ton paquet ;
Dans mon château, ma mie,
    Viens avec moi.

Tout au bout de huit jours,   } bis.
L' militair' l'épousit.
Hé là ! la p'tit' Jeannette
    A du bonheur
D'avoir passé la nuit
    Anc' ce seigneur.

(Françoise Martin, Semelay, 1843).

Enlèvement dans la Forêt

Marguerit', n'allez plus jamais
  Dans la forêt jolie,
Car il y a les gens du roi
  Là-bas qui vous épient.

La bell' ne fut pas au milieu
  De la forêt jolie,
Tout aussitôt les gens du roi,
  Les gens du roi l'ont prise.

— Mettez l' pied sur mon étrier
  Qui me coût' cinq cents livres ;
Montez sur mon cheval (e) gris
  Qui m'en a coûté mille.

(Seul fragment recueilli .

Ont bien marché le jour, la nuit,
  Sans trouver rien qui vive,
Rien qu'un petit rossignolet
  Qui chantait les matines.

— Chante, chante, rossignolet,
  Chante-les-moi bien fines !
— Si je chant', ce n'est pas pour toi,
  Ni pour ta compagnie.

Si je chant', ce n'est pas pour toi,
  Ni pour ta compagnie :
Je ne chant' que pour le bon Dieu,
  La Saint' Vierge Marie.

. . . .

(Clémentine Boizot, Nevers, 1869).

Dans le Couvent des Ursulines

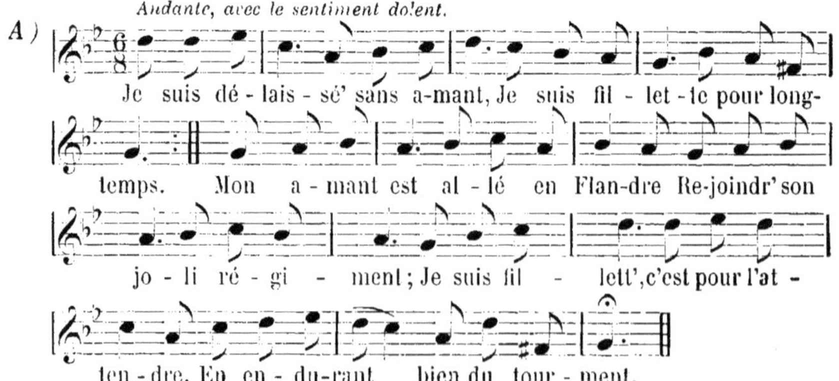

Je suis délaissée sans amant, (1)
Je suis fillette pour longtemps.
Mon amant est allé en Flandre
Rejoindr' son joli régiment ;
Je suis fillett', c'est pour l'attendre,
En endurant bien du tourment.

Puisque mon amant est parti, (2)
Moi, je veux m'engager aussi,
Dans le couvent des Ursulines,
Où l'on y vit en languissant,
Toujours pleurant ma vie chagrine,
Toujours songeant à mon amant

Au bout de six ans tout au plus, (3)
Le beau galant est revenu.
Il s'en va du droit chez le père,
Un grand salut lui présentant :
— Dit'-moi où est ma mie, ma chère,
Celle que mon cœur aime tant ?

— Celle que ton cœur aime tant (4)
S'est engagée dans le couvent,
Dans le couvent des Ursulines.
Où l'on y vit en languissant,
Toujours pleurant sa vie chagrine,
Toujours songeant à son amant.

Variantes :

(1) Je suis délaissée sans amant,
Depuis voilà un peu de temps.
Mon amant s'en va dans la guerre,
Dedans la guerre au régiment·

.   .   .   .

En endurant mille torments.
                    (*Semelay*).

Il m'a laissée fill' pour l'attendre.
                    (*Pougues*)

Je suis un' fille sans amant
Voilà déjà un peu de temps.

.   .   .   .

Je reste fille pour l'attendre
En soupirant mille tourments.
                    (*Saint-Aubin*).

(2) Si mon amant est longtemps absent,
Je mi rendrai dans un couvent.
                    (*Semelay*).

Passant une vie triste et chagrine.
                    (*Bona*).

Son papa qui entend cela,
Dans un couvent il la mena,
Dans un couvent de religieuses
Où il n'entre jamais d'amant,
Passant son temps triste et chagrine.
                    (*Châtel-Censoir*).

(3) Au bout de sept ans.
                    (*Dun*).

Son bel amant.
                    (*Châtel-Censoir*)

Son cher amant.
                    (*Semelay*).

S'en fut au château de son père.
                    (*Arboursc*).

Du droit au logis de la belle.
                    (*Saint-Aubin*).

Un grand salut il lui a fait.
                    (*Prémery*).

Cell' que mon cœur a tant aimée.
                    (*Saint-Aubin*).

Il s'en y va trouver le père :
— Bien le bonjour, je vous salue ;
Où est-ell' donc, ma bien-aimée ?
Voilà six ans que je n' l'ai vue.
                    (*Pougues*).

Trois petits coups il a frappé,
En demandant : Où est ma chère,
Ma bonne amie du temps passé ?
                    (*Prémery*).

(4) Cell' que vot' cœur a tant aimée
Dans le couvent s'est engagée.
                    (*Beaumont*).

C'est l'amour qui la t'nait chagrine
De n' plus revoir son cher amant
                    (*Saint-Aubin*).

Ta maîtresse, mon cher enfant,
S'est engagée dans un couvent.
                    (*Arbourse*).

Regrettant son fidèle amant.
                    (*Saint-Aubin*).

Ma fill', que ton cœur aime tant.
                    (*Pougues*).

Le beau galant n'a pas manqué, (1)
Droit au couvent s'en est allé.
Trois petits coups frappe à la porte,
En demandant très humblement
La plus jeunett' des religieuses,
La plus jeunette du couvent.

La mère abbesse du couvent
Lui répondit : — Mon cher enfant, (2)
Cessez vos pleurs, cessez vos larmes,
Ici ne faut point de galant.
Cell' que vous d'mandez, fille sage,
S'est rendue dans notre couvent.

— Madam', prenez pitié de moi,
Je viens du service du roi.
Je sais bien qu'il faut qu'elle y reste,
Puisqu'ell' s'est mis' sous votre loi ;
Mais auparavant que je meure,
Fait'-moi la voir un' seule fois.

Le beau galant fondant en pleurs,
On fit venir la jeune sœur.
Croisant les bras, baissant la tête, (3)
Très humblement le salua,
Disant : — Si je suis religieuse,
C'est vous, monsieur, qui en est l'auteur

Le beau galant, d'un air tout froid,
Lui dit : — Donnez-moi votre doigt.
Cet anneau d'or, je vous le donne,
Comme une marque de ma foi,
Que je n'aimerai plus personne :
Souvenez-vous toujours de moi !

Variantes :

(1) Le galant, sur ce propos-là,
　　Droit au couvent il s'en y va.
　　　　　　(*Saint-Aubin*).

La plus aimable.
　　　　　　(*Bona*).

Le beau galant s'en va pleurant,
Du droit à la port' du couvent.
　　　　　　(*Beaumont*).

Le beau galant sans plus tarder.
　　　　　　(*Pougues*).

Bien le bonjour, madam' l'abbesse,
Madam' l'abbess' du couvent,
Je voudrais voir un' jeune sœur (e)
Qui est ici depuis six ans.
　　　　　　(*Pougues*).

S'en va trouver la mère abbesse.
　　　　　　(*Châtel-Censoir*).

(2) Lui répondit très poliment.
　　　　　　(*Prémery*).

Ici, il ne faut point d'amant.
　　　　　　(*Beaumont*).

La supérieure lui répond :
Ici ne faut point de garçons.
　　　　　　(*Pougues*).

S'est engagée dans le couvent.
　　　　　　(*Arbourse*).

— Monsieur, monsieur, retirez-vous,
Ici il ne faut pas d'amour.
　　　　　　(*Bona*).

(3) Baissant les yeux, versant des larmes :
Oh ! c'est donc, très cher amant !
C'est toi, c'est toi qui es l'auteur
Que je suis sœur en ce couvent.
　　　　　　(*Pougues*).

Tout en lui passant l'anneau d'or,
Le beau galant est tombé mort.
Quel désespoir pour sa maîtresse ! (1)
La jeune sœur pleurait son sort,
Disant : J' n'ai connu ta tendresse,
Mon cher amant, qu'après ta mort

Si mon amant est mort ici, (2)
C'est moi qui veux l'ensevelir.
Que l'on m'apporte un drap de roses,
Je veux l'enviroller de fleurs.
Ah ! puisque mon amant est mort,
Je veux l' conduir' jusqu'au tombeau.

(Pierre Millet, Pougues, 1817).

*De la trentaine de versions que j'ai recueillies, la moitié environ s'arrête ici,
L'autre moitié donne un dénouement tout différent : la mort apparente du galant
n'est qu'un stratagème et la chanson se termine par ce couplet :*

Et quand ce fut sur la minuit,
Le beau galant est revenu.
— Allons-nous-en, partons, ma chère ;
De ces couvents, n'en parlons plus !
— Ah ! si j'étais religieuse,
C'est vous qui en était l'auteur.

(Veuve Jeannet, Arbourse, 1835 ; — femme Balet, Prémery, 1817).

Quelquefois les derniers couplets sont ainsi résumés :

En lui mettant cet anneau d'or,
Le beau galant est tombé mort...
— Apportez-moi un drap de roses,
Je veux l'enviroller de fleurs...
A ce moment, l' galant se lève,
Il enlève la jeune sœur !

(Marie Godard, Bona, 185. ; — Marie Bussy, veuve Melot, Prémery, 1818).

Variantes :

(1) Quelle pitié pour ...
        (Arbourse).

(2) Puisqu'il est mort, mon bel ami.
        (Bona).

Portons-le au jardin des roses,
Couvrons-le de toutes les fleurs !
        (Prémery).

Qu'on m'ouvre donc toutes les portes !
        (Pougues).

Les variantes sont de :

*Françoise Martin, Semelay, 1843 ; Mérite Ranvier, Pougues, 1842 ; Saujot,
Saint-Aubin, 181. ; Marie Godard, Bona, 185. ; François Coquerillat, Châtel-
Censoir, 1827 ; veuve Girard, Dun-sur-Grandry, 1819 ; Solange Mussier, veuve
Jeannet, Arbourse, 1835 ; veuve Melot, Prémery, 1818 ; Marie Moreau, femme
Balet, Prémery, 1817 ; Annette Thomas, femme Renaud, Beaumont-la-
Ferrière, 1836.*

La version qui suit ne diffère que par les premiers couplets.

Je prendrai une claire épée, (1)
Une queue de cheveux poudrés,
Chapeau bordé, belle cocarde,
Mon fourniment et mon fusil ;
Je m'en irai monter la garde
A la porte de l'ennemi.

— Mon cher amant, si tu t'en vas,
Je te suivrai de pas à pas.
Mets donc un jeune homme à ta place,
Quand çà te coût'rait mille écus : (2)
Pendant six ans l'amour se passe,
A moi tu ne penseras plus.

Mon cher amant, quand tu r'viendras
Dans un couvent tu m' trouveras,
Dans un couvent des Ursulines ;
Sans profiter de mes amours,
Je passerai ma vie tranquille,
Mais jusqu'à la fin de mes jours.

Au bout de six ans tout au plus
Le beau galant est revenu ;
S'en va au logis de son père
En lui présentant un salut,
Lui demandant : Où est ma belle,
Cell' que mon cœur aime le plus ?

— Cell' que ton cœur aime le plus,
Dans le couvent ell' s'est rendue,
Dans le couvent des Ursulines,
Sans profiter de ses amours,
Ell' y pass'ra sa vie tranquille,
Mais jusqu'à la fin de ses jours.

Etc.

(*Emilie Pellissier, Bona, 185.*).

Variantes :

(1) C'est donc demain qu'il faut partir
Et sans savoir quand revenir.
Je prendrai. . . . .
(*Beaumont-la-Ferrière*).

Oh ! oui, je prends ma claire épée,
Aussi ma queue d' cheveux poudrés,
Chapeau bordé, belle cocarde,
Mon fourniment et mon fusil ;
Et tout aussitôt je m'embarque
Pour combattre les ennemis.
(*Dun-sur-Grandry*).

(2) Çà n' te coût'ra que mille écus.

(*Arbourse*).

Pour mettre un jeune homme à ta place,
M'en coûterait deux mille écus.

(*Dun*).

Variantes de : Marie Lasne, Beaumont-la-Ferrière, 1859 ; veuve Girard, Dun-sur-Grandry, 1819.

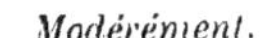

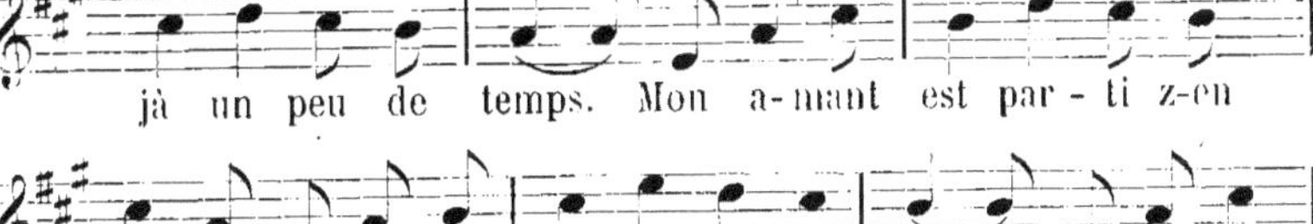

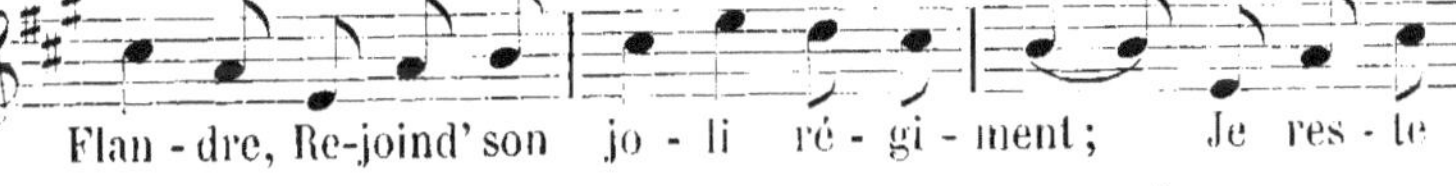

(..., Saujot, Saint-Aubin, 181.).

Le Condamné

C'est un petit château de pierre,
   Vive la guerre !
Que l'on n'y voit ni nuit ni jour,
   Vive l'amour !

Il regardait par la fenêtre,
   Vive la fête !
Ce qu'il pourrait bien voir venir,
   Vive l'amour !

Je vois venir par la fenêtre,
   Vive la fête !
Je vois venir le postillon,
   Vive mon sang !

O postillon, porteur de lettres,
   Vive la fête !
Quelle nouvelle apportez-vous ?
   Vive l'amour !

La nouvell' que j' vous apporte,
   Vive la guerre !
Elle n'est pas bonne pour vous,
   Vive l'amour !

C'est qu'on vous coupera la tête,
   Vive la fête !
Demain matin avant le jour,
   Vive l'amour !

16

C'n'est pas ma têt' que je regrette,
   Vive la fête !
Mais c'est mes pauv' petits enfants,
   Vive mon sang !

Un qui pleure, un autre qui chante,
   Vive la France !
L'autre qui dit : que ferons-nous ?
   Vive l'amour !

Nous ferons comme auparavant,
   Vive la France !
Nous irons chercher notre pain,
   Quand j'aurons faim !

   (*Marie Matias, femme Peyronnet, Poiseux, 1850*).

Beau messager, porteur de lettres,
   Vive la guerre !
Que dit-on de moi dans Paris ?
   Vive Louis !

— Je n'ai pas regret de ma tête,
   Vive la guerre !
J'ai regret que d' mon déshonneur,
   Vive mon cœur !

On dit qu'on te coup'ra la tête,
   Vive la guerre !
Demain dimanche, au point du jour,
   Vive l'amour !

Mon déshonneur reste à ma femme,
   Vrai Dieu ! mon âme !
Aussi à mes petits enfants,
   Adieu pour longtemps !

Y en a un qui rit, qui chante,
   Vive la France !
Et l'autr' qui pleur' mon déshonneur,
   Vive mon cœur !

   (*Louise Goux, veuve Sourdeau, Nolay, 1810*).

Ces deux versions incomplètes rappellent la « chanson sur la captivité de François Ier », publiée par Leroux de Lincy et le comte de Puymaigre :

Beau postillon qui porte lettres,
   Vive le Roi !
Que dit-on du Roi dans Paris ?
   Vive Louis !

III

COMPLAINTES CRIMINELLES

Dans cette nouvelle série de complaintes, tous les crimes, ou à peu près, sont représentés, depuis le simple vol jusqu'aux assassinats les plus divers, y compris la torture des « chauffeurs ». J'ai eu soin d'en écarter les banales et vulgaires rengaines que, sur l'air de la complainte de Fualdès, quelques citadins ne manquaient pas de composer, le plus souvent « en charge », à l'occasion de tout notable événement criminel : c'est ainsi que la complainte primitive, sortie naïve et sincère de l'âme populaire émue, se transforma en une ironique et grotesque rhapsodie.

Le Voleur dans les Églises

Mon père m'a nourri
Dans l' temps de ma jeunesse,
Croyant que je serais
Son bâton de vieillesse ;
Son bâton de vieillesse,
Ça n'est point mon dessein :
L'amour et la débauche
M'ont rendu libertin.

Le soir, après **souper**,
Avec mes camarades, } bis.
Les pieds dessous la table,
Assoyé sur un banc,
Au clair de la chandelle
Dépensant mon argent.

Je m' suis mis à voler,
Voler dans les églises. } bis.
J'ai pris un beau ciboire
Et les hosties sacrées
Les bourgeois de la ville
M'ont rendu prisonnier.

M'ont pris, m'ont enfermé
Dans une chambre obscure, } bis.
Dans une chambre obscure,
Sans voir ni nuit ni jour ;
Jamais n'y vient personne
Pour me porter secours.

J'ai trois petits enfants
De ma si jolie femme.
S'en va dir' le plus jeune :
— Quand viendra mon papa?
Ma mère, y a six semaines
Qu'on ne le voit plus là.

} bis.

— Ton papa, mon enfant,
N'a jamais voulu croire,
N'a jamais voulu croire
Tout ce qu'on lui a dit :
Entendra sa sentence,
Bientôt sera puni.

} bis.

(Françoise Rougelot, veuve Carroué, Murlin, 1833).

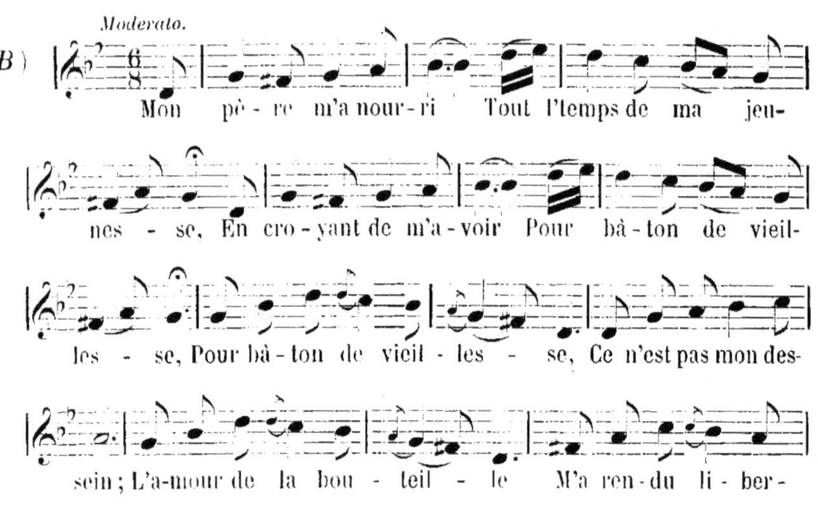

Mon père m'a nourri
Tout l' temps de ma jeunesse,
En croyant de m'avoir
Pour bâton de vieillesse,
Pour bâton de vieillesse,
Ce n'est pas mon dessein ;
L'amour de la bouteille
M'a rendu libertin

Mais il s'est fait un vol
Dans cette compagnie ;
Dans cette compagnie,
Un vol il s'y est fait ;
Sur ma foi, je vous jure
D' n'y avoir pas touché.

} bis.

Par un dimanche au soir
J'étais en compagnie,
J'étais en compagnie,
Assis desur un banc,
Au clair de la chandelle
Dépensant mon argent.

} bis.

M'ont pris, m'ont emmené
Dans une chambre basse,
Dans une chambre basse,
On n' voit ni nuit ni jour ;
La nuit, quand le vent souffle,
Tout tremble dans la tour

} bis.

Tout le regret que j'ai,   } bis.   J'avais bien trois enfants   } bis.
De ma tant jolie femme   De ma tant jolie femme
De ma tant jolie femme   L' plus jeun' dit à sa mère :
Que Dieu m'avait donnée.   Où donc est mon papa ?
L' mauvais libertinage   Voilà cinq à six mois
Me l'a fait délaisser.   Que je ne le vois pas.

    — Ton papa, mon enfant,   } bis.
    N'a jamais voulu croire,
    N'a jamais voulu croire
    Ni parents ni amis.
    Maintenant la justice
    S'est emparée de lui.

(*A. Jacquet, femme Dérel, Beaumont-la-Ferrière, 183.*).

Le Vol chez le Curé

La premièr' volerie
Que j'ai fait' dans ma vie.
C'est d'avoir bien volé
La bourse d'un curé.

J'entrai dans une chambre ;
Vrai Dieu ! qu'elle était grande !
Y avait mille écus,
J'ai mis la main dessus

J'entrai dans une autr' chambre,
Qu'était encor plus grande,
Plein' de rob', de manteaux ;
J'en ai chargé trois ch'vaux.

Je m'en fus dans l'Hollande,
Croyant de les bien vendre ;
Mais à si bon marché
Qu'on est v'nu m'arrêter.

Ces messieurs de Grenoble,
Avec leurs grandes robes,
Et leurs bonnets carrés,
Ils m'eur't bientôt jugé.

Ils m'ont jugé à pendre.
— Oh ! la cruell' sentence !
A pendre et étrangler
Sur la plac' du marché.

Quand j' fus sur la potence,
Je r'gardai vers la France ;
J'ai vu mes compagnons
A l'ombre d'un buisson.

    — Rossignolet sauvage,
Veux-tu m' faire un message ?
Va dire à mes compagnons
Que je n' suis plus larron.

Jeanne Goux, veuve Brunet, Nolay, 1803 .

B)

Nous étions vingt ou trente,
Tous de la même bande, { bis.
Tous habillés en blanc,
  A la mode des...
Là, vous m'entendez,
Tous habillés en blanc,
A la mod' des marchands.

La premièr' volerie
Que j'ai faite en ma vie, { bis.
Oh ! c'est d'avoir volé
  La bourse d'un...
Là, vous m'entendez,
Oh ! c'est d'avoir volé
La bourse d'un curé.

J'ai monté dans un' chambre,
Vrai Dieu ! qu'elle était grande ! } bis.
J'ai trouvé mille écus,
  J'ai mis la main...
Là, vous m'entendez,
J'ai trouvé mille écus,
J'ai mis la main dessus.

J'ai monté dans une autre,
Vrai Dieu ! qu'elle était haute ! } bis.
Des rob' et des manteaux,
  J'en ai chargé...
Là, vous m'entendez,
Des rob' et des manteaux,
J'en ai chargé trois ch'vaux.

Je les ai menés vendre
A la foire à Guérande. } bis.
Je les vends bon marché,
  Car ils n' m'ont rien...
Là, vous m'entendez,
Je les vends bon marché,
Car ils n' m'ont rien coûté.

Ces messieurs de Guérande
M'ont condamné à pendre, } bis.
A pendre et étrangler,
  Sur la plac' du...
Là, vous m'entendez,
A pendre et étrangler
Sur la plac' du marché.

(A. Jacquet, femme Déret, Beaumont-la-Ferrière, 183.).

C)

Je sons ben vingt vou trente,
Tous de la même bande,
Tous du même métier,
C'était pour y voler.
La premièr' volerie
Que j'ai fait dans ma vie.
C'était cheuz un curé,
Qu'avait ben le dé quoi.

J'entrai dedans eun' chambre,
Vrai Dieu ! qu'alle était grande !
J'ai treuvé mille écus,
J'ai mis la main dessus.
J'entrai dedans enne autre,
C'était ben auter chose :
Des rob' et des manteaux,
La charg' de mes chevaux.

Etc.

(Marie Evaut, veuve Champenois. Cuffy, 1816).

Mandrin

J'suis natif de Saint-Etienne,
Saint-Etienne en Dauphiné.
Maudit' l'heure et la journée
Où je suis venu au monde !
Je vous l'dis en vérité,
Je voudrais n'êtr' jamais né !

J'ai mené dans mon jeune âge
La vie d'un vrai libertin.
Je faisais mille assassins,
Je mettais tout au pillage.
Tout partout dans maints endroits,
Chacun si plaignait de moi.

Père et mère mi commandent
D'abandonner la maison.
Moi qu'étais si vagabond,
J'entreprends la contrebande.
J'ai bien commencé par là
La vie d'un vrai scélérat.

Nous étions plusieurs (es) bandes,
Que nous fallait de l'argent,
Chacun sept à huit cents francs.
Si n-on faisait résistance,
Chaque fois on leur disait
Que n-on les égorgerait.

J'avais pris pour retirance
Le château de Rochefort,
J'y cachais tous mes trésors,
J'y vivais en confiance.
Une nuit qu' j'étais couché,
Nos enn'mis vinr' à passer.

J'entendis de grands coups d'hache
Dans la porte du château.
Je mi réveille en sursaut,
J'entendis : — Enfants, courage !
Allons vit', dépêchons-nous !
V'là bientôt Mandrin z-à-nous.

Je me mets en assurance
Dedans un tas de fagots.
Mon soulier passe un peu trop, (1)
C'est cela qui m'a fait prendre,
Par cinq ou six bons grivois
Qui m'avont pris pour le roi. (2)

(Jean Millien, Raveau, 1802).

Les Larrons et la Bague

Variantes :

(1) Mon soulier sort par dehors.   (2) Qui m'ont pris au nom du roi.

(Veuve Brunet, Nolay, 1802).

C'est la fill' d'un cabaretier,
Tout en allant se promener,
Se promener aux bois seulette
Comme une jeune fille honnête.

Ell' ne fut pas milieu du bois,
Trois grands larrons l'ont rencontrée :
— Arrête, jeune fille, arrête !
Te voilà prise au bois seulette

— La bague d'or que j'ai au doigt,
La ceintur' qui fait l' tour de moi,
Oh ! prenez-les, je vous les donne,
Laissez-moi libr' de ma personne !

— Ta personne, nous la voulons,
Bague et ceintur', nous les prendrons.
— Ils l'ont frappée à coups de lance,
La pauvre fill' tombe sanglante.

Les trois larrons se regardaient,
Tout en disant : Qu'allons-nous fair' ? (1)
Retirons-la de ce passage,
Nous l'enterr'rons dessous l' feuillage.

Sont bien restés jusqu'à minuit
Dedans le bois sans en sortir.
Ils s'en vont du droit à la porte
Du logis de la fille morte.

— Ouvrez, ouvrez la porte, ouvrez !
Qu'y a-t-il donc pour le souper ?
— Oh ! il y a perdrix, bécasses ;
Que vous faudra-t-il davantage ? (2)

Ils n'avaient pas moitié soupé,
L'hôtess' est venue pour compter.
En tirant l'argent de leur bourse,
La bague d'or est tombée rouge.

L'hôtess' se trouvait la plus près,
La bague d'or a ramassé :
— C'est çà la bague de ma fille,
Trouvez-moi-la morte ou en vie !

— La bague d'or ne nous coût' rien,
Nous l'avons pris' comme trois mandrins,
L'avons trouvée et l'avons prise,
Dimanche, à la port' de l'église.

Mais le plus jeun' des trois larrons
A déclaré la trahison :
— Elle est là-haut dans ces mar'cages,
Bien enterrée dessous l' feuillage.

(Jeanne Lion, Bona, 1860).

(Sur l'air précédent).

B)

C'est la fill' d'un' cabaretièr'
Tout en voulant se promener,
Voulant se promener seulette,
Comme une jeune fille honnête

Dans son chemin a rencontré
Trois jeunes jolis officiers :
— Arrêtez-là, la jolie fille !
Dans ce passag' vous êtes prise.

— Je n' porte rien desur mon corps
Que ma bell' bagu', ma chaîne en or ;
Prenez-les, car je vous les donne,
Mais je vous défends ma personne.

— Ta personne est à nous ici,
Ta belle bagu', ta chaîne aussi.
— J'aimerais mieux trois coups de lance
Que de voir que mon Dieu j'offense !

Trois coups de lanc' lui ont donné,
La jolie fille est bien tombée,
A fait une mort si surprenante
Que tout son sang criait vengeance !

Quand le crime fut consommé,
Parlèrent d'aller déjeûner.
S'en furent frapper à la porte
De la mèr' de la fille morte.

Variantes :

(1) ... Qu'avons-nous fait ?

(2) Tout' sort' de viandes délicates.

(Anne Monsinjon, Nolay, 1864).

Quand ils ont fini de souper :
— Madam' l'hôtess', venez compter.
En prenant l'argent par mégarde,
Ils ont laissé tomber la bague.

Madam' l'hôtesse, ell' s'avança,
La jolie bague ell' ramassa :
— Ah ! dites-moi, cett' jolie bague,
Vous l'avez prise en quelle place ?

— Madam', pour dir' la vérité,
Nous ne l'avons pas acheté' :
Passant vers la port' d'une église,
Nous l'avons vue, nous l'avons prise.

— Je vois bien par tout' vos raisons
Que vous me dit' des trahisons.
C'est çà l'anneau d'or de ma fille...
Il me la faut morte ou en vie !

Le plus jeune a tout déclaré :
— Hélas ! madam', nous l'avons tué' ;
Nous l'avons tuée dans ce passage,
Nous l'avons mis' sous ces feuillages.

(*Eugénie Perroy, La Charité, 1866*).

C'est trois garçons, trois Allemands, ⎱ bis.
Qui s'en y vont emmi ces champs. ⎰

Assoyons-nous donc là, z-à l'ombre, ⎱ bis.
En attendant qu' la chaleur tombe. ⎰

Le plus jeune garçon des trois ⎱ bis.
S'est allé prom'ner dans le bois, ⎰

Dans son chemin a fait rencontre ⎱ bis.
D'une tant' joli' fille blonde. ⎰

Y a demandé oùs qu'elle allait,
Y a demandé quis qu'all' portait : { *bis.*
— Je m'en y vas vez cheux ma tante
Porter des bagues et diamant (*es*). { *bis.*

— Tu vas m' donner bagu's et diamants, { *bis.*
Aussi ton beau collier d'argent,
Et avec çà ton cœur volage, { *bis.*
Ici, dedans ces verts bocages.

— Prenez mes bagu's et mes diamants, { *bis.*
Aussi mon beau collier d'argent,
Mais laissez-moi mon cœur volage { *bis.*
Ici, dedans ces verts bocages.

— J'ai t-un couteau dedans mon sein ; { *bis.*
Pour accomplir (*e*) mon dessein,
Je te le frappe à la poitrine { *bis.*
Malgré ta volonté maline.

Les deux autr's ont entendu çà : { *bis.*
— Cher camarad', que fais-tu là ?
Oh ! voilà tout son sang en danse ! { *bis.*
Nous serons tous punis ensemble.

Mes trois drôles sans rien penser, { *bis.*
Au château d' la bell' sont allés :
— Bien le bonsoir, madam' l'hôtesse ; { *bis.*
Servant', tirez-nous un' bouteille.

Ils n'ont pas eu sitôt diné, { *bis.*
Madam' l'hôtess' vient pour compter.
En mettant la main à la poche, { *bis.*
Le beau diamant tomb' sur le coffre.

Il n'est pas eu sitôt tombé, { *bis.*
Qu'il est bientôt eu ramassé.
— Ah ! c'est le diamant de ma fille ; { *bis.*
Va, voleur, où les as-tu pris ?

Le plus jeune garçon des trois, { *bis.*
Il a tout dit, a rien caché :
— Al est là-bas, dans le bocage, { *bis.*
Morte, enterré' sous le feuillage.

(Françoise Rougelot, veuve Carroué, Murlin, 1833).

C'est trois garçons bien habillés,
Le long d'un bois se reposaient,
Se reposaient desur l'herbette,
Tout en cueillant la violette.

    bis.

Mais par là ce vint à passer
Un' jeune fille à marier.
Ils lui ont demandé : La belle,
Passerez-vous les bois seulette ?

    bis.

Elle répond que, par sa foi,
Ell' les a passés d'autres fois :
Toujours sur Dieu je me repose,
Je les passerai bien encore.

    bis.

Cette pauvre fille ils ont pris,
Cruellement l'ont fait mourir,
L'ont fait mourir au pied d'un arbre,
L'ont portée dessous le feuillage.

    bis.

Voilà la nuit qui est tombée,
Où allons-nous aller coucher ?...
Ils s'en y vont, ces trois bons drôles,
De chez le père de la fille

    bis.

Ils ont demandé à souper,
Le lendemain à déjeûner.
Tout en regardant dans leur bourse,
L'anneau d'or y était sans doute.

    bis.

L'anneau d'or à terre a tombé,
Le père y va le ramasser :
— C'est çà l'anneau d'or de ma fille ;
Trouvez-la-moi, morte ou en vie ! } *bis.*

L' plus jeune des trois a fait l'aveu :
— Ah ! nous avons offensé Dieu !
Que Dieu nous fass' miséricorde !
Nous méritons tous trois la corde. } *bis.*

(*A. Jacquet, femme Dérel, Beaumont-la-Ferrière, 183.*).

Les trois brigands se sont d'mandé :
Où allons-nous donc l'enterrer ?
— Au bois mar'cage, au vert feuillage,
Et sans que personne n'y sache.

Mais quand ce fut pour (e) payer,
L'anneau d'or par terre est tombé...

Ils fur' jugés et condamnés
A être tous écartelés
Sur la grand' place de la ville,
Pour avoir tué cett' pauvre fille.

(*Veuve Bénard, Saint-Pierre-le-Moûtier, 1851*).

L'Hôtelier assassin

C'était un' jeun' demoiselle (1)
Demeurant près de Lyon,
Demeurant près de Lyon,
Avait un voyage à faire ;
Elle a pris beaucoup d'argent,
Voulant faire un payement.

Cette fille était seulette,
Avait des bois à passer,
Avait des bois à passer ;
Dedans une auberge elle entre :
— Y aurait-il pas quelq' bourgeois
Qui voudrait m' passer les bois ?

N'y avait rien qu'un p'tit jeune homme
Qu'entrait pour se rafraîchir, (2)
Qu'entrait pour se rafraîchir,
Pas à pas s'approche d'elle :
— Bell', venez avecque moi,
Je vous passerai les bois.

Cette fille était si sage,
Demande au cabaretier,
Demande au cabaretier
S'il fallait se mettre en route
An'c un garçon inconnu
Que d' sa vie ell' n'avait vu.

Variantes :

(1) C'était une jeune fille.

> *(Saint-Aubin).*

C'est un' fille belle et sage,
Avait pris un peu d'argent,
Avait pris un peu d'argent,
Un petit voyage à faire,
Avec des bois à passer,
Avait peur d'être arrêté'.

Tout à la première auberge
Cett' jeun' fille elle est entrée,
Cett' jeun' fille, elle est entrée :

— Bien l' bonjour, madam' l'hôtesse
Y a-t-il pas quelqu' bons bourgeois
Qui me passeraient le bois ?

— Si, si, que répond le maître,
Entrez, jeune fille, entrez ;
Entrez, jeune fille, entrez,
Demeurez en assurance :
Ayez confiance en moi,
Je vous passerai le bois.

> *(La Machine).*

(2) Qu'entendait ce discours-là.

Le cabaretier robuste,
Il lui répondit que non,
Il lui répondit que non :
— Moi, je serai votre guide,
Venez donc avecque moi,
Je vous passerai les bois.

Quand ils furent sur la route, 1
Tout le long de la forêt,
Tout le long de la forêt,
Pas à pas s'approche d'elle :
— Bell', vous avez de l'argent ;
Il m'en faut absolument.

— Voilà donc les bell's promesses
Que vous m'avez fait's chez vous,
Que vous m'avez fait's chez vous,
Devant tout' la compagnie ?
Monsieur, laissez-moi aller, 2
Je veux vivre en liberté.

Le cabaretier robuste 3
La tire dedans le bois,
La tire dedans le bois,
Un mouchoir dessus la bouche,
Craint' que la bell' fasse un cri,
Que personne l'entendit.

Mais y avait le p'tit jeune homme 4
Pas à pas qui le suivait,
Pas à pas qui le suivait,
Il a trouvé une bourse,
Une bourse et le couteau
Qu'a mis la belle au tombeau.

Variantes :

(1) Quand ils fur' sur ces grand' chaumes,
    Au mitan de la forêt...

   . . . .

    — La bell', je veux de l'argent,
    Oui, j'en veux assurément.
                 (*Prémery*).

Cette fille allait tout' triste
Tout le long de la forêt,
Tout le long de la forêt,
Comme un' pauvre abandonnée.
             (*Grenois*).

(2) Je vous jure sur ma foi
    Que vous n'aurez rien de moi.
          (*Murlin*).

Cette fille belle et sage,
Ell' deveint son mouchoir blanc,
Ell' deveint son mouchoir blanc
C'est pour essuyer ses larmes...
         (*La Machine*).

(3) Le cabaretier robuste,
    Il deveint son grand couteau :
    Il deveint son grand couteau,
    C'est pour lui trancher la tête.
    Il deveint son grand couteau
    Pour mettr' la belle au tombeau.
         (*La Celle*).

Il cherche son grand couteau,
Il la frappe dans le dos
         (*Murlin*)

Dans certaines versions, le rôle du « petit jeune homme » est tenu soit par « trois garçons » soit par « un beau militaire » ou deux :

(4) Trois garçons de l'Amérique (?)
    En faisant le mêm' chemin,
    En faisant le mêm' chemin,
    En suivant la même route,
    Ils ont trouvé un couteau :
    — C'est çà l' couteau d'un bourreau !

Tout à la première auberge,
Ces trois garçons sont entrés,
Ces trois garçons sont entrés :

— Bien l' bonjour, madam' l'hôtesse ;
Apportez du pain, du vin,
Nous v'lons boir' jusqu'à demain.
        (*La Machine*).

Mais deux jolis militaires.
        (*Murlin*).

Mais c'est un beau militaire
Qui vient à passer par là...

Tout aussitôt le jeune homme (1)
S'en retourne à la maison,
S'en retourne à la maison :
— Tirez-moi une chopine,
Un' chopine de vin blanc,
J'ai de l'or et de l'argent.

L'hôtess' faisant sa cuisine, (2)
Un couteau lui a manqué.
Un couteau lui a manqué,
Qui n'était plus sur la table :
— Madam', si vous voulez l' mien,
Je vous le prêterai bien.

— Oh ! ce couteau-là, jeune homme, (3)
C'est l' couteau de mon mari,
C'est l' couteau de mon mari,
L'ez-vous pris par badinage ?
C'est l' couteau de mon mari,
L'ez-vous pris pour vos plaisirs ?

— Oh ! ce couteau-là, madame,
C'est l' couteau d'un assassin, (4)
C'est l' couteau d'un assassin
Qu'a tué la plus jolie fille !
Jamais d' ma vie ni d' mes jours,
Je n'ai vu un pareil tour !

(Pierre Hisquin. Dompierre-sur-Nièvre, 1831).

Variantes :

(1) Du droit ce beau militaire
   A l'auberge s'en y va.
   A l'auberge s'en y va ;
   C'était pour y boir' chopine :
   — Madam' servez-moi du vin,
   Je n' pars que demain matin.
   (La Celle).

(2) Cette dame dans sa cuisine
   Elle eut besoin d'un couteau,
   Elle eut besoin d'un couteau ;
   — Madam', si ça vous plaît bien,
   Je vas vous prêter le mien.

(3) — Ah ! ce couteau-là, mon brave,
   Il ne vous appartient pas,
   Il ne vous appartient pas,
   Je l'affirme avec courage !
   Dit' moi où vous l'avez pris,
   C'est l' couteau de mon mari.

(4) C'est le couteau d'un bourreau.
   (La Machine).

Ces variantes sont de :

Jacques Champeroux, Saint-Aubin, 1818 ; Paul Thévenet, La Machine, 1820 ; Marie Moreau, femme Balet, Prémery, 1817 ; Marie Gobillot, femme Mouloise, 1852 ; ... femme Chatillon, Murlin, 182. ; ... Gilbert, La Celle-sur-Nièvre, 1802.

L'Infanticide

1º

C'était trois filles de Lyon, (*bis*) (1)
Elles s'en vont au bois seulettes,
C'est pour cueillir d' la violette.

N'en eurent pas cueilli trois brins, (*bis*)
La plus jeune et la plus jolie, (2)
Le mal d'enfant l'a bien surprise.

Elle a jeté un si grand cri : (*bis*)
— Hélas ! hélas ! je vais mourir (*c*),
Ayez pitié, Vierge Marie !

Variantes :

(1) C'était trois fill' du mêm' château.
    (*Bona*).

Trois jolies filles de Lyon,
Elles s'en vont sur ces chaumettes.
    (*Beaumont*).

Elles s'en vont au Bois-Cœudrette.
    (*Varennes*).

(2) La plus petit', la Marguerite...
    (*Bona*).

17

Sa mèr' qu'est aux fenètr's, qu'entend : *(bis)* (1)
— Prends ton enfant dedans ta cotte,
Du droit sur ton blanc lit l'apporte !

La pauvre fille a mal compris *(bis)* (2)
A pris l'enfant dedans sa cotte,
Du droit dans la rivièr' le porte.

Trois mariniers la regardaient : *(bis)* (3)
— Tout beau ! tout beau ! la jeune fille !
Nous vous regardons, ma petite !

Ils l'ont prise, ils l'ont emmenée *(bis)*
Dedans une chambre si brune
Qu'on n'y voit ni soleil ni lune.

On s'en allait partout disant : *(bis)*
Avez-vous vu la pastourelle,
Qu'on dit partout qu'elle est si belle ?

Vous la verrez passer demain, *(bis)*
Vous la verrez sur ces carrières,
Prêtre devant, bourreau derrière.

Quand elle fut sur l'échafaud, *(bis)*
Ell' jette la tète en arrière, (4)
Ell' voit venir sa chère mère.

— Bourreau, bourreau, r'tardez ma mort ! (5) *(bis)*
Je vois là-bas ma mèr' venir (c),
J'ai un petit mot à lui dire.

Variantes :

(1) Sa mère qui l'entend crier :
— Apporte ton enfant, ma fille,
Peut-être un jour te sauvera la vie !
(*Bona*).

Courage, prends courag', ma fille,
Ton enfant te sauv'ra la vie.
(*Bona*).

Endure, endur' le mal, ma fille,
Apporte ton enfant qui crie !
(*Beaumont*).

Du droit à la maison l'apporte !

Ma sœur, prends-le dedans ta cotte.
(*Murlin*).

(2) Hélas ! elle a mal entendu.
(*Langeron*).

L'envelopp' dans un' toile fine,
Le port' sous un teurziau de vigne.
(*Bona*).

(3) Trois vignerons la regardaient :
— Que faites-vous là, jeune fille ?
(*Bona*).

(4) Se tourn' du côté de la France,
Voit venir sa mèr' bien dolente.
(*Sichamps*).

(5) Bourreau, arrêtez un moment ?
(*Varennes*).

Bourreau, ne vous pressez pas tant !
(*Murlin*).

Ma mèr', pour vous quel mal au cœur (*bis*)
D'avoir élevé votre fille
Et d'vant vos yeux la voir mourir (*e*) !

— Ma fill', ma fill', j'ai de l'argent : (*bis*)
Bourreau, en voilà cinq cent mille :
Rendez-moi donc ma très chèr' fille !

— Ma mère, gardez votre argent ! (1) (*bis*)
Toute fille qu'a fait folie,
C'est pas dommag' qu'ell' soit punie !

Qu'on me coupe mes blonds cheveux, (*bis*)
Qu'on les pende devant l'église
Pour montrer bon exemple aux filles !

(*Pierre Hisquin, Dompierre-sur-Nièvre, 1831*).

Variantes :

(1) Ma mère, gardez votre argent (*bis*)
Gardez-le bien, je vous en prie,
Pour marier vos autres filles.

(*Varennes*).

Tout' fill' qui a fait la folie
A mérité d'être punie.

(*Beaumont*).

Ma mère, avertissez ma sœur ; (*bis*)
Ell' va si souvent à la danse,
Mauvais garçons qui la fréquentent.

(*Murlin*).

Ma jupe vert', vous la mettrez, (*bis*)
Pourrir sur ces buissons d'épines
Pour faire exemple aux autres filles.

(*Colméry*).

Pourrir à la port' de la ville,
Pour faire remontrance aux filles.

(*Murlin*).

Pour fair' prendr' courage à ces filles.

(*Beaumont*).

Vous autres fill' qui sont en bas,
Prenez ma robe que voilà,
Fait'-la pourrir sur ces épines
Pour { montrer exemple aux autr's filles.
      { donner remontrance aux filles.

(*Bona*).

Vous autres fill' qui sont en bas,
Prenez ma mèr' dessous les bras,
Emmenez-la dedans sa chambre,
Qu'ell' ne voie pas sa fille pendre !

(*Bona*).

Les variantes sont de :

Emélie Pellissier, Bona, 185. ; femme Guilletat, Beaumont-la-Ferrière, 1844 ; veuve Bernard, Varennes-les-Nevers, 1810 ; Jeanne Lyon, Bona, 186. ; veuve Carroué, Murlin, 1833 ; veuve Brassière, Langeron, 1814 ; femme Feix, Colméry, 1862 ; Annet Nourel, Sichamps, 186.

2°

LA FILLE DE QUINZE ANS

Venez ouïr récit
D'une fille bien jeune,
D'une fille bien jeune,
A l'âge de quinze ans.
Hélas ! la malheureuse,
Elle a fait un enfant (*bis*).

Personne n'en sait rien
Que sa plus proch' voisine.
— Bonjour, monsieur le juge,
Vous ne faites donc rien ?
Y a du mal dans l' village,
Que vous n'en savez rien (*bis*)

— Quel mal y a-t-il donc ?
Dit'-le moi, je vous prie.
— C'est not' plus proch' voisine,
Accouchée cette nuit :
Hélas ! la malheureuse
Ell' l'a bien fait mourir (*bis*).

Le jug' n'a pas tardé,
Va trouver cette fille :
— Qu'avez-vous fait, la belle,
De votre nouveau-né ?
Préparez-vous de suite
A nous accompagner (*bis*).

Sa mèr' descend d'en haut,
Ses cheveux par derrière : (1)
— Bonjour, monsieur le juge,
Rendez-moi mon enfant ;
Je m'en vais vous compter
De l'or et de l'argent (*bis*).

— Ton argent est à toi,
Ta fille à la justice.
La corde est toute prête,
Les bourreaux sont autour
Pour fair' périr ta fille,
Demain au point du jour (*bis*).

Variantes :

(1) Ses sabots sous son bras,
Ses cheveux par derrière.
Sa mère court au juge :
— Rendez-moi...

(Beaumont).

— Jeun' filles de mon temps,
Sur moi prenez exemple.
N'allez pas l' soir au bal (e),
Ne marchez pas la nuit,
Car ceci est bien cause
Que je m'en vais mourir (bis).

(*Marie Bernard, femme Raclot,
Crux-la-Ville, 1819*).

Plusieurs chanteurs (surtout en Morvan) terminent la complainte par ce couplet ou la variante :

Dieu maudiss' les rubans
Et les dentelles fines !
Moi, j'ai fait la trop belle (1)
Pour plaire à ces galants ;
A présent il faut être
Dévorée du démon ! (bis)

Vous, filles de quinze ans,
Sur moi prenez exemple :
N'allez point l' soir aux danses,
Ni z'au bal (e) la nuit,
Car voilà ce qu'est cause
Que je m'en vas mourir.

Je n'avais pas quinze ans
Je me suis sentie grosse,
Je me suis sentie grosse,
Enceinte d'un enfant ;
Au proch' de la rivière,
Je l'ai jeté dedans.

Personne me voyait
Que ma plus proch' voisine.
— Paix ! paix ! ma belle fille,
Tu t'en repentiras ;
Tu t'en iras en ville
A pied vou z'à cheval.

— Oh ! qu'est-c' que ça t' fait donc ?
Ce n'est pas tes affaires.
Je n' suis donc pas maîtresse
Du fruit mêm' de mon sang ?
— Paix ! paix ! ma belle fille,
Tu t'en repentiras !

La voisine s'en va
Avertir la Justice :
— Messieurs de la Justice
Vous ne savez donc pas
Tout c' qui se passe en ville,
On vous le conte pas.

— Qu'y a-t-il de nouveau
Qu'on n'ose nous le dire ?
— Ma plus proche voisine,
Elle a fait un enfant ;
Au proch' de la rivière,
Ell' l'a jeté dedans.

---

(1) *Var :* Je ne savais que rire,
         Réjouir les garçons ;
         A présent il faut être
         Tourmentée du démon.

(2) Cette mélodie n'est qu'une altération de la précédente.

La Justice arrivé' :
— Avouez votre crime.
— Messieurs de la Justice,
Je ne vous connais pas.
— Il faut venir en ville,
A pied ou à cheval.

La mère court après
Comme une pauvre folle :
— Messieurs de la Justice,
Rendez-moi mon enfant,
Je vous donn' tout de suite
Un' bours' de cinq cents francs.

— Garde tes cinq cents francs,
Tu n'auras pas ta fille.
La potence est dressée,
Les bourreaux sont autour ;
Elle sera pendue
Demain au point du jour.

(*J. Goux, veuve Brunet, Nolay, 1802*).

3°

LA FILLE UNIQUE

Mon pèr' n'avait que moi d'enfant,
Lorsqu'il m'aimait si tendrement,
Il empêcha mon mariage,
Croyant de fair' mon avantage.

Me promenant j'ai rencontré
Un jeun' garçon bien à mon gré,
Hélas ! à lui je m'abandonne
Et maintenant j'en suis la sotte.

Quand je m'suis vue enceint' de c'fruit,
Moi, j'y pensais et jour et nuit :
Quand cet enfant viendra sur terre,
Comment s'y prendr' pour s'en défaire?

Quand cet enfant est arrivé,
Au cœur mon couteau j'y ai planté :
Depuis le cœur jusqu'à la bouche,
Hélas ! son pauvre sang dégoutte !

Que l'on m'apporte un linge blanc
Pour env'lopper ce p'tit enfant.
Tout aussitôt, cruelle mère,
Dedans le fumier je l'enterre.

Sur le fumier vienn't à passer, [tés.
Trois gros chiens blancs, s'sont arrê-
Grattent le fumier avec rage,
Portent l'enfant dans le village.

Tout d' suite on a fait publier
Que tout' les fill's s'raient visité',
Que tout' les bonn'-mèr' du village (1)
Seraient pour faire cet ouvrage.

Mon pèr' croyant que c'n'est pas moi,
Me dit : — Bien vite, lève-toi !
Lève-toi promptement, ma fille,
C'est pour aller à la visite.

Bien promptement je m' suis levé',
A la visit' je suis allé'.
Je m' tenais toujours par derrière,
Je fus visité' la première.

Hélas ! le jug' m'a condamné',
D'avoir les deux poignets coupés,
Poignets coupés, pendue ensuite,
Ici sur cett' place publique.

(Henri Doreau, Glux, 1869).

Le Mari assassin

J'ai un' méchant' belle-mère,
Grand Dieu ! qu'elle ne vaut guère. (1)
Oh ! tous les jours ell' dit à mon mari :
— Quand donc la feras-tu mourir ? *(bis)*

— Soyez tranquill', ma mère,
Car vous n'attendrez guère,
Demain matin avant soleil levé,
Votre dessein j'accomplirai. *(bis)*

La bell' qu'est aux écoutes, (2)
Qu'entend ces beaux discour (es) :
— Hélas ! mon pèr', vous m'avez mariée,
Grand Dieu que j'en ai de regret ! *(bis)*

J'ai un' méchant' belle-mère,
Grand Dieu, qu'ell' ne vaut guère !
Oh ! tous les jours, ell' dit à mon mari :
Quand donc la feras-tu mourir ? *(bis)*

Variante :

(1) Que tout's les femm's sages du village...

Variantes :

(1) Qui ne veut pas me voir (e).
(Martin).

Grand Dieu ! qu'elle m'aime guère !

... elle dit à son fils :
— Ne vas-tu pas la fair' mourir ?
(Saint-Aubin).

N' vous chagrinez point ma mère,
Attendez-donc à dimanche au matin,
J'accomplirai votre dessein.
(Beaumont).

(2) Ell' s'en va chez son père :
Mon père vous m'avez donné un ami,
Il parl' toujours de m' fair' mourir.

— Rentourne-toi, ma fille,
Rentourne-toi bien vite,
Rentourne-toi bien vite à ton logis,
J'irai parler ce soir à lui (1). (*bis*)

En rentrant dans sa chambre,
Tous les membr' ils lui tremblent ;
Ell' s'est jetée trois fois dessus son lit,
Ce n'était point pour y dormir. (*bis*)

Son mari mont' la voir (*e*) :
— Habille-toi, ma femme ; (2) [blancs
Prends le plus beau de tous tes habits
Nous irons voir tous nos parents. (*bis*)

Quand ils fur' dans la plaine, (3)
Dans la forêt certaine,
Tout en entrant dedans la forêt,
Elle aperçut son trou tout fait. (*bis*)

— J'ai un grand mal de tête,
Me faudrait bien un prêtre,
Me faut un prêtre de ma confession (4)
Pour me donner l'absolution. (*bis*)

— Moi je serai ton prêtre,
Ta confession est faite ;
Et mon épée s'ra ton absolution
Et mon poignard ta rémission. (*bis*)

En revienant d' l'affaire, (5)
Rencontra ses trois frères : [tenant ?
— D'où viens-tu donc, cher frère, main-
Tu as les pieds couverts de sang. (*bis*)

— Je reviens de la plaine,
De la chasse certaine, [blancs (6)
J'en ai tant tué de perdrix, d' lapins
J'en ai les pieds couverts de sang. (*bis*)

— T'en as menti, faux traître ! (*bis*)
Mais on voit bien à ta pâle couleur (7)
Que tu viens de tuer ma sœur ! (*bis*)

Tu s'ras puni, faux traître ! (*bis*)
Et ton procès sera bientôt jugé : (8)
Ta mèr' pendue et toi brûlé ! (*bis*)

(Pierre Hisquin, Dompierre-sur Nièvre, 1831).

Variantes :

(1) J'irai parler à ton mari.

(Saint-Benin-des-Bois).

(2) Levez-vous vit', ma femme,
Dépêchez-vous de bien vous habiller,
Envecque moi vous promener.

(Saint-Aubin).

Promenons-nous, il fait beau temps.
(Saint-Benin).

(3) Il la mène, la ramène,
Là-bas, dedans la plaine,
Il l'a menée plus loin dans la forêt ;
La belle y voit son trou tout prêt.

(Saint-Aubin).

(4) Pour recevoir ici ma confession
Et me donner l'absolution.

(Saint-Benin-des-Bois).

(5) N'eût point tourné la tête,
Aperçoit ses trois frères.

(Beaumont).

(6) J'en ai tant tué, tant tué de ces lapins,
Que mes souliers, de sang sont pleins.

(Moussy).

(7) J' vois à ta mine, à ta pâle couleur.
(Beaumont).

(8) Tu vas périr à ton tour aujourd'hui,
Toi et ta méchant' mère aussi.

(Saint-Benin).

Variantes de :

Veuve Carroué, Murlin, 1833 ; Pierry Roland, Saint-Aubin, 1845 ; femme Guilletat, Beaumont, 1844 ; femme Hisquin, Saint-Benin-des-Bois, 184. ; Edmée Levesque, femme Laville, Moussy, 1846.

A Paris, la grande ville, (1)
Y a un' joli' fill',   [ment ;
Ell' s'est mariée pour son contente-
Ell' n'en a qu' du désagrément.

Elle avait un' bell'-mère
Qui n' voulait point la voir (e)
Et tous les jours elle dit à son fils :
Tu n'la feras donc pas mourir ?

La bell' monte en sa chambre,
Bien triste et bien dolente.
Ell' se jeta sur les pieds de son lit,
Ce n'était point pour y dormir.

Son mari mont' près d'elle :
— Que fais-tu là, la belle ?
Habille-toi et viens nous promener
Dans ces grands bois pour y chasser.

*La suite comme dans la version précédente. La fin est altérée, au lieu de ses
trois beaux-frères, il rencontre sa mère :*

De loin le voit venir (e) :
— D'où viens-tu donc, mon fils (e) ?
Qu'apportes-tu pour mon remercie-
Je vois ton habit plein de sang. [ment ?

— Mère, ô méchante mère, (2)
Que vous m'êtes cruelle !
Mon petit cœur que j'avais tant aimé,
Vous me l'avez fait massacrer !

(Marie Gobillot, femme Mouloise, Grenois, 1852).

Variantes :

(1) Dans la rue d'Filandrille,
    Y avait un' jeune fille,
    Ell' s'est mariée pour son bon plaisir,
    Elle n'en aura qu' du repentir.
                (Menestreau).

Elle est si belle, elle est si jolie,
Ell' se marie à son plaisir.
                (Menestreau).

Dans la rue d'Martinville,
Y a t-un' joli' fille,
Elle est jolie et parfaite en beauté,
Grand Dieu ! qu'elle a le cœur percé !
        (Beaumont-la-Ferrière).

Dans la rue de Dauphine,
Y a trois joli' filles,
Y en a un' qui vient de s' marier :
On dit qu'ell' ne fait que pleurer.
                (Saint-Benin-des-Bois).

(2) Mère, ô méchante mère,
    Comptez-moi de la monnaie !
    Asteur' voilà que j'ai tué ma mie.
    Faut que j' m'en aill' hors du pays.

Fut point sur la montagne.
La Justice l'attrape.   [pris.
Ces beaux messieurs d' la Justice m'ont
Je n' tarderai point à mourir.
                (Saint-Aubin).

*Variantes de : Catherine Septier, veuve Normand, Menestreau, 1834 ; Rosalie
Moreau, veuve Roland, Menestreau, 1815 ; femme Guillelat, Beaumont-la-Fer-
rière, 1844 ; femme Hisquin, Saint-Benin-des-Bois, 184. ; Pierre Roland, Saint-
Aubin, 1845.*

Le Meurtre de la Mie

Qui donc qui frappe à ma porte,
Qui m'empêche de dormir ?

— C'est ton ami Pierr', la belle,
Ouvre si tu veux ouvrir.

— Oh ! si c'est mon ami Pierre,
La port', je vais lui ouvrir.

Il la prit par sa main blanche,
Dans son jardin la menit.

La menit dessous un arbre
Qui rapportait aucun fruit.

Il l'attache au pied de l'arbre
En manière de croicifix.

Son épée il a tirée,
Son p'tit cœur il arrachit.

Il le porte z-à sa mère :
— Le voilà, l' cœur de ma mie !

— Tais (e) toi, ô vilain traître,
C'est le cœur d'une brebis.

— Donnez-moi ma chemis' blanche (2)
Que j' m'en aill' hors du pays.

Quand il fut sur ces montagnes,
Il regard' derrière lui.

Il aperçoit trois gens d'armes,
Qui couraient au derrié' d' lui.

— Arrête ici, vilain traître !
Qu'as-tu donc fait de ta mie ?

— Elle est là-bas dans les bois,
La belle, bien endormie.

— Et maintenant vilain traître,
Maintenant il faut mourir !

— Oh ! qu'on me tranche la tête,
Ne me faites pas languir.

— Tu languiras, vilain traître,
Comm' t'as fait languir ta mie.

Aim'-tu mieux êtr' frit dans l'huile
Que d'être écorché en vie ?

— Ah ! j'aim' mieux être frit dans l'huile
Que d'être écorché en vie !

(*Henri Thibaudat, Sichamps, 1822*).

---

(1) C'est le début de l'air célèbre : *Que ne suis-je la fougère.*

Variante :

(2) Mère, mère, ô méchant' mère,
Complez-moi quelques louis.

Asteur' que v'là ma mie morte,
Que j' m'en aill' hors du pays.

Il fut point sur les montagnes,
La Justic' court après lui.

— O messieurs de la Justice,
Je n' tard'rai point à mourir !

Tu n'auras pas une mort si douce
Que t'as fait mourir ta mie.

Tu s'ras disparti en quatre
Ou dans l'huil' tu seras frit !

(*Pierry Rolland, Saint-Aubin, 1845*).

L'Amant assassin

1º

LA BELLE AUX TROIS FRÈRES

Par un lundi m'a pris l'envie (1)
De ma maitress' la fair' mourir.
Je la mèn'rai mourir si loin,
Pour que personn' n'en sache rien.

} bis.

Il prend le cheval de son père,
Ses pistolets, son fourniment,
Et il s'en va sur la minuit (2)
Trouver sa mie tout endormie.

} bis.

— Si vous dormez, ma mie Jeannette, (3)
Si vous dormez, réveillez-vous,
Prenez l' plus beau de vos habits,
Nous allons voir tous nos amis.

} bis.

Variantes :

(1) D'aller détruir' ma bonne amie.

(*Nolay*).

C'est d'aller fair' périr ma mie.

(*Colméry*).

C'est de ma bell' la fair' mourir.

(*Prémery*).

Oh ! de la fair' mourir si loin,
Sans que personne en save rien.

(*Gouloux*).

(2) S'en est allé sur la minuit,
Trouva sa bell' bien endormie.

(*Prémery*).

(3) Il s'en y va droit à sa porte,
Il y frappa trois petits coups ;
Trois petits coups frappa tout doux :
Si vous dormez, réveillez-vous.

(*Colméry*).

Réveillez-vous, belle endormie,
Réveillez-vous, voilà le jour
Prenez l' plus beau d' vos habits blancs,
Nous irons voir tous nos parents.

Il la prend donc par sa main blanche,
Sur son cheval il l'a montée (1)
En lui disant : — Bell', tenez bon !
Je vas jou(v)er de l'éperon.
} bis.

Son cheval s'en va comme un traitre,
Comme un larron dans ces vallons ; (2)
Il s'en y va, mais sans arrêt
Jusqu'au milieu de la forêt.
} bis.

Quand il y fut au vert bocage :
— Bell', c'est ici qu'il faut mourir, (3)
Bell', c'est ici qu'il faut mourir,
Non pas qu' d'aller voir nos amis !
} bis.

La belle s'est jetée par terre.
Les bras croisés, les larm' aux yeux :
— Mon cher amant, si j'ai des torts,
Donnez-moi le coup de la mort.
} bis.

Le galant tir' son épée claire,
Sur ses blancs seins lui a posée,
Lui a posée si rudement,
La belle a tout perdu son sang.
} bis.

La belle avait trois galants frères,
La nuit, le jour, ils la cherchaient, (4)
Ils la cherchaient, mais sans arrêt,
L'ont trouvée mort' dans la forêt.
} bis.

— Arrête ici, galant, bon drôle !
De ta maitress' qu'en as-tu fait ?
} bis.

. . . .

Elle est là-haut dans la forêt.

La Justice me prend et m'emmène
Dans un cachot m'a renfermé,
Dans un cachot, un souterrain,
Soleil ni lune, on n'y voit rien.
} bis.

(Jean Millien, Raveau, 1802).

Variantes :

(1) Sur son grison il l'a montée.

(2) Raid' comm' le vent dans ces vallons.

(3) Mit pied à terre en lui disant.

(4) Trois jours, trois nuits ils la cherchaient.
L'ont tant cherchée...

(Prémery).

Ces variantes sont de :

Anne Monsinjon, Nolay, 1864 ; femme Feix, Colméry, 1862 ; Joséphine Collinot, Goulour, 1880 : femme Balet, Prémery, 1817.

Autre version musicale :

B)

(Cette variante musicale est de Joséphine Collinot, Gouloux, 1880).

2°

LE GALANT MAL AVISÉ

A)

C'est un garçon mal avisé, (1)
Sa mie a voulu dérober,
Sa mie a voulu dérober,
   Dedans les bois seulette ;
Oh ! il la pris', l'a t-emmenée
   Au bois sous la ramille

---

(1) *Var :* Oh ! c'était un maudit galant
   Qu'a voulu dérober sa mie.

     (Nolay).

Hé ! c'était un maudit galant
Qui voulait bien passer son temps,
Qui voulait bien passer son temps
   Avecque sa maîtresse ;
Oh ! il l'a pris', l'a t-emmenée
   Dedans le bois, seulette.

     (Poiseux).

Oh ! c'était un maudit galant
Qu'a dérobé sa mie, hélas !

Dedans la ville de Mayence
Y a-t-un garçon malavisé.
Y a-t-un garçon malavisé,
   Un jour va vers sa mie :
— Ma mie, viens donc avecque moi,
   Cueillir la violette.

Quand il y fut milieu du bois, (1)
Lui dit : la bell', rentourne-toi,
Lui dit : la bell', rentourne-toi,
   De bonn' grâc', je t'en prie,
Ou si tu n' te rentournes pas, (2)
   Tu perd(e)ras la vie !

—Comment veux-tu que j' me rentourne,
A présent qu' tu m' tiens dans le bois ?
A présent qu' tu m' tiens dans le bois,
   Tu m'as déshonorée.
Je resterai dedans le bois
   Comme une abandonnée !

Le beau galant tir' son épée,
Sur ses blancs seins il l'a posée,
Sur ses blancs seins il l'a posée ; (3)
   Voilà donc sa mie morte !
N'y a plus rien qu'à l'enterrer,
   Au bois, sous une coque.

Dans son chemin a rencontré
La Justic' qui y a demandé,
La Justic' qui y a demandé :
   — Qu'as-tu fait de ta mie ?
— Elle est là-haut, dedans le bois,
   J' la crois bien endormie.

Ils l'ont pris, l'ont emmené
Dans un cachot bien renfermé,
Dans un cachot bien renfermé,
   A coucher sur la dure,
Où l'on n'y voit ni ciel ni terre,
   Le soleil ni la lune.

— Si j'avais voulu croir' ma mie,
Je n' serais pas la v-où je suis,
Je n' serais pas là v-où je suis,
   Je serais auprès d'elle,
Tout en lui contant mes raisons,
   En parlant d'amourette !

(Marguerite Pigoury, La Celle-sur-Nièvre, 1819).

Variantes :

(1) Ell' n'en eut pas cueilli trois brins
   Lui dit : ma mie, rentourne-toi,
   Lui dit : ma mie, rentourne-toi.

   (La Machine).

(2) Si tu ne veux pas t'en aller.
      (Poiseux).

(3) Dans le côté lui a planté :
   La belle est tombée morte.
      (Murlin).

Les variantes sont de :

Philippe Guenot, Nolay, 1845 ; veuve Potdevin, Poiseux, 180. ; Augustine Millot, femme Clairet, 184. ; veuve Carroué, Murlin, 1833.

C'est un garçon mal avisé
    Qui aimait une fille   { *bis.*
Il l'a menée dedans le bois
    Faire à sa fantaisie.   { *bis.*

Quand le galant eut, dans le bois,   { *bis.*
    Fait à sa fantaisie,
Lui dit : la bell', rentourne-toi
    Vers ta mère, bien vite,
Ou si tu n' veux pas t'en aller,
    Tu perd(e)ras la vie !

Oh ! non, je n' me rentourn'rai pas, { *bis.*
    Galant, devers ma mère !
Galant, tu m'as déshonorée,
    Et moi, et ma famille ;
Tu m'as menée dedans le bois,
    Toujours je veux te suivre.

Le beau galant tir' son épée,   { *bis.*
    Cinq ou six coups lui porte,
Cinq ou six coups lui porte au sein ;
    La belle est tombée morte.
Le beau galant voyant cela
    A la vill' se transporte.

Tout au bout de sept à huit mois,
   Le beau galant s'en r'tourne,   } bis.
Le beau galant s'en r'tourne au bois
   Où qu'il a tué sa mie,
Il l'a trouvée au même endroit
   Sous un' coque pourrie.

Le beau galant sortant du bois
   Aperçut des bergères :   } bis.
— Gardez l'honneur, quand vous l'avez,
   Tout' celles qui m'entendent !
Gardez l'honneur, car il vaut mieux
   Que tous les biens du monde !

(Marie Musset, femme Petit, Arbourse, 1827).

3°

LA GOUVERNANTE

De braves père et mère
J' suis né assurément.
Avec douleur amère,
M'ont quitté en mourant
  Ils m'ont laissé
Un trésor assuré (1)
  D'or et d'argent
Les moyens les plus grands.

Je prends pour gouvernante
Une fille d'esprit ;
Vertueuse et plaisante,
Elle était mon appui (2)
  Avec détour,
Je lui faisais la cour,
  Lui promettant
D'être son cher amant.

---

(1) *Var :* Pour mon contentement.

        (Prémery).

(2) *Var :* J'en ai fait mon appui.
   Pardessus tout

  . . . .
   Disant souvent
Que j'étais son amant.

        (Gacôgne).

En cherchant à lui plaire,
Je lui disais : Mon cœur,
Ne soyez pas sévère,
Je veux votre bonheur.
  Ma bien-aimée,
Cessez donc de pleurer,
  Car tous vos pleurs
Attendrissent mon cœur !

Du ton le plus honnête (1)
Je lui dis pour certain :
Portez donc cette lettre
Au village voisin.
  Etant partie,
Moi, j'ai pris mon fusil ;
  Je vas m' cacher
Où qu'ell' devait passer.

A travers le feuillage
Je la vois approcher.
Aussitôt, d'un' main lâche.
Sur elle, j'ai tiré.
  Je l'ai manquée,
Ell' n'était que blessé',
  Ell' m'aperçoit
Et vient pour m'embrasser.

Pour apaiser ma rage,
En croyant d' m'attendrir,
Elle me dit : De grâce !
Tu veux donc m' fair' mourir ?
  Sois donc content
De voir couler mon sang,
  Mais prends pitié
De ton infortuné !

Je prends mon couteau d' chasse,
Au cœur j' lui ai planté.
D'un' main impitoyable
Je l'ai toute écharpé'.
  Sa triste voix
Eclate dans le bois ;
  Ce fut l'auteur
De mon plus grand malheur !

Deux enfants du village
Etant venus au bois,
Fur' témoins du carnage,
Accourus à la voix.
  J'étais caché
Dans un buisson feuillé ;
  Ils m'ont connu,
Moi, je n' les ai pas vus.

Les enfants, chez leur père,
S'en vont tout déclarer,
Et cette triste affaire
Eut bientôt éclaté.
  Les cavaliers
De la maréchaussée
  Tout aussitôt
M'ont mené z-au cachot.

____

Variante :

(1) Un jour m'a pris l'envie
De m'en débarrasser.

        (*Prémery*).

Beau soleil admirable,
Ote-moi de mes maux !
Je suis abominable
Devant ton clair flambeau,
  Ayant détruit
La mère aussi son fils ;
  Je m'en repens ; (1)
Hélas ! il n'est plus temps !

A donc fallu me rendre (2)
Au rang des prisonniers.
Je ne peux me défendre
D'être bientôt roué.
  Voyez, enfants,
Quel cruel châtiment !
  Priez pour moi
Le Sauveur tout-puissant.

Reine Trameson, veuve Fariol, Champlemy, 1805).

La Jalouse meurtrière

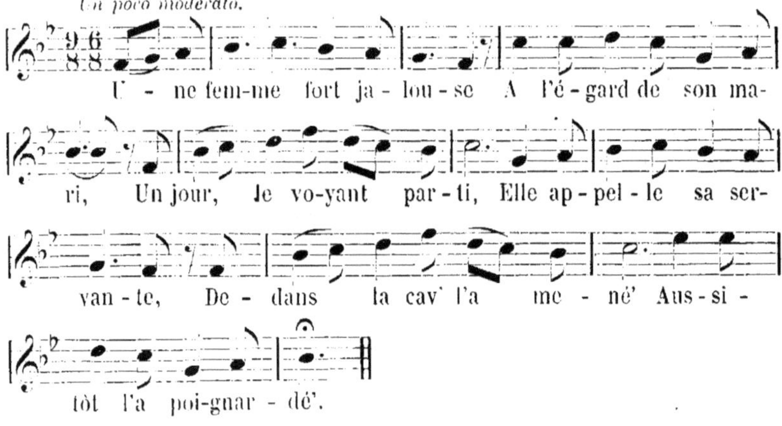

Variantes :

(1)   Ce qui me rend
Digne de grands tourments.
        (Saint-Sulpice).

(2) Devant le tribunal
On m'a interrogé :
    — Vois, inhumain,
L'ouvrage de tes mains.
    Tu as grand tort,
Tu subiras la mort !
        (Dompierre).

Variantes de :

Femme Balet, Prémery, 1817 ; Claude Desbrosses, Gâcogne, 1857 ; femme
Charlet, Saint-Sulpice, 180. ; Pierre Hisquin, Dompierre, 1831.

Une femme fort jalouse
A l'égard de son mari,
Un jour, le voyant parti,
Elle appelle sa servante,
Dedans la cav' l'a mené',
Aussitôt l'a poignardé'.

. . . .

. . . .
Ell' lui coupa ses blancs seins,
O le crime abominable !
Dans la cuisin' les porta,
Les fit cuir', les arrangea.

Au bout d'un petit quart d'heure
Ell' voit venir son mari,
Il avait bon appétit
Et fatigué de sa route.
Ell' lui dit : Mange à ton gré,
De c' plat qu' j'ai bien fricassé.

La femm' descend dans la cave,
Elle appelle son mari :
— Viens donc voir ta bonne ami'
Qui est morte et trépassée.
Tu la vois devant tes yeux
Cell' que tu aimais le mieux.

La femm', redoublant sa rage,
Avançait, poignard en main,

. . . .

. . . .
Crie : au meurtre ! A l'assassin !
Secourez-moi, mes voisins !

Tout le monde s'y transporte,
La femme fut désarmé',
Mais elle fut condamné'
A brûler desur la place,
A brûler bien vivement,
Envoyer ses cendr' au vent.

(Etienne Duvernoy, Arleuf, 1860).

La Parricide trompée

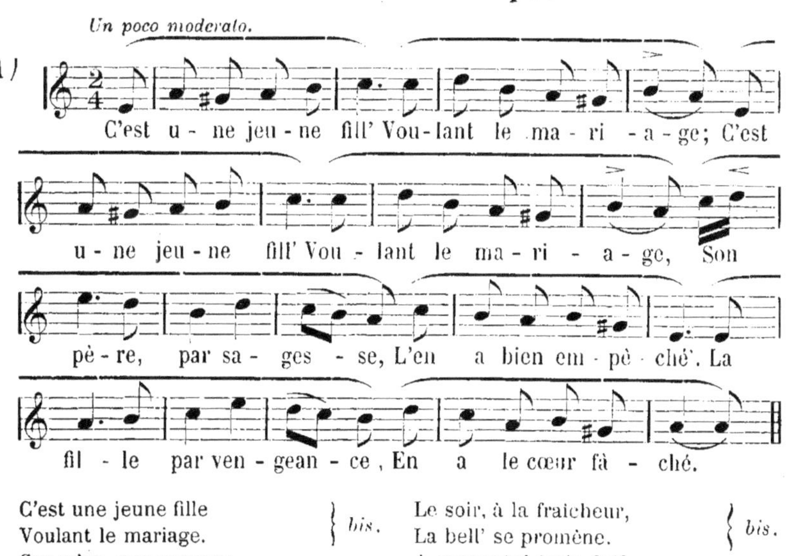

C'est une jeune fille
Voulant le mariage. } bis.
Son père, par sagesse,
L'en a bien empêché'.
La fille, par vengeance,
En a le cœur fâché.

Le soir, à la fraîcheur,
La bell' se promène. } bis.
A rencontré trois drôles,
Ell' leur a demandé :
Voulez-vous tuer mon père ?
Cent écus j' vous donn'rai.

— Pour y tuer votr' père, (1) } bis.
Faut nous donner l'adresse.
— C'est d'main la foire à Nantes,
Mon pèr' va y aller
Dedans ces verts bocages (2)
Vous l'assassinerez.

V'là mes trois drôl's partis } bis.
Au devant de son père :
— Arrête ici ! qui vive ?
Arrête ici, marchand ! (3)
Pour l'amour de ta fille
Faut périr sur le champ

— Pour périr sur le champ (4) } bis.
D'l'argent n'peut donc pas faire ?
Tiens, voilà ma ceinture,
L'anneau d'or de mon doigt (5)
Cela lui fera croire
Que j' suis mort dans le bois (6)

V'là mes trois drôl's partis } bis.
Au château de la belle :
— Bien le bonjour, la belle,
Comptez-nous de l'argent, (7)
Nous avons tué votr' père,
Il est mort sur-le-champ.

— Si vous l'avez tué, } bis.
Faut m'en donner les preuves.
— Tiens, voilà sa ceinture,
L'anneau d'or de son doigt,
Cela vous fera voir(e)
Qu'il est mort dans le bois.

Le soir, à la fraicheur, } bis.
La belle si promène,
A rencontré son père,
Se jette à ses genoux : (8)
— Point de pardon qui fasse !
T' vas périr sur le coup !

(Eugénie Daugy, femme Daudet, Raveau, 180.).

Variantes :

(1) Montrez-nous en la marche.

(2) Virez là-haut l'attendre.

(3) Arrêt', beau courtisan !
(La Celle).

(4) Pour te laisser la vie,
Donne-nous donc des marques.
(Grenois).

(5) Et ma montre en argent.

. . . .

(6) Que j' suis mort sur le champ.
(La Celle, Sichamps).

(7) Notre argent est gagné.

. . . .

Est mort et enterré.
(Grenois).

(8) Au cou lui a sauté ..
Il a tiré son sabre,
La têt' lui a coupé.
(Murlin).

Par un beau clair de lune,
La belle se promène.
Ell' voit venir son père,
Courant le saluer :
Il a tiré son sabre,
La têt' lui a tranché.
(Grenois).

Ces variantes sont de :

Françoise Bourgaud, femme Duplessis, La Celle-sur-Nièvre, 1847 ; femme Mouloise, Grenois, 1852 ; Nouvel Annet, Sichamps, 186. ; veuve Carroué, Murlin, 1833.

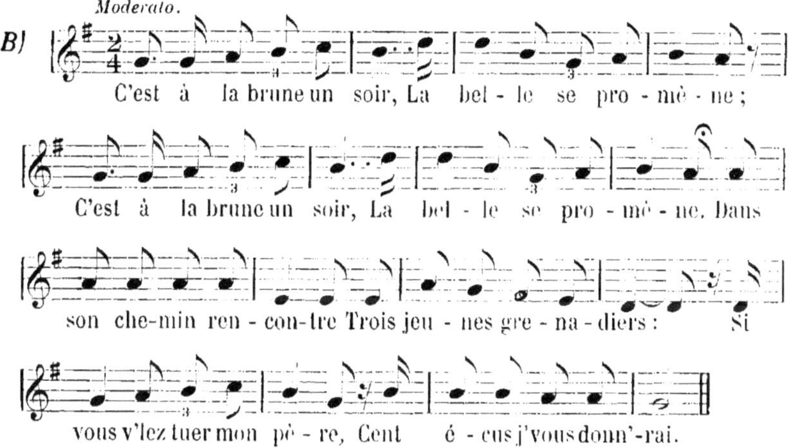

C'est à la brune, un soir,
La belle se promène.   } bis.
Dans son chemin rencontre
Trois jeunes grenadiers :
— Si vous v'lez tuer mon père,
Cent écus j' vous donn'rai.

— Pour tuer votre père,
Où allons-nous le prendre ?   } bis.
— Desur le pont d'Amboise
Mon père y va passer :
Dedans ces grands bocages
Vous l'assassinerez.

Trois grenadiers s'en vont
Dedans ces grands bocages.   } bis.
— Arrête ici ! Qui vive (1) ?
Arrête ici, marchand !
Pour l'amour de ta fille,
Faut périr sur le champ.

— Oh ! j'ai bien six cents francs
Pour me rach'ter la vie.   } bis.
Tenez ma jarretière
Et l'anneau de mon doigt :
Cela lui f'ra connaître
Que j' suis mort dans ces bois.

Trois grenadiers s'en vont
Prêchant par tout' la ville : } bis.
— Ah ! grand Dieu ! quel dommage
De ce riche marchand !
Pour l'amour de sa fille,
A péri sur le champ !

C'est à la brune, un soir,
La belle se promène.   } bis.
Dans son chemin rencontre (2)
Son père bien armé
Il deveint son grand sabre,
Dans l' cœur lui a plongé.

(*Jean Juste, La Chapelle-Saint André, 1850*).

Variantes (par Marguerite Chamoin, femme Guenot, Asnan, 1829).

(1) Arrête ici, bonhomme !

(2) Ell' voit venir son père,
    Courant le saluer.
    Il a tiré son sabre,
    La têt' lui a tranché.

La Parricide empoisonneuse

C'est un pèr' de famille (1)
N'ayant qu'un seul enfant,
C'est une jeune fille
A l'âge de quinze ans. (2)

Un amant vint la voir (e)
Et lui donna l'idée
D'empoisonner son père
Pour s'en débarrasser.

Le lendemain, son père
S'en alla travailler
A la terr' la plus proche
Qu'il avait achetée.

Sa fill' lui coupe un' soupe,
Lui trempe un bon bouillon,
Ell' n'y met pas du poivre,
C'est du plus fort poison.

Elle appelle son père : (3)
— Mon pèr', venez dîner.
Votre soupe est coupée,
Le bouillon est trempé.

A la premièr' cuill'rée,
I n' s'en aperçoit pas ;
Oh ! mais à la troisième,
A mis la tête à bas. (4)

Sa fill' qui le regarde,
Qui le croit déjà mort,
Ell' court dans la rue
Tout en criant bien fort :

— Braves gens du village,
Venez me secourir !
Mon père a-t-une attaque,
Je crois qu'il va mourir !

Variantes :

Couplet de début :

(1) Dans un petit village
Un crime est arrivé,
Un crime abominable :
Venez tous l'écouter.
(Anne Monsinjon, Nolay, 1864).

Venez, chrétiens fidèles,
Venez tous écouter :
Vous ne pouvez entendre
Que la vraie vérité.

(2) A l'âge de vingt ans.

(3) Son pèr' qu'est au travail,
Ell' s'en va le chercher :
Venez dîner, mon père,
Votre soupe est trempée.

(4) Il se renverse à bas.

*(Pierre Bonnot, Saint-Benin-des-Bois,
1865).*

Tous les gens du village
Sont arrivés d'abord.
En entrant dans la chambre,
Ils trouv' cet homme mort.

V'là l' chirurgien qu'arrive
Bien vite promptement ;
Sur le cœur de cet homme,
A trouvé le poison.

— Qu'on aill' qu'rir les gendarmes,
Bien vite promptement !
Qu'on apporte les chaînes
Pour la m'ner en prison !

(Marguerite Pigoury, femme Luzy, La Celle-sur-Nièvre, 1810).

Empoisonneuse et Infanticide

Plorez, ô mes yeux, plorez
  Et ne décessez
  De verser des larmes ;
Plorez, ô mes yeux, plorez !
  Ce n'est pas à tort,
  Je mérit' la mort.
Je viens d'empoisonner ma mère
Avec une grande colère.
  J'ai beau m'en repentir
  Et m'en attendrir,
  Il me faudra mourir.

Après cet affreux malheur,
  Désespoir au cœur,
  La nuit, je décampe.
Je vais, je viens, je cours,
  Dedans ces détours
  Me cachant toujours.
Grand Dieu ! le long de ma route,
En si grand' misère j'accouche
  D'un petit innocent
  Que je mets au mond'
  Si malheureusement !

J'ai pris mes ciseaux en main,
   Pour le tuer soudain,
   Malheureuse mère !
J'ai pris mes ciseaux en main
   Pour tuer sur le champ
   Ce pauvre innocent.
N'y a craint' ni Dieu qui m'arrête.
Je lui porte un coup sur la tête,
   Je lui perce le cœur,
   Sans reculer d'horreur. .
   Hélas ! quelle rigueur !

Passant au pied d'un ormeau, (1)
   Avec mon couteau
   J'ai fait une fosse.
Mais pour l'enterrer avant,
   Malheureusement
   Fallait trop de temps.
Un petit berger me regardait faire ;
Pour éclaircir(e) ce mystère,
   Il(e) s'est approché :
   Je m'en suis sauvé' ;
   Mais il l'a déterré.

Voyant ce petit enfant
   Tout couvert de sang,
   Il appell' du monde,
Il crie : de tout côté
   Arrivez ! voyez
   Ce que j'ai trouvé !
C'est un' joli' jeune fillette
Qui s'est sauvée au bois seulette...
   — Oh ! si j'avais du poison
   Que ma mère est morte,
   Oui, j'en rendrais raison !

Ils m'ont tout d' suite arrété',
   Ils m'ont emmené' ·
   Aux prisons de ville.
J'ai fait des aveux complets,
   Je n'ai pas nié
   Mes cruels forfaits.
On a prononcé ma sentence,
Bientôt il m'a fallu l'entendre :
   D'être pendu', brûlé'
   Desur un bûcher,
   Mes cendr' au vent jetées.

(*Annette Paradis, Saint-Gratien-Savigny, 1818*).

Fragments

1°

PARRICIDE

(1) *Var :* Il passe un petit oiseau
   M'a dit : que fais-tu,
   Malheureuse mère ?
   Toussaint Montaron, Semelay, 1812).

. . . .
J'ai tué mon très cher père
  Par fantaisie.

Moi, j'ai pris un' hachette,
J' l'ai coupé à morceaux.
A notre chien de chaîne
  Je l'ai donné ;
Dans sa gueule le traîne
  Sans le manger.

J'ai resté quatre jour(e)s
Sans lui donner de pain.   *bis.*
Au bout d' la quatrième,
  S'en vient à moi,
La chaîne étant cassée :
  J'en ai tremblé !

J'ai crié au secour(e)s,
Mes amis, mes voisins !   *bis.*
Voyant mon très cher père
  Tout à morceaux,
M'ont pris', m'ont emmenée
  Tout aussitôt...

(Marie Lamoureux, veuve Brassière, Langeron, 1814).

2°

MATRICIDE

Mais moi, dans ma colère,
  J' perds la raison.
Je m' suis jeté sur elle,
  Comme un démon.
Voyez quell' barbarie,
  Quell' cruauté :
La langue de ma mère
  J'ai arraché !

(Rosalie Chabin, femme Poulin, Ciez, 1813.

Sur l'air de la complainte de Fualdès, beaucoup d'autres complaintes (je ne vise que celles qui relataient des événements accomplis chez nous) se chantaient dans nos campagnes. Je citerai celle de deux jeunes gens dont les parents s'opposent à leur mariage :

> Devers la Loire ils s'en vont...
> Tous deux ils se sont liés.
> Et dans l'eau se sont jetés.

> (... Michot, Prémery, 182.).

Celle de l'enfant qui entendant dire à ses parents qu'ils voulaient le faire « rôtir »,

> S'en alla chercher soutien
> Tout auprès de son parrain.

> Le parrain lui fit réponse :
> — Ne pense pas à cela.

> . . . .

> Retourne-t'en, mon ami.

L'enfant s'en retourne, mais les parents dénaturés exécutent leur projet : Le père

> Met d' la filass' dans sa bouche
> Pour l'empêcher de crier.

> Son parrain a fait un rêve
> Que son filleul était mort
> . . . .
> Se lève en grand désespoir,
> Chez son compèr' s'en va voir.

> Il a tapé à la porte.
> Les autres sont bien surpris
> La femme en est tombée morte
> Et le pèr' tout étourdi
> A j'té l'enfant sous le lit.

« Ça s'est passé à Druy, il y a plus de cent ans, expliquait la chanteuse (Louise Pougaud, veuve Gautier, née à Isenay en 1818). C'est que les parents avaient des « douleurs » et, pour les guérir, il fallait de la graisse de chrétien ».

Le Frère qui tue sa Sœur

Moderato (style de complainte).

Oh! j'avais une sœur (1)
Qui était jeune et belle, } *bis.*
Qui était jeune et belle
Et parfaite à mes yeux
En la voyant si belle,
J'en deviens amoureux.

Mon pèr', ma mère aussi (2)
S'en vont à leurs affaires. } *bis.*
J'envoie notre servante
Sur le chemin tenir
Pour voir et pour attendre
S'ils ne vont revenir.

Quand elle fut partie,
Je ferme bien la porte. } *bis.*
Je monte dans la chambre
Où je trouve ma sœur,
Voulant, sans plus attendre,
Lui ravir son honneur.

— Hélas! ma sœur, hélas!
Permets que j' te demande, } *bis.*
Permets que j' te demande
D'accomplir mon dessein
Ou bien, là, je t'enfonce
Ce poignard dans le sein.

Variantes :

(1) Dans la vill' de Lyon,
Le lieu de ma naissance,
J'avais un' joli' sœur (e)
Si parfaite à mes yeux,
Et moi si misérable,
J'en deviens amoureux.

(*Glux*).

C'était d'un grand matin,
Un jour je mi réveille...

J'avais une sœur si belle,
Qui me flattait les yeux ;
Et moi, tant misérable,
Je m'en rends amoureux.

(*Nolay*).

(2) Un jour ma très chère mère
Est allée en campagne,
J'envoie notre servante
Sur le bord du chemin ;
C'était pour y attendre
Si ma chèr' mèr' revient.

(*Glux*).

— Hélas ! mon frère, hélas !
Calmez votre colère,
Calmez votre colère,
Pensez au Dieu vivant ! (1)
Auriez-vous le courage
De ravir votre sang ? } *bis.*

— Hélas ! ma sœur, hélas !
Pardon je te demande,
Pardon je te demande,
Le démon m'a tenté.
En te voyant si belle,
Mon cœur en fut charmé. } *bis.*

Le poignard à la main,
Dans son sein je l'enfonce,
Dans son sein je l'enfonce
Pendant cinq à six fois
Un mouchoir sur la bouche
Lui fit perdre la voix. (2) } *bis.*

Les voisins d'alentour
Arrivent au carnage.
Messieurs de la Justice
M'ont saisi sur le champ ;
On me prend, on m'emmène
En prison à l'instant } *bis.*

O vous, garçons, bons drôles,
Sur moi prenez exemple !
Quand vous avez l'honneur (c),
Garçons, gardez-le bien !
C'est un' richess' sur terre ;
Moi, j'ai perdu le mien. } *bis.*

(Jean Châtelain, Gouloux, 1817).

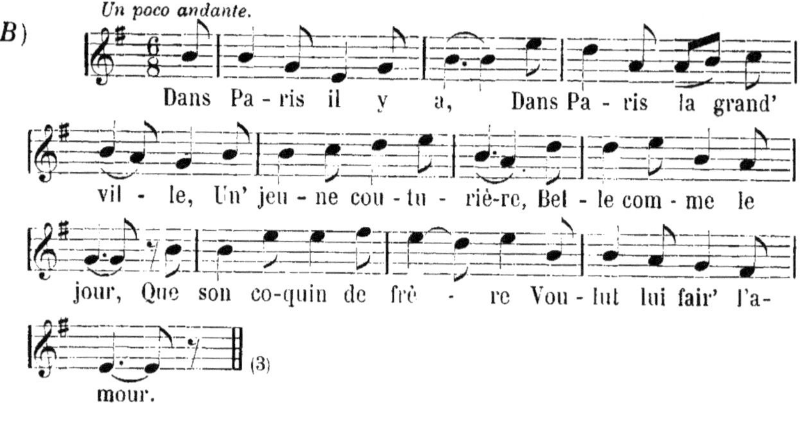

Variantes :

(1) Pensez à Dieu puissant.
. . . .
De verser votre sang ?

(2) J'arrache mon mouchoir,
Je lui mets sur la bouche ;
Chaqu' fois que je l'arrache.
Il est couvert de sang.
Les voisins qui entendent
Accourent vitement.

(Glux).

Variantes de : Henri Doreau, Glux, 1869 ; Pauline Paon, Nolay, 1868.

(3) Cette chanson, n'est dans certaines parties, qu'une altération musicale de la précédente.

Dans Paris il y a,
Dans Paris la grand' ville,
Un' jeune couturière, (1)
Belle comme le jour,
Que son coquin de frère
Voulut lui faire l'amour.

Un dimanche au matin,
Son pèr' va t-à la messe. (2)
Il appell' la servante :
— Va-t'en sur le chemin ;
Ce sera pour y voir'e'
Si mon père y revient.

Ell' ne fut pas dehors, (3),
Le brigand ferm' la porte :
— Il faut que j'accomplisse,
Ma sœur, tout mon dessein
Ou bien je vais te mettre
Mon poignard dans le sein.

— Tout beau, mon frèr', tout beau !
Apaise ta colère !
Apaise donc ta rage :
Les démons rugissants,
Ils te saut' au visage,
Ils te rongent les flancs.

Lui coupe les poignets (4)
Et ses blanches mamelles ;
Prit un mouchoir de poche
Plié à quatre plis,
Lui mit desur la bouche
Pour apaiser ses cris

On s'en est aperçu (5)
Dans tout le voisinage
Tous les gens d'alentour(e'
Arrivent sur le coup ;
Son père, après la messe,
Se trouve de retour.

Il s'écria : — Pardon,
Ma sœur, je te demande !
En te voyant si belle,
Et tes yeux si brillants,
Et ta bouche vermeille
M'ont tourné tout mon sang.

Sa sœur lui pardonna,
Mais non point la justice ;
Fut condamné à pendre,
A pendre et à brûler,
Et ce fut sur la place,
Le jour du grand marché.

(Lazarelle Buteau, veuve Courot, Fâchin, 1834).

Cette complainte m'a été chantée aussi plusieurs fois sur l'air de la complainte de Biron (version A), qu'on trouvera quelques pages plus loin.

Variantes :

(1) Il y a t-une fille,
  Si belle que le jour.

(2) Ils s'en vont à la messe,

  . . . .
  Tu verras si mon père
  Ou ma mère revient.

(3) Prend sa sœur par la main,
  Dans sa chambre il l'emmène.
  Je veux qu' tu accomplisses,

  . . . .
  Ou bien moi je te porte
  Mon couteau dans le sein.
                    (Glux).

(4) La parol' fut point dite.
  Le brigand en fureur
  Arrache son poignard,
  Lui plonge droit au cœur.
                    (Saint-Benin-des-Bois).

(5) Le monde d'alentour
  Accourt à ce carnage,
  Et puis sa pauvre mère
  Tomba morte à l'instant.
  Voyant sa chère fille,
  Le sein couvert de sang.

  Hélas ! la malheureuse,
  Elle est morte à l'instant !
                    (Beaumont-la-Ferrière).

Ces variantes sont de :

Louis Mangin, Saint-Léger-de-Fougeret, 1858 ; Agathe Baume, femme Hisquin, Saint-Benin-des-Bois, 184. ; Joséphine Gobillot, Beaumont-la-Ferrière, 1866.

Le Soldat tué par sa Mère

Venez, peuple fidèle,
Pour entendre chanter
Un récit bien fidèle ;
C'est d'un jeune guerrier.
Revenant de la guerre,
Il avait son congé.
En passant dans la ville,
Sa sœur a rencontré.

Oh ! cette pauvre fille,
Dans la joi' qu'elle était,
Elle embrassait son frère,
Doux baisers lui donnait.
— Assoyons-nous, mon frère,
Allons-nous reposer,
Nous irons chez mon père,
Ce soir, pour y coucher.

— Bien l' bonjour, père et mère,
L' bonjour vous soit donné.
Voici un militaire
Que j'amène à coucher.
— Dans le lit de ton frère
Nous le ferons coucher ;
Des affair's de la guerre
Nous le ferons parler.

Ils étaient tous les trois,
Sur le soir, à souper ;
Il donna-t-à sa mère
Son argent à serrer :
— Tenez, ma brave dame,
Serrez-moi mon argent ;
C'est pour soulager mes peines
Et cell's de mes parents.

Cette cruelle mère
En voyant cet argent,
Ell' conçut pour son fils
Les plus cruels tourments.
Elle dit à son homme,
Avec un air content :
— Tuons-le z-au plus vite,
Nous aurons son argent.

On a pris la lanterne
Pour le mener coucher...

. . . .

. . . .

Cette cruelle mère
S'arme d'un grand couteau
Et suivi' de son père,
Qu'était pir' qu'un bourreau,
Ils vont dedans la chambre
Egorger leur enfant ;
Ils l'emport' en la cave,
Le cœur tout soupirant.

Le lendemain bien vite,
C'était pour le certain
Que cette pauvre fille
Arriv' de grand matin
— Bien l' bonjour, père et mère,
L' bonjour vous soit donné :
Où est ce militaire
Que j' vous ai t-amené ?

— Ma fill', ma bonne fille.
Serait-c' de vos parents ?

. . . .

. . . .

— Ma mèr', ma bonne mère,
C'est mon frère arrivant,
Revenant de la guerre,
Mon cœur en est content.

— Hélas ! ma pauvre fille,
Ton frèr', nous l'avons tué
Pour avoir son argent...
— Grand Dieu ! quell' cruauté !
Hélas ! cett' pauvre fille,
Etant bien désolé',
S'en fut à la Justice
Tout d' suit' les dénoncer. .

(Pierre Bernard, Prémery, 1834).

De cette complainte je n'ai pas trouvé la forme ancienne, mais une autre version plus moderne encore, sur l'air très connu de la chanson : l'Eau et le Vin.

<hr>

Le Vol du Saint - Ciboire

Je suis natif de Saint-Esprit (?)
  Auprès de la Lorraine.
M' voyant volage et sans souci,
  Ma mère a pris la peine
De m'envoyer dans le couvent
  Travailler chez les Pères,
Là-voù j'ai bien resté huit ans
  Avec un de mes frères

La veill' de la Fête-de-Dieu,
  Mes anciens camarades
Ils m'ont invité z-avec eux
  Un tour de promenade
A dit le plus sage de nous : (1)
  Allons à la confesse :
Demain nous communierons tous
  A la première messe.

Moi, tant envie d'avoir d'l'argent, } bis
  Je m'en fus en l'église.
Le tabernacl' j'ai enfoncé,
  Volé le Saint-Ciboire,
Toutes les hosties consacrées
  J'ai renversé par terre.

Toutes les hosties consacrées, } bis.
  Je les brise en mes poches.
Et puis d'un air tout gracieux
  J' vas à la sainte table.
Indignement je reçus Dieu,
  Comment Judas infâme !

Tout en sortant de communier,
  Mon Dieu ! quelle surprise !
Me voilà comme un possédé,
  En sortant de l'église.
Je cours les champs comment un fou,
  Les vallons et les plaines ;
Je crois qu'on mi poursuit partout,
  Je cours à perdre haleine.

Dans mon chemin j'ai rencontré
  Une tant belle fille.
Je dis : achetez-moi cela (*)
  Ell' me répond bien vite :
— Je m'en vas vous chercher l'argent...
  Elle eut bien la malice
D'aller avertir promptement
  Ces messieurs de Justice.

M'ont bientôt pris, m'ont emmené } bis.
  Desur la place d'Armes.
Pour mi fair' brûler tout vivant...
  Mon Dieu ! quelle souffrance !
Ils jetteront mes cendr' au vent,
  Pour finir ma sentence.

Enfants, soyez obéissants
  A vos pèr, à vos mères.
Voyez les pein' et les torments
  Et les douleurs amères !
S'il faut souffrir dedans ce feu
  Par œuvre de justice,
C'est pour avoir oblié Dieu,
  Par ma noire malice.

(*Claude Beugnon, Saint-Léger, 1811*).

Variante :

(1) ... le plus jeune de nous.

(*Veuve Brunet, Nolay, 1802*).

(*) Le Saint-Ciboire.

Les Chauffeurs

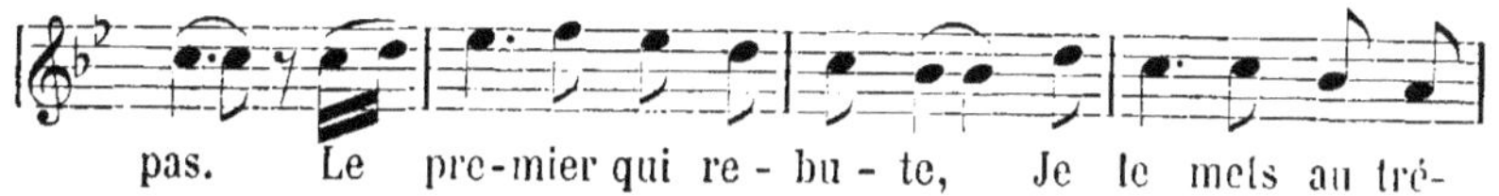

Nous sommes cinq ensemble,
Allons chez le fermier.
Le premier qui rebute...
Je marche le premier.
Allons, la nuit s'avance,
Allons, doublons le pas.
Le premier qui rebute,
Je le mets au trépas.

Arrivant à la porte,
Frappant trois petits coups,
Une fille charmante
Vient dir' : Que voulez-vous ?
— Fait' venir votre père,
Nous voulons lui parler ;
Nous avons des affaires
Gardées dans le secret.

— Donnez-vous donc la peine,
Messieurs, de vous asseoir,
J'vais traverser la salle,
Il commence à fair' noir...
Descendez, mon cher père,
Descendez, s'il vous plait !
Vous avez des affaires
Gardées dans le secret.

— Si c'est un mariage,
Quel bon sang les conduit !
Si c'est dans leurs usages,
Profitons de la nuit.
— Descendez, mon cher père,
Descendez, s'il vous plait !
Vous avez des affaires
Gardées dans le secret.

Le premier l'interroge,
Le second fait grand feu,
Le troisième le place
Dans la rigueur du feu.
Cette fille charmante
Poussait des cris affreux
De voir brûler son père
Dans la rigueur du feu.

— Vos cris, vos pleurs, vos larmes,
Ils n'ont aucun pouvoir,
Il faut, mademoiselle,
Il faut mourir ce soir.
Allons, mademoiselle,
Allons, c'est votre tour :
Il faut perdre la vie,
Il faut perdre le jour !

Le cinquièm' des voleurs
Est pire qu'un bourreau ;
S'en va trouver la mère,
Armé d'un grand couteau.
— Allons, ma bonne mère,
Allons, c'est votre tour ;
Il faut perdre la vie,
Il faut perdre le jour !...

Au bout de la quinzaine,
On nous mène en prison,
Les pieds couverts de chaines,
La Justice a raison.
Ils ont monté un' grille,
C'est pour nous fair' griller :
Nous allons donc souffrir,
Comme nous l'ons mérité.

(Simon Poli, La Guerche, 1861)

CHANSONS HISTORIQUES

Chansons Historiques

Les événements historiques ne laissent guère de traces dans la mémoire du peuple. Le peu qu'il en reste après quelques générations s'est déformé en légende. Notre Nivernais ne fait pas exception et n'est pas plus riche, sous ce rapport, que les autres provinces de France. Rien n'y subsiste, dans la tradition orale, de plusieurs chansons écrites, publiées dans divers recueils, telles que la Chanson nouvelle sur la mort de Marie de Clèves (1574); le Coq-à-l'Asne de Sancerre et La Charité (1577) *et trois* Chansons nouvelles *du siège et de la prise de La Charité (1577). Ces chansons peuvent se lire dans le* Bulletin de la Société nivernaise des sciences, lettres et arts, *2ᵉ volume de la 1ʳᵉ série (1858).*

Le chanteur populaire aime quelquefois à moderniser une vieille chanson. Il conserve le texte et l'air anciens, en se bornant à changer les noms de personne et de lieu. On en trouvera un exemple dans « la Prise de Mantoue » où le nom de Bonaparte a été simplement substitué.

La Complainte de Biron (1602)

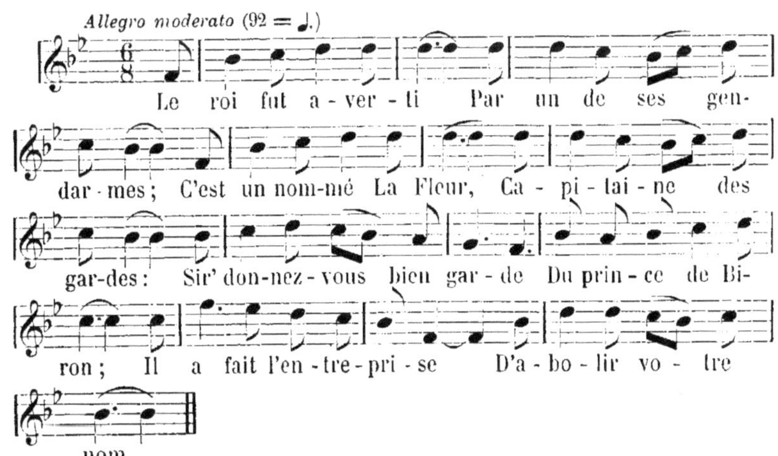

Le roi fut averti
Par un de ses gendarmes ;
C'est un nommé La Fleur,
Capitaine des gardes :
— Sir', donnez-vous bien garde
Du prince de Biron ; (1)
Il a fait l'entreprise
D'abolir votre nom.

L'entrepris' qu'il a fait'   } bis.
Je m'en vas vous la dire :
C'est d' fair' mourir la reine,
La reine et le dauphin ; (2)
De toutes vos couronnes,
Il en veut voir la fin.

N'eut pas fini ces mots, (3)
Voilà Biron qui entre,
Le chapeau à la main,
Tirant sa révérence : (4)
— Bien le bonjour, grand sire,
Vous plait-il de jouer
Cent doubles louis d'Espagne,
Que je viens de gagner ?

Le roi il lui répond :   } bis.
— Va-t'en trouver la reine,
Va-t'en trouver la reine,
Avec elle tu joueras.
Pour les biens de ce monde, (5)
Jamais tu n'en jouiras.

Biron n'a pas manqué,   } bis.
S'en va trouver la reine :
— Bien le bonjour, ma reine ; (6)
Vous plait-il de jouer
Cent doubles louis d'Espagne
Que je viens de gagner ? (7)

La reine lui répond,   } bis
Comme une honnête dame : (8)
— Je n' joue pas 'vec les princes
Sans qu'ils soient désarmés :
Mettez donc bas vos armes, (9)
Avec vous je jouerai.

Variantes :

(1) Du maréchal Biron :
   A fait une entreprise,
   Pour vous ce n'est pas bon.
              (*Bitry*).
(2) Monseigneur le Dauphin.
           (*Dompierre*).
(3) L' discours fut pas fini.

(4) Au roi fait révérence :
   — Sir', mon aimable sire,
   Au plaisir de jouer :
   J'ai vingt millions d'Espagne.
            (*Bitry*).
   Bien le bonjour, mon sire.
   . . . .
   Dix-huit millions...
          (*Dompierre*).

(5) Tes vingt millions d'Espagne,
   Biron, si tu les as.

(6) Rein', mon aimable reine,
   Au plaisir de jouer?
   J'ai vingt millions...
            (*Bitry*).

(7) Les perdre ou les gagner...
        (*Menestreau*).

(8) Comme une femme sage
   . . . .

(9) Quitte donc ton épée
   Et ton poignard doré.

Biron n'a pas manqué,
Il a mis bas ses armes. } bis.
Il a quitté son sabre,
Son pistolet joli ;
Les a mis pour parade
Dessur les pieds du lit,

N'eut pas joué trois coups, (1)
V'là l' grand prévôt qui entre,
Son chapeau à la main,
Tirant sa révérence :
— Bien le bonjour, grand prince ! (2)
Vous ne s'rez point surpris,
Mais dedans la Bastille
Faut venir aujord'hui.

— Ah ! je crois, grand prévôt, (3)
Je crois que tu badines.
Un prince comme moi,
Aller dans la Bastille !
— Oh ! non, oh ! non, grand prince,
Car j'ai la commission
Du roi et de la reine,
De vous mettre en prison.

Biron le regarda
Rougissant de colère : } bis.
— Ah ! si j'avais mon sabre, (4)
Mon pistolet joli,
Non, dedans la Bastille,
J' n'irais pas aujord'hui ! (5)

Il y fut bien un mois, (6)
Un mois ou six semaines,
Sans être visité
Du roi ni de la reine.
Messieurs de la Justice (7)
Faisaient les ignorants :
— Dites-nous donc, grand prince,
Qui vous a mis dedans.

Variantes :

(1) N'eut pas joué trois fois,
Quelque peu davantage, } bis
La reine lui demande :
— Biron, es-tu fâché
Des vingt millions d'Espagne
Que j' viens de te gagner ?

L' discours fut pas fini,
V'là le grand prévôt qui entre...
(Bitry).

(2) Ce soir, à la Bastille,
Vous passerez la nuit.
(Menestreau).

Le v'là donc chez la reine,
Ce grand prince Biron :
Ce soir à la Bastille,
Oui, nous l'y mènerons.

(3) Biron le regarda
Rougissant de colère :
— Va, cherche un autre prince,
Tu ne me connais pas !
Ce soir, à la Bastille,
Non, non, je n'irai pas.
(Dompierre).

(4) Si j'avais mon épée
Et mon poignard doré,
Ce soir, à la Bastille.
Je n'irais pas coucher.
(Bitry).

(5) — Oh ! si, oh ! si, Biron, } bis
Car le roi le commande.
— Si le roi le commande,
Il faut lui obéir :
Ce soir, à la Bastille,
Je prendrai mon logis.

(6) Y resta quarante jours
Et même davantage
Sans être visité
Des messieurs ni des dames.
Au bout d' la quarantaine,
Pour voir mourir Biron,
Toutes les dam' de la ville
Montaient sur leurs balcons.
(Pougues).

(7) Messieurs de la Justice
Allaient le visiter :
— Dites-nous donc, beau prince,
Qui vous a renfermé ?
(Menestreau).

— Celui qui m'y a mis
A pouvoir de m'y mettre. } *bis.*
C'est le roi et la reine
Que j'ai longtemps servis ;
Et pour ma récompense,
Ils veul' me faire mourir.

Le roi n' se souvient pas
Des guerres savoyardes,
Où le sang de Biron (1)
Lui servait de parade.
Plus de cent coups de sabre
Reçus desur mon corps,
Et pour ma récompense
Il faut subir la mort.

— Courag', prince Biron !
Le roi est pitoyable.
En lui d'mandant pardon,
Le roi vous fera grâce.
— Messieurs de la Justice,
Vous savez la raison :
Quand il n'y a pas d'offense,
Il n'y a pas de pardon.

Adieu, mon cheval gris !
Tu rest' à l'aventure.
A un autre que moi
Serviras de monture.
Adieu, toutes mes troupes, (2)
Mal conduit' ell' seront.
On regrett'ra en France
Le maréchal Biron.

(Simon Pieuchot, Saint-André-en-Morvan, 1819).

Variantes :

(1) Où roi et mon cheval
Lui servaient de parade.
Plus de cinq cents coups d'arc
Reçus desur mon corps...

(Bitry).

Je marchais devant lui,
Lui servant de parade,
Plus de cent coups d'épée...

(2) Je laisse un frère en France
Qu'est l'aîné daprès moi ;
Aura la souvenance
Quand il verra le roi.

(Menestreau).

Ces variantes sont de :

Louise Gueullet, femme Gueullet, Bitry, 1827 ; Pierre Hisquin, Dompierre-sur-Nièvre, 1831 ; Pauline Bordessol, veuve Moreau, Menestreau, 1828 ; Antoine Guyon, Pougues, 1830.

BIRON SUR L'ÉCHAFAUD

Biron est allé à la cour (1)
Pour y jouer avec la reine
N'eut point joué deux ou trois tours,
Voilà le grand prévôt qui court.

Voilà le grand prévôt qui court,
Voilà le grand prévôt qui entre,
En lui disant : — Prince Biron, (2)
Rends-toi, rends-toi dans la prison.

— Pour me rendre dans la prison,
J' n'aurai donc pas la pardonnance ?
— La pardonnanc' que tu auras,
Sur l'échafaud tu monteras.

Quand Biron fut sur l'échafaud,
A vu venir le roi, la reine :
— J' vous ai sauvé la vie trois fois, (3)
Sauvez-la moi, sire, une fois !

La premièr' fois dans le Piémont,
La deuxièm' fois dans la Lorraine,
Et la troisièm' devant Paris :
Sire, sans moi vous étiez pris ! (4)

— Biron, tu as parlé trop tard,
Cela n'est plus dans ma puissance (5)
Si je n' fais pas justic' de toi, (6)
Biron, je ne serai plus roi.

Variantes :

(1) Biron est entré dans la Tour.
                    (*La Machine*).

(2) C'est donc toi, maréchal Biron ?
    Il faut te rendre à la prison.
                    (*La Guerche*).

(3) Sir', sauvez-moi la vie un' fois.
    Je vous l'ai bien sauvée trois fois.
                    (*Vauclaix*).

Sir', je vous ai sauvé trois fois.
Pourriez-vous pas m' sauver un' fois ?
                    (*La Machine*).

(4) Sans moi vous y perdiez la vie.
                    (*La Guerche*)

Sans moi nous perdions tous la vie.
                    (*Saint-Léger*).

(5) J'en ai perdu la souvenance.
                    (*La Machine*).

J'en ai grande reconnaissance.
Ils l'avont pris par trahison,
Il faut mourir, pauvre Biron !
                    (*La Guerche*).

(6) Ah ! si j'étais le maître seul,
    Je te sauverais de bon cœur !
                    (*Saint-Léger*).

— Sire, puisqu'il me faut mourir, (1)
Rendez-moi donc mon équipage,
Mon équipage, mes beaux chevaux,
Mes carross' et mes chariots. (2)

— Oh ! oui, Biron, je le promets,
Je les enverrai à ta mère :
Lui rappell'ront son bel enfant
Qu'elle a él'vé si tendrement.

Voilà qu'il est onze heur' sonné,
Voilà le midi qui s'approche.
Il faut aller dire au bourreau
Qu'il aiguise son grand couteau.

— Mon couteau coupe assez pour toi,
Biron, n'auras-tu pas ta grâce ?
— Oh ! tout' la grâce que j'aurai
Sera d'avoir la têt' tranchée.

Dis-moi, bourreau, dis, mon ami,
Quel est le lieu de ta naissance ?
— Je te l'assur', prince Biron,
Je suis né d'un franc Bourguignon.

— Mon pér' me l'avait toujours dit,
Dès le moment de ma naissance :
Mon fils, tes jours ne finiront
Que par les mains d'un Bourguignon.

Comme il était sur l'échafaud,
Il aperçut venir son page :
— Approche-toi bien près de moi,
Que j' te parle un' derni're fois.

Mon pag', va-t-en dedans Paris,
Tu trouveras ma bonne mère.
Tu lui feras bien mes adieux :
Biron est mort les larmes aux yeux.

Je n'ai pas regret de mourir, (3)
Ce n'est que de ma pauvre mère ..
M'avoir él'vé si doucement,
Me voir mourir si tristement !

Je n'ai qu'un frèr' plus jeun' que moi,
Qu'est président dans la Lorraine ;
Quand il reviendra z-à Bourbon,
Pleurera la mort de Biron.

Biron avait un' chaîne d'or (4
Qui valait plus de cinq cents livres :
A son p'tit pag' l'avait donné',
Mais ses parents lui ont ôté'.

(Simon Pieuchot, Saint-André-en-Morvan, 1819).

Plusieurs chanteurs (à Glux, à Saint-Léger, etc.) mettent cette chanson sur l'air donné page 113 : le Flambeau d'amour.

Variantes :

(1) Sir' le roi, s'i! me faut mourir.
            (La Machine).

(2) Qu'ils soient rendus dedans mon château.
            (Saint-Léger).

(3) Que dira donc ma bonne mère
    Quand ell' saura cette nouvelle ?

(4) Biron avait un ceinturon
    Qui valait plus de cinq cents livres.
            (La Guerche).

Biron avait un' chaîne d'or
Qui pesait plus de cinq cents **livres**,
Que son pér' lui avait donné',
Sire le roi lui a ôté'.

Sire le roi lui a ôté'
Pour avoir une souvenance,
Un' souvenance de Biron.
Biron est mort par trahison.
            (La Machine).

Couplet final ajouté quelquefois :

Dedans Paris, dedans Lyon,
Y a des bourgeois et des dames,
Y a des princ' et des barons
Qui r'gretteront la mort de Biron.
            (Saint-Léger).

Ces variantes sont de : Claude Barbotte, La Machine, 1826 ; Simon Poli, La Guerche, 1860 ; Anne Dacault, veuve Graillot, Vauclaix, 1812 ; Louis Mangin, Saint-Léger-de-Fougeret, 1858.

(*Claude Barbotte, La Machine, 1826*).

La Bataille de Steinkerque (1692)

> J'avais bien embarqué sur l'eau
> Plus de cinquante beaux vaisseaux. } bis.
> Oh ! le mal qui nous arrive
> Il m'a toujours accablé !
> Nos rivières sont trop basses,
> Nos vaisseaux sont sus l' gravier.

Par notre camp passe un espion
Qui n' nous annonce rien de bon : } bis.
— Tenez-vous bien sur vos gardes !
Soldats, prenez garde à vous,
Car vous allez voir paraître
Luxembourg auprès de vous !

Il ne se passa point deux jours
Que j' vis paraître Luxembourg, } bis.
Avec sa cavalerie,
Tous ses aimables dragons,
Et sa bonne infanterie
Qui marchait par bataillons.

Ah ! si j'avais su, Luxembourg,
Que tu me joues un pareil tour, } bis.
Trois jours avant la bataille,
Je t'aurais bien attrapé :
J'aurais fait bâtir muraille,
Pas un français n'y aurait entré !

Dans la plaine de Sainte-Guerde, (1)
Où la bataille se donna, } bis.
Peut-on voir rien de plus triste
De voir morts tant de nos gens !
La terre, elle en est couverte,
Les ruisseaux coulent du sang !

(Marguerite Ferlet, femme Guilletat, Beaumont-la-Ferrière, 1844).

La Prise de Namur (1692)

---

(1) Steinkerque.

Bonjour, Namur, et ton château,
Rare beauté, rien n'est plus beau !
Je viens te voir, charmante reine,
Je viens te voir dans ton quartier,
Je veux t'avoir dessous ma loi.

— Ah ! je connais bien ton dessein.
Tu veux découvrir mes blancs seins.
Tu n'auras pas ma citadelle,
Le roi de Prusse est mon appui,
Il va venir me secourir.

Le général tout aussitôt
Donna le signal de l'assaut.
Les corps morts servaient de fascines ;
Autant les tués que les blessés,
Servaient de pont de tous côtés.

—Grand roi de Prusse, où êtes-vous ? (1)
Où êtes-vous ? Secourez-nous !
Les Français sont aux palissades.
Les grenadiers dans les fossés
Sont comme des lions déchaînés !

Arrivez vite et sans retard
Pour arrêter ces coquins-là !
Ils ne craignent ni feu ni flamme ;
Ils sont comm' des lions rugissants,
Ils tremp' leurs mains dedans le sang !

Le général cria tout haut :
— Arrêtez ! Finissez l'assaut !
Français, nous vous demandons grâce,
C'est aujourd'hui qu'nous nous ren-
Taisez-vous, bombes et canons ! [dons].

(Rose Mirault, Nevers, 1846).

La Prise de Valenciennes (1677)

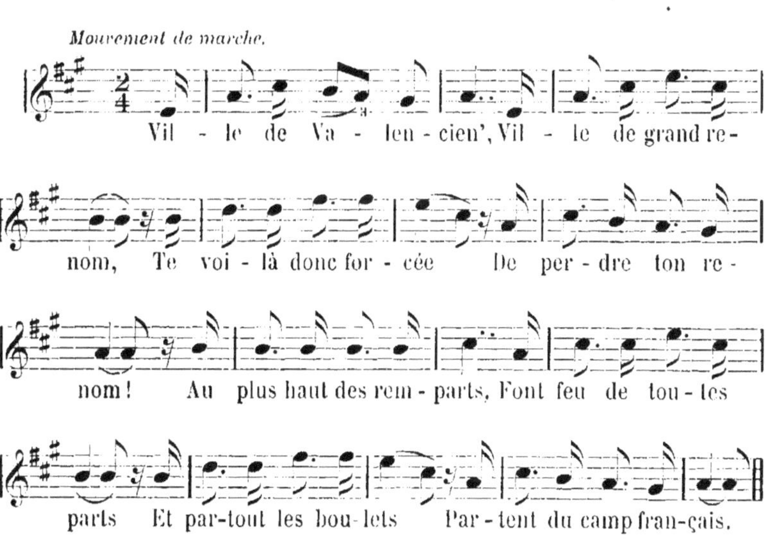

(1) *Var :* Roi d'Angleterre.

Ville de Valencien',
Ville de grand renom,
Te voilà donc forcée
De perdre ton renom !
Au plus haut des remparts,
Font feu de toutes parts
Et partout les boulets
Partent du camp français.

Devant les palissades
On ne voit qu' des corps morts,
Là-haut sur les remparts
Il n'en manqu' pas encor. ·
Après quarante jours
De ce bombardement,
Les bourgeois vienn' en foule
Auprès du commandant.

. . . .
— S'il faut que je me rende,
Oui, je me rend('e)rai.
Adieu, ma Valenciennes,
Puisqu'il me faut quitter !
. . . .

Le général français
Le suivant de tout près,
Lui crie : Désarme-toi,
Te voilà prisonnier !
— Prisonnier, je le suis,
Je le suis pas encor,
Car mes braves soldats
S' battront jusqu'à la mort ..
. . . .

(Etienne Michot, Semelay, 1816).

La Ville prise

Le cinq['ue'] de ce mois la tranchée fut ouverte,
Nos bomb' et nos boulets mettaient le feu partout.
On entendait crier : Soldats, alerte, alerte !
En voyant approcher tous nos soldats français.

____

(1) Version musicale fort altérée.

— Venez nous secourir, ô grand prince d'Orange,
. . . .
Si vous ne venez pas, je suis prête à me rendre ;
Si vous ne venez pas, je serai vite à bas.

— Non, ne vous rendez pas, nous sommes à Bayonne (?)
Nous tenons le conseil pour vous porter secours
Nous coucherons lundi dans le camp de Livelle,
Et puis le mercredi dans l' camp de l'ennemi.

On y voit le drapeau voltiger dans la brèche,
Et not' tambour qui bat pour cesser le combat.
Canonniers, bombardiers, éteignez votre mèche.
Oh ! ne tirez donc plus : Schestcha (?) s'est rendu !

— Oui, je me suis rendu, mais ce n'est pas sans gloire.
J'ai le sabre à la main, je m' défends encor bien.
Je n' fais pas comme toi sur le champ de bataille :
Lorsque tu as perdu, ton armée a . ...

Vous verrez nos soldats qui marchent quatre à quatre,
Vous verrez nos hussards qui marchent pas à pas...

(Pierre Marillier, Planchez, 1798, et Jean Marceau, Fâchin, 1856).

Ces fragments se rapportent au siège de la ville de Mons (1691) désignée dans une version recueillie par M. Julien Tiersot.

La Prise de Mantoue

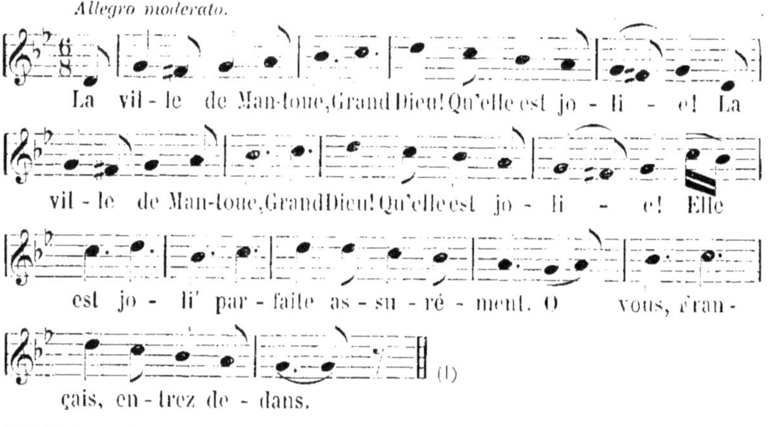

______

(1) Cette version musicale, qui se rapproche de la précédente, à de certains endroits, nous paraît être la bonne.

La ville de Mantoue,
Grand Dieu ! Qu'elle est jolie ! (1) } *bis.*
Elle est joli'. parfaite assurément
O vous, Français, entrez dedans.

Bonaparte a t-envoyé
Quatre de ses gendarmes (2) } *bis.*
— C'est Bonaparte qui nous envoie ici,
Si vous voulez vous rendre à lui.

— Va dire à Bonaparte,
Ton gouverneur de France, (3) } *bis.*
Va donc lui dir' qu'nous nous f. . de lui,
Autant le jour(e) que la nuit

Bonaparte a fait braquer (4)
Ses canons d'assurance. } *bis.*
Au premier coup que l' canon a tiré,
La jolie ville en a tremblé.

Les dames de Mantoue
Montaient sur les rempar(es) : } *bis.*
— O Bonaparte, apaise tes canons ;
Contribution nous te paierons.

— Quelle contribution
Me paierez-vous, mesdames ? } *bis.*
— Contribution de cinq cent mille écus,
Que les canons ne tirent plus !

— Mesdam', de votre argent
Je ne saurais qu'en faire (5) } *bis.*
Oh ! mes canons brûleront vos mai-
Et mes soldats les pilleront. [sons (6)].

Courage, mes soldats ! (7)
La ville est au pillage. } *bis.*
Et nous tuerons les petits et les grands,
Et nous prendrons l'or et l'argent !

(Jean Joly, Vandenesse, 1822).

Dans cette chanson qui, comme les précédentes, remonte au temps de Louis XIV, le nom de Bonaparte et celui de Mantoue ont été substitués.

On la retrouve ailleurs, attribuée à la prise de Turin (1690). (Voir chansons populaires de l'Ain recueillies *par Ch. Guillon). —* Chansons populaires recueillies dans les Alpes françaises, *par Julien Tiersot).*

Variantes :

(1) Vrai Dieu ! la jolie ville !
Elle est jolie et parfaite en beauté ;
Tous nos Français en sont charmés.
(*Gimouille*).

Elle est jolie et belle assurément.
(*Donzy*).

(2) Quatre de ses hussards.
(*Donzy, Montigny*).

(3) Ton commandeur de guerre.
(*Gimouille*).

A ton grand général.
(*Montigny*).

(4) . . . . . fait ranger
Ses canons en bataille.
(*Donzy*).

. . . . . fait charger
Ses canons à mitraille.
(*Gimouille*).

(5) Je ne m'en soucie guère.
(*Gimouille*).

(6) ... abraseront } vos maisons.
... ouvriront }
(*Gimouille, Donzy*).

(7) Courag', mes brav' sodlats !
. . . .
Autant les tuer que de les pardonner...
La jolie ville, nous l'ons gagnée !
(*Gimouille*).

Variantes de :

Antoine Grandjean, Gimouille, 1817 ; Edme Saujot, Donzy, 1802 ; Edme Millien, Montigny-aux-Amognes, 1820.

Le Siège de Coni (1744)

J'ai écrit une lettre
Au prince de Conti ;
C'est pour lui fair' connaîtr'
Ce que c'est que Coni.
C'est un retranchement
Qui l'arrêt'ra longtemps.
Avant que de partir,
Je vais bien l'avertir.

. . . .
J'ai cent mille homm' en train
Qui partent pour Turin,
Prendre le brandevin
Tout au premier matin.

— A toutes vos paroles
Fait' donc bien attention ;
Il vous faudra d' la poudre
Aussi d' la munition.
— J'en ai pour deux années
Et pour tous mes Français ;
Les bomb' et les boulets
Ne manqueront jamais.

Moi, j'ai pour fair' le siége,
J'ai un chemin couvert ;
Je ne crains ni la neige
Ni le froid de l'hiver ;
La gelée, les glaçons,
Fusils et mousquetons,
Non, rien de tout cela
Ne m'épouvante pas.

— Vous me parlez bien rude
Pour un jeune écolier,
Il vous faut plus d'étude
Pour vous fortifier.
Retournez à Paris
Apprendr' votre leçon,
Car pour prendre Coni,
Faut être plus savant.

— J'ai fait toutes mes classes,
Le français, le latin.
Je vais prendre ma place
Dans la vill' de Turin.
. . . .

(Veuve Potdevin, Poiseux, 180 .).

Le Courrier

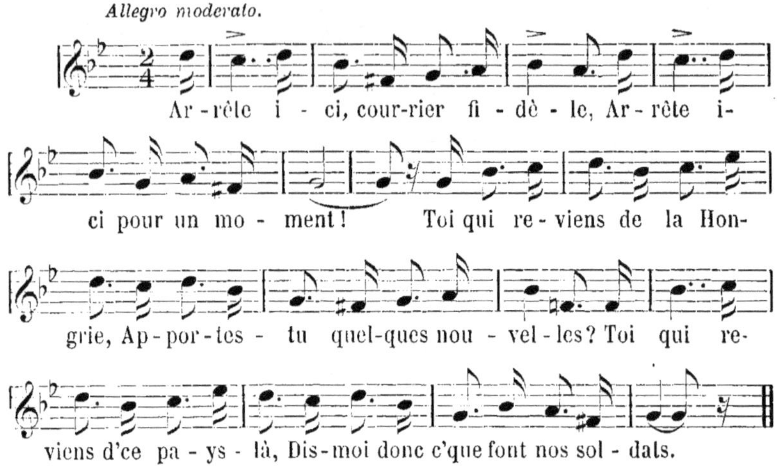

Arrête ici courrier fidèle,
Arrête ici pour un moment !
Toi qui reviens de la Hongrie,
Apportes-tu quelques nouvelles ?
Toi qui reviens d' ce pays-là,
Dis-moi donc c' que font nos soldats.

— J'en ai des tristes, des nouvelles (1)
Des bien sensibl' à vous conter.
Tous les Français sont acharnés,
Ont gagné la ville de Vienne ;
Malgré la rigueur de l'hiver,
Ils vont s'y mettre z-à couvert.

— Tiens donc, voilà, courrier fidèle,
Tiens donc, voilà pour boire un coup.
Quand tu repass'ras par ici,
Apporte donc d'autres nouvelles ;
Apporte donc que les Hongrois,
Ils ont battu tous les Français.

Adieu donc, la ville de Vienne,
Aussi le palais de la cour,
Aussi le palais de la cour,
Sans oublier la citadelle.
Ils nous ont pris tous nos caissons
Et cinq cents pièces de canons. .

(Edme Saujot, Donzy, 1802).

Variante :

(1) Que veux-tu donc que je te dise ?
J' n'ai rien de bon à te conter.

(Veuve Sourdeau, Nolay, 18..).

A quels événements maritimes peut-on rapporter les chansons suivantes ?

La Prise du vaisseau

Nous sommes partis de Toulon,
Trois vaisseaux de la nation : (1)   } *bis.*
C'était pour s'en aller croiser
  Sur les côtes d'Irlande.
En espérant le vent changer,
  A fallu mouiller l'ancre.

Le trente août, ne fut pas jour,
Qu'il a fallu nous mettr' debout.   } *bis.*
Il s'élevait un si grand vent,
  La tempête et l'orage
Nous ont bien vite repoussés
  A cinquant' lieues au large.

Voilà qu' nous voyons arriver
Trois bâtiments, vaisseaux anglais. (2)   } *bis.*
Ils arrivaient tout droit sur nous,
  Aussi prompts que la foudre ;
Ils croyaient bien, pour le certain,
  De nous réduire en poudre.

---

(1) *Var :* Quatre vaisseaux.   (2) *Var :* Quatre.

.   .   .   .
.   .   .   .
.   .   .   .
.   .   .   .

Ils n'ont pas voulu commencer,
   La chose est surprenante :
C'est nos canons de trente-six
   Qu'ont commencé la danse.

Le premier coup que nous tirons,
C'est sur leur grand mât d'artimon,
Le deuxièm' coup qu'on a tiré
C'est sur le grand mât de beaupré.
Si vous aviez vu sur le pont,
   Ah ! le triste carnage !
Leurs grand' voiles et les huniers
   Brisés par la mitraille. (1)

Ne fut pas sitôt démonté :   } *bis.*
— Allons ! garçons, faut amener,
Allons, garçons, faut amener
   Pavillon d'assistance,
Car nous sommes bien éloignés
   De la terre de France.

A notre bord est arrivé   } *bis.*
Un de leurs officiers anglais.
Et tout en arrivant à bord,
   Nous fait la révérence :
— C'est donc vous, messieurs les Français,
   Qui faites résistance ?

— Si résistance nous faisons,   } *bis.*
A notr' commandant nous l' devons.
Donnez-vous donc la pein' d'entrer
   Ici, dans cette chambre ;
Vous y trouv'rez notr' commandant,
   C'est lui qui vous demande.

Il ne fut pas plutôt entré,   } *bis.*
Le commandant lui a ordonné :
Apporte-moi ton portefeuille
   Que je sign' la sentence...
— Oh ! adieu donc, beau bâtiment,
   T'appartiens à la France !

(Pierrette Lebas, femme Perruche, Montigny sur-Canne, 1826).

------

(1) *Var* : Brûlés par la mitraille.
       (... Desforges, Murlin, 184.)

Navigation périlleuse

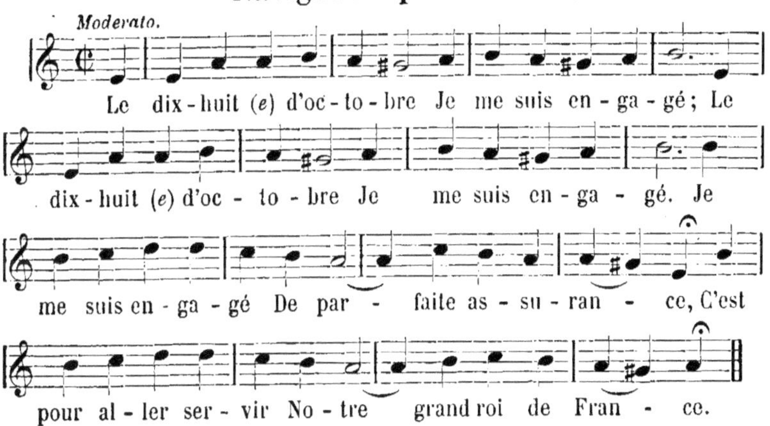

Le dix-huit(e) d'octobre (1) } bis.
Je me suis engagé.
Je me suis engagé
De parfaite assurance ;
C'est pour aller servir
Notre grand roi de France

Le trente et un d'octobre, (2) } bis.
Nous nous somm' embarqués,
Nous nous somm' embarqués,
En grande diligence (3)
Pour aller naviguer (4)
Vers les îles de France.

Quand nous somm' sur la mer´e)
Sur la mer bien avant,
Nous avons fait rencontre
De trois beaux bâtiments,
Trois bâtiments anglais (5)
Qui venaient pour nous prendre,
Qui nous ont dit : Français,
Osez-vous vous défendre ?

— Nous sommes cinq cents hommes,
Et tous du même accord.
Avant que de nous rendre,
Nous subirons la mort.
Si mourir il le faut,
Le roi nous le commande,
De notre beau vaisseau
Nous ferons de la cendre !

Variantes :

(1) Ce premier couplet est omis par beaucoup de chanteurs.

(2) C'est le dix-huit octobre.

C'est le quatorze octobre.

C'est le quatre d'octobre.

Le quatre de novembre.

Le premier de novembre.

(*Divers*).

(3) De sur la mer coulante.

(*La Machine*).

(4) C'était pour fair' la guerre
Vers les îles de France.

(*Semelay*).

C'est pour aller croiser.

(*Garchy*)

Bien loin hors(e) de France.

(*Varennes*).

(5) Petit navire français,
Consens-tu à te rendre
A nos trois bâtiments
Qui viennent pour te prendre ?

(*Montiers, Gimouille*).

Notre bon capitaine,
Hardi comme un lion,
Prend sa carte marine,
Monte desur le pont :
Dit à ses matelots : (1)
— Enfants, prenons courage !
Nous pourrons arriver
En gagnant bien au large.

Quand nous fûmes à l'île (2)
A l'il' de Saint-Vincent,
Les éclats du tonnerre,
La pluie, le mauvais temps !
La grêle, aussi le vent (3)
Brisa toutes nos voiles.
Cela a bien duré
Un mois ou six semaines.

Mais nous avons un homme (4)
Parmi nos charpentiers,
Travaillant nuit et jour,
C'est pour nous étancher.
C'est un homm' très adroit,
Manœuvre bien les ancres...
Par la grâce de Dieu,
Nous rentrerons en France.

Variantes :

(1) Courage, mes enfants,
   Le Seigneur nous écoute.
   Mettons la voil' au vent,
   Continuons notre route.

                    (*Nolay*).

(2) La tempête et l'orage,
   Nous ont bien chagrinés,
   Pendant cinq à six s'maines.
   Sans pouvoir naviguer.
   Il restait à nos mâts
   Quelques bouts de cordages,
   En attendant passer
   La tempête et l'orage.

                    (*Varennes*).

Nous prions Dieu, la Vierge
Le bon saint Nicolas,
De sauver nos cordages,
De soutenir nos mâts.

                    (*Moûtiers*).

(3) Y est venu du vent
   D'une manière étrange
   Qui nous a renvoyés
   Sur les îles de France.

                    (*Nolay*)

Et les { dragons volants
       { serpents
Volant desur nos voiles.

                    (*Gimouille, Moûtiers*).

(4) Notre charpentier-maître
   Est un homme de cœur.

                    (*Saint-Benin*).

Il a tant travaillé,
Il a gagné l'étanche.

                    (*Garchy*).

En arrivant à Brest, (1)
A Brest en arrivant,
Nous saluons la ville,
Les bourgeois qu' sont dedans, (2)
Cinq ou six coups d' canon
Nous tirons sur la ville,
C'est pour faire savoir
Que les Français arrivent.

Tout' les dames de Brest (3)
Etaient au bord de l'eau
Pour nous voir débarquer
De dans ce beau vaisseau :
— Les v'là donc arrivés
Nos braves militaires ! (4)
Voilà bien trent'-six mois
Qu'ils n'ont mis pied à terre.

(Jean Millien, Raveau, 1802).

Une version supprime les deux derniers couplets et remplace les cinq premiers couplets par celui-ci :

Petite ga'iote,   ⎱
Tu t'en vas au Brésil, ⎰ *bis.*
Tu t'en vas au Brésil
Faire un si long voyage.
Dieu te conservera,
Toi et ton équipage.

(Françoise Pillin, veuve Champeaux, Saint-Benin-des-Bois, 1815).

Variantes :

(1) Arrivant à Paimbœuf.
    (Montigny, Gimouille, Moûtiers).

(2) La vill', les environs.
    (Montigny, Gimouille).

(3) Les femmes et les filles
    Et aussi les enfants
    Vienn' au bord de la mer
    Pour voir les arrivants.
                    (Varennes).

(4) Ces beaux soldats de guerre.
                    (Garchy).

Ces variantes sont de :

Laurent Dubois, La Machine, 1831 ; Etienne Michot, Semelay, 1816 ; François Planchard, Garchy, 1863 ; Veuve Bernard, Varennes-les-Nevers ; Jean Roux, Moûtiers, 18.. ; Antoine Grandjean, Gimouille, 1817 ; Veuve Brunet, Nolay, 1802 ; Françoise Pillin, veuve Champeaux, Saint-Benin-des-Bois, 1815 ; Edme Millien, Montigny, 1820.

Le Siège de Lyon

(L'air n'a pu être noté)

Que vois-je desur mes remparts,
 Au jour présent ?
Je vois des soldats en bataille
 Devant le camp.
Je voudrais savoir aujourd'hui
 Ce qu'ils demandent.
Je suis en peine et en souci :
 Serait-ce pour me prendre ?

— Lyon, tu fais la difficile :
 Ne vois tu pas
Que nous te f'rons sauter la danse ?
 N'en doute pas.
Nous avons des carabiniers
 Plus de cent mille ;
Ils te feront marcher au pas,
 Malgré toi et ta ville.

— Je ne suis donc pas assez forte.
 Eh bien ! plutôt
Que de fair' comm' la Vendée,
 Subir la mort,
O général, épargnez-moi,
 Je veux me rendre :
Défendez aux soldats français
 De me battre et me pendre.

(Veuve Mirault, Chantenay, 1802).

Le Volontaire et les Émigrés

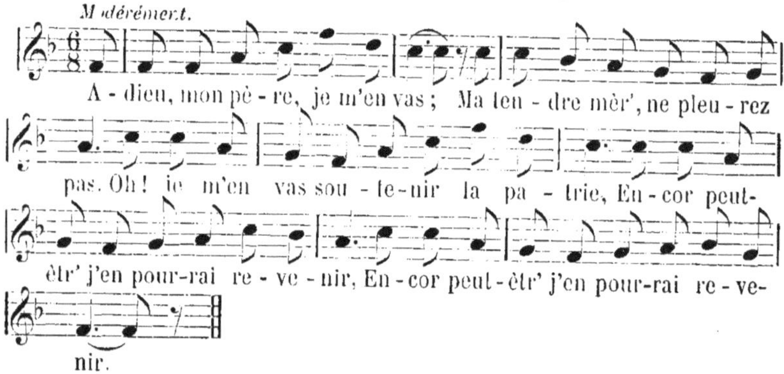

Adieu mon père, je m'en vas ;
Ma tendre mèr', ne pleurez pas.
Oh ! je m'en vas soutenir la patrie,
Encor peut-êtr' j'en pourrai revenir. *(bis)*

— T'en vas donc pas, mon cher enfant,
Nous te marierons richement
— Du mariage, il n'en faut point parler,
J'ai pris pour femm' le sabre à mon côté *(bis)*

Le beau jeune homm' s'en est allé
Chez l' mair' de vill' pour s'y faire enrôler,
Chez l' mair' de vill' pour s'y faire enrôler,
Dix pistoles on les lui a comptées. (*bis*)

Ce beau jeune homm' s'en est allé,
A rencontré trois émigrés :
— Joli jeune homm', là-voù qu' tu veux aller ?
Tu m'as bien l'air d'y faire un bon guerrier. (*bis*)

— Hélà ! messieurs, oui, je m'en vais,
Pour mi combattre anc les Anglais.
— Joli jeune homme, non, tu n'iras pas,
Car c'est ici qu'on met la tête à bas. (*bis*)

Le beau jeune homm' s' trouv' bien surpris,
Dans sa ceinture il y cherchit ;
Dans sa ceinture y a des pistolets,
Des pistolets, les voilà tout armés. (*bis*)

Ils se sont bien combattus là,
Comme quatre vaillants bons soldats :
Deux(*e*) de morts et l'autre bien battu...
Pauv' émigrés, vous voilà bien fichus ! (*bis*)

(Gaspard Blondeau, Gimouille, 1812).

Au maigre contingent de cette série peuvent s'ajouter, comme je l'ai fait remarquer, plusieurs chansons précédemment données, où l'on trouve une apparence de réalité historique : la Fiancée infidèle, la Marquise empoisonnée, l'Amante du Dauphin, la Femme enlevée par les Sarrasins, la Princesse de France mariée à l'Anglais, *etc., etc. On pourrait, en élargissant un peu le cadre de ce chapitre, le terminer par quelques chansons de l'époque napoléonienne, encore très répandues il y a une quarantaine d'années et à peu près disparues aujourd'hui. La plupart sont vulgaires et manquent d'intérêt. Chaque victoire, chaque épisode de guerre donnait lieu à une éclosion de chansons mises souvent sur des airs anciens. C'est l'anecdote du factionnaire disant :* Tu ne passeras pas, *à l'Empereur qui*

Veut éprouver ses soldats.
Il s'en va au premier poste
Comme un simple voltigeur :
— Laiss'-moi passer, factionnaire,
Je te ferai ton bonheur.

Le factionnaire refuse vingt louis d'or :

De passer je te l' défends,   Napoléon ne perd pas d' temps,
Ni pour or ni pour argent !   S'en va à la garde du camp...
Et je t'assigne une borne...

Il fait appeler le factionnaire qui reconnaît l'Empereur et se croit perdu :

> Qu'on me fusill' sur le champ !

Mais Napoléon tire de sa « pochette » une jolie croix d'honneur :

> Tiens, mon ami Jean Flambart (*ou* Flambert),
> Tu mérit' la croix d'honneur. .

Cette chanson se chante sur l'air de la Bataille de Steinkerque (*voir page 299*).

> *(Gilbert, La Celle sur-Nièvre, 1802 .*

Il y a des dialogues entre Napoléon et Georges d'Angleterre ou Alexandre ; le premier sur l'air de la chanson très connue : l'eau et le vin.

> Georges, roi d'Angleterre,
> Allons, décidez-vous !
> Mettez la paix sur terre,
> Sinon combattons-nous !. .

Le second est un simple rajeunissement de la chanson du Siège de Coni (*voir page 305*).

J'ai écrit une lettre	— Je suis desur mon trône,
A l'Emp'reur de Russie,	Je suis bien à couvert.
C'est pour lui fair' connaitre	Je n' crains pas la gelée
Comment il m'a trahi.	Ni le froid de l'hiver.
J'ai à me plaindr' de lui	La neige, les glaçons,
Voilà déjà longtemps.	Fusils et mousquetons,
Avant que de partir,	Non, rien de tout cela
Je vais bien l'avertir.	Ne m'épouvante pas.

> Etc.

C'est la campagne d'Autriche :

> Le prince Charl's, par un beau jour,
> Tenta faire la guerre.   } bis.
> — Donnez-moi le commandement
> . . . .
> J' prendrai Paris sous peu de temps.
>
> . . . .
>
> L'emp'reur d'Autriche lui répond :
> — Comment vas-tu donc faire ?   } bis.
> . . . .
> Nous a déjà battu trois fois,
> Je crains la quatrième.

Ses troupes ne sont pas ici,
Ell' sont tout' en Espagne } *bis.*

. . . .

Etc.

(Edme Saujot, Donzy, 1802).

————

Puis on entre à Vienne :

Quoique en étant à la morte saison,
Nous allons cueillir des lauriers à foison.
Dans Vienne nous somm' arrivés,
Tambours battants, feux allumés.
Les gens de Vienn' sortant sur les remparts
Sont tout confus de voir tous nos hussards.

Les gens de Vienne vienn' au devant de nous,
Devant l'Emp'reur se sont mis à genoux.

— Gens(e) de Vienn', ne vous alarmez pas :
Vous êtes à l'abri des sièges et des combats.
   Nous resterons huit jours ici,
   Puis nous irons droit à Paris.
Je tâcherai de vous avoir la paix,
Et vous vivrez en pleine liberté.

Consolez-vous, pèr' et mèr' affligés,
Vous verrez rester vos fils dans vos foyers...
Vous les verrez tous vos enfants
Rapporter les lauriers triomphants...
    Etc.

(François Roumier, Arthel, 184.).

Voici qu'on quitte l'Espagne pour la Russie :

Partons, partons, mes grenadiers,
L'armée d'Espagne nous faut quitter.
. . . .
Napoléon vient de nous dire à tous
Qu'il faut aller voir à Moscou.

En arrivant à La Moskova,
L'armée des Russes se trouvait là.
. . . .

Alexandre fut bien effrayé
D' voir les Français dans ses foyers :
— Voulez-vous prend' trois cents millions
Pour apaiser tous vos canons,
Pendant six ans bien révolus
Vos troupes bien entretenues ?

Discussion à ce sujet :

Que diront donc tous nos Français
De voir déjà signer la paix ?
Il ne faut point signer du tout
Avant d'avoir gagné Moscou.
Etc.

(Eüme Millien, Montigny, 1820).

Puis ce sont les adieux pour l'île d'Elbe :

Dit : à revoir, mes amis !
Je m'en vas à l'île d'Elbe.
Je pars d'ici à grands pas.
Je reviendrai, je l'espère,
Soyez toujours bons soldats.

Servez bien votre bon roi
Jusqu'à c' qu'on vous parle de moi...
Etc.

René Martin, Chasnay, 1803).)

Ensuite, le départ pour Sainte-Hélène :

Partez, mes officiers, partez.
Il est temps de vous mettre en route.
Y a cinq puissances contre nous
Et l'ennemi est à nos trousses.
Partez, mes soldats de valeur ;
Je ne suis plus votre empereur

Du temps que j'étais empereur,
Du temps que j' gouvernais la France,
Je la prenais avec douceur,
Et la France était florissante.
A présent que m' voilà parti,
La France va bien dépérir.

Récrimination contre les traîtres :

Ils m'ont livré à l'ennemi,
Comme Judas et Jésus-Christ.

Souvenir de l'impératrice Joséphine, restée profondément populaire :

Joséphin' me l'avait bien dit
Avant cett' malheureus' campagne,
Que j'étais trop ambitieux,
Qu'un jour j'en serais malheureux.

(Antoine Grandjean, Gimouille, 1817).

Adieu Lyon, adieu Strasbourg,
Adieu Paris, ma capitale.
Adieu Lyon, adieu Strasbourg :
Je n' vous r'verrai jamais d' mes jours !

Ils m'ont pris, ils m'ont emmené
Du droit à l'il' de Sainte-Hélène
Dans un pays très éloigné,
Que de ma vie je n'en revienne.
Voilà mon fils, ayez-en soin,
Un jour sera votre soutien.
        Etc.

Quelquefois, de ces couplets terre à terre se dégage une note émue, touchante :

> Jamais on n' trouvera,
> En parcourant le monde,
> Un homm' comm' celui-là.
>
> Si j'étais hirondelle,
> Que je puisse voler,
> A l'il' de Sainte-Hélène
> J'irais le retrouver !

(Etienne Michot, Semelay, 1816).

Un air ancien servit encore pour le retour des cendres :

> Est arrivé dedans Paris
> Trois beaux vaisseaux qu' nous ont surpris,
> Trois beaux vaisseaux qu' nous ont surpris,
>   Remontant sur la Seine,
> Qu'ont amené tous les débris
>   De l'il' de Sainte-Hélène.
>
>   Etc.

(Léonarde Boudon, veuve Charles, Saint-Saulge, 1835).

APPENDICE

Voici, omises dans la série des complaintes, deux chansons dont l'une prend la forme d'un dialogue :

La Mort et l'Amant

J'entends la voix de ma maîtresse,
Qui m'appelait avec tant de tristesse :
   — Viens-t'en à moi, mon cher amant !
   J' t'attends dans ma faiblesse,
Dans un moment ta bell' va mourant.

   — Hélas ! la mort, hélas ! j' t'en prie,
Calme, la Mort, calme ta furie
   De m'emmener cett' jeune enfant,
   Laisse-la dans la vie ;
Ell' n'a pas encor passé dix-huit ans.

   — Je ne regarde rien à l'âge,
Jeunes et vieux sont mon héritage.
   Va t'en de ci, va t'en delà,
   Brave amant, sans partage
Dans un moment ta belle mourra.

— Encore un' fois, la Mort, j' t'en prie,
Calme, la Mort, calme ta furie
De m'emmener cett' jeune enfant,
Laisse-la dans la vie,
Ell' n'a pas encor passé dix-huit ans.

— Brave amant, puisque tu me pries
Avec tant d'amour pour ton amie,
Tu en jouiras encor longtemps :
Je la laiss' dans la vie,
Car ta fidélité me surprend.

Je m'en vas faire un tour en France,
Je lui laiss' quatre-vingts années d'assurance,
Et puis après je reviendrai
Publier sa sentence :
La bell' n'aura plus rien à m' demander.

(*Anne Davault, veuve Graillot, Vauclaix, 1812*).

Morte par Amour

Il faut partir dedans la guerre
Et sans savoir quand je r'viendrai
— Ah ! si tu pars, amant que j'aime,
Tout mon bonheur aussi va me quitter. (*bis*)

En arrivant dans cette armée,
A la bataille il faut aller,
Une bataille si sanglante
Là-vou le sang coulait de tout côté. (*bis*)

Tout en entrant au champ d' bataille,
Le beau soldat il est blessé,
Une blessure si profonde
Qu'il ne pourra jamais s'en relever. (*bis*)

---

(1) Air de romance sans saveur populaire, comme plusieurs des chansons précédentes.

— Je vous en prie, chers camarades,
Ne m' laissez pas dans l'abandon,
Je sens mon sang qui me délaisse
Je vas mourir dans un petit moment. (*bis*)

Tirez mon mouchoir de ma poche, (1)

.   .   .   .

Bien promptement arrêtez-moi mon sang. (*bis*)

Ce que je commande à La Fleur (*e*)
C'est de passer dans mon pays
Et de faire aussi une lettre
Signé' d' mon sang pour ma chèr' bonne amie. (*bis*)

Le courrier de l'armée s'avance,
A pris la lettr', l'a transportée
Du droit au logis de la belle,
En disant : Bell', promptement ouvrez-moi ! (*bis*)

La belle en voyant cette lettre
Signée du sang de son amant,
Du sang de son amant fidèle,
Qu'il est donc mort dans les combats sanglants. (*bis*)

Tout aussitôt l'est tombé' morte
En poussant un dernier soupir... (2)

.   .   .   .

(*Antoine Foucauld, Mèves, 1815*).

Variantes à ajouter :

Page 43, après le 1er couplet de la colonne de droite, mettre celui-ci :

Soyez-moi charitables :
Après votre dîner,
Les miett' desur vot' table.
Faites-les-moi donner.
D'une amour agréable.
Je prierai le Seigneur
De bénir vos grandeurs.

Après le 3e couplet, écrire celui-ci :

Au bout de sept années,
Quand il fut pour mourir,
Il écrit une lettre :
Je m'appelle Alexis,
Le fils de la maison,
Mon père, aussi ma mère
Et mon épouse y sont.

(*Veuve Bernard, Varennes-les-Nevers*).

Page 84, ajouter ce couplet final :

Vous autres, pères de famille, } *bis.*
Elevez-donc bien vos enfants.   }
Il faut leur apprendre souvent
A s' tirer du libertinage.
Si vous avez ce sentiment.
Dieu vous bénira sûrement.

(*Louis Mangin, Saint-Léger-de-Fougerel*).

Variantes des derniers vers au couplet précédent :

Ni priër' ni gémissements
N'ont pu empêcher la colère
De Dieu qu'ils avaient offensé
En commettant si grand péché.

Variantes :

(1) Je tir' mon mouchoir de ma poche.
(2) Et sans pouvoir s'en relever.

(*Jean Dournot, Narcy, 1819*).

Variantes :

Page 145, variantes des derniers couplets :
Deshabill'-toi, ma belle,
Pour nous aller coucher.

— Qu' veux-tu qu' je m' déshabille ?
Mon lacet est noué.

Prête-moi donc ton sabre...

. . . .

Ah ! voilà ma mie morte !
J'ai bien de quoi pleurer.

J' la prends sur mon épaule,
Dans l'eau, je l'ai jeté'.

Chantez, chantez, grenouilles,
Vous avez de quoi manger.

De la chair délicate
De la fille d'un roi.

(François Planchard, Garchy).

Page 150, variantes du texte :
Tout en me promenant
Le long de la rivière,
   Que di, que da,
Que dit-elle là ?
Tout en me promenant
Le long de la rivière.

J'ai rencontré un rond
De joli' demoiselles,
   Que di, etc.

J'ai rentré dans ce rond,
J'ai choisi la plus belle.

. . . .
. . . .

Où l'enterrerons-nous
Ce petit roi d'Angleterre ?

Au pied d'un rosier blanc,
Dans l' jardin de son père.

(Claire Ranvier, Druyes-les-belles-Fontaines).

Page 154, variantes aux quatre derniers vers du 1ᵉʳ couplet :
C' n'est pas pour l'anneau d'or
Qu'ell' me refuse encor,
Mais c'est pour un baiser
Qu'elle m'a refusé.

(Victorine Peyronnet, Dompierre ; P. Thévenin, Murlin).

J'ai voulu m'en aller
En pays étranger
Pour me faire oublier
C' qu' mon cœur a tant aimé.

(Femme Baudet, Sermoise, 1850).

Page 159, après le 2ᵉ couplet ajouter celui-ci :

Ah ! faut-il donc, pour l'amour d'une brune,
Se voir conduire au profond d'un cachot !
Etre réduit à coucher sur la dure,
Manger du pain et ne boir' que de l'eau !

(M. Fouchère, veuve Chotard, Murlin, 181.).

Page 179, variantes au 2ᵉ couplet :

Voilà ta feuill' de route...

Au 3ᵉ :

Quand il fut arrivé
A la port' de son père...

Page 257, variante du début :

Il est parti, mon cher amant,
Rejoindr' son joli régiment.
Grand Dieu ! que je suis malheureuse
D'être toujours fille aujourd'hui,
Le jour, la nuit, pleurant sans cesse,
Et regrettant mon bon ami !

Et tout au bout de quelque temps
Est revenu un autre amant ;
En lui disant : ma toute belle,
Ne pens' donc plus à ton amant ;
Nous avons reçu la nouvelle
Qu'il était mort au régiment.

— Mais s'il est mort au régiment,
Je m'en irai dans un couvent...
  Etc.

(A Saint-Honoré-les-Bains).

TABLE

COMPLAINTES

I. Sujets religieux. — Les miracles. — Le merveilleux

III. Complaintes criminelles

CHANSONS HISTORIQUES

Appendice

H. Vallière. imp.

PRINCIPAUX OUVRAGES D'ACHILLE MILLIEN

Poésies originales

Premières poésies : *La Moisson, Chants agrestes, Poèmes de la Nuit*. (Couronnés par l'Académie française).

Nouvelles poésies : *Musettes et Clairons, Légendes d'aujourd'hui, les Voix des ruines*.

Poèmes et sonnets.

Chez nous. (Couronné par l'Académie française).

Aux Champs et au Foyer.

Traductions

Chants populaires de la Grèce, de la Serbie et du Monténégro.

Les Chants oraux du peuple russe.

Ballades et Chansons populaires des Tchèques et des Bulgares.

Poètes hollandais et flamands (morceaux choisis).

Poètes portugais (morceaux choisis).

Folk-lore

Petits contes du Nivernais.

Etrennes nivernaises pour 1895 et 1896.

Pour paraître :

Littérature populaire et traditions du Nivernais : chansons, contes, légendes, prières, incantations, proverbes, sobriquets, coutumes, croyances, etc., recueillis et annotés par Ach. Millien.

Le deuxième volume des chansons est sous presse.